Die Musicals von Andrew Lloyd Webber

Die Musicals von Andrew Lloyd Webber

Keith Richmond

HENSCHEL

DANKSAGUNG
Ich danke meinem Verleger, Philip Dodd, der nicht nur die Idee zu diesem Buch hatte, sondern
mir auch die Autorenschaft anbot, Carolyn Price für ihren unerschöpflichen Enthusiasmus
und ihre Detailgenauigkeit und Julia Hanson, die die Bildrecherche durchführte und uns völlig unbekannte Photos ausfindig machte. Ich möchte meiner Mutter und meinem Vater danken, die meinen fortwährenden Gesang von Joseph and the Amazing Technicolor Dreamcoat
mit meiner noch kindlichen Stimme auf der Fahrt aus unserem Urlaub in Cornwall ertrugen,
und vor allem meiner Frau Lucy Knox für all ihre Hilfe und Liebe und Unterstützung. Du bist
sozusagen der weibliche »Last Man In My Life« (from Song & Dance). Du verstehst, was ich
damit sagen will ...

Im Henschel Verlag sind weitere Titel
zum Themenbereich Musical, Theater, Film erschienen.
Fragen Sie Ihren Buchhändler.

Die Deutsche Bibliothek – CIP-Einheitsaufnahme
Die **Musicals von Andrew Lloyd Webber** / Keith Richmond.
[Übers. ins Dt.: Vera Olbricht]. – Berlin: Henschel, 1996
Einheitssacht.: The musicals of Andrew Lloyd Webber <dt.>
ISBN 3-89487-252-7
NE: Richmond, Keith; Olbricht, Vera [Übers.]; EST

Titel der englischen Originalausgabe: Keith Richmond, The Musicals of Andrew Lloyd Webber
© 1995 by Keith Richmond
Published by Arrangement with Virgin Publishing Ltd.
Übersetzung ins Deutsche: Vera Olbricht
© der deutschen Übersetzung 1996 by Henschel Verlag

Umschlaggestaltung: Morian & Bayer-Eynck, Coesfeld
Titelfotos: Donald Cooper und Rex Features Ltd.,
Stella Musical Management GmbH
Fotos: siehe S. 144
Satz: OLD-Satz digital GbR, Neckarsteinach
Druck: Jütte Druck, Leipzig

Gedruckt auf alterungsbeständigem Papier mit chlorfrei gebleichtem Zellstoff.

Inhalt

Vorwort	6
Frühe Tage	8
Joseph and the Amazing Technicolor Dreamcoat	16
Jesus Christ Superstar	24
Filmmusik	34
Jeeves	36
Evita	42
Variationen	52
Der Bruch	58
Tell Me on a Sunday	66
Cats	70
Song and Dance	80
Starlight Express	84
Requiem	94
Phantom der Oper	102
Really Useful Days	112
Apects of Love	118
Sunset Boulevard	126
Whistle Down the Wind	137
Verzeichnis aller Musicals	138
Index	142

Vorwort

Andrew Lloyd Webber ist das musikalische Genie mit der Gabe des Midas, denn seit mehr als 25 Jahren ist er die dominierende Kraft im Musicaltheater, und dies nicht nur auf beiden Seiten des Atlantiks, sondern auf der ganzen Welt.

Die Geschichte seines Erfolgs begann 1968 nicht in einem der prestigeträchtigen West-End- oder Broadway-Theater, sondern im Londoner Westen in der Aula einer kleinen, privaten Vorbereitungsschule für die Public School. Einige hundert Eltern, die dort zu einem Semesterabschlußkonzert versammelt waren, wurden Zeugen bei der Geburt einer modernen Musicalform. Die fesselnde Popkantate, die ihre Söhne sangen – ein Stück namens *Joseph and the Amazing Technicolor Dreamcoat* –, war von dem noch nicht 20jährigen Andrew Lloyd Webber komponiert worden.

Der gleiche Komponist wurde 24 Jahre später im Juni 1992 von der Queen als Sir Andrew für seine Verdienste um die Kunst geadelt. Und im Februar des darauffolgenden Jahres wurde ihm die höchste Auszeichnung des Showgeschäfts verliehen – ein Stern auf dem Hollywood Walk of Fame.

Seine Erfolgsmusicals sind heute alle ein Begriff. Auf *Joseph* ließ Lloyd Webber gemeinsam mit dem Texter Tim Rice die Rockoper *Jesus Christ Superstar* und *Evita*, die Geschichte eines weiteren charismatischen Stars, folgen.

Nachdem sie ihre kreative Kooperation beendet hatten, schuf Lloyd Webber die katzenhafte Fantasiegeschichte *Cats*, die dröhnende Dampflokenergie des *Starlight Express*, das gotische Melodrama *The Phantom of the Opera* und das emotional reife Musical *Aspects of Love*. Sein bislang letztes Musical, der glitzernde, glamouröse *Sunset Boulevard*, wurde ein weiterer Welterfolg. Nur *Jeeves* war ein Flop.

Außer Musicals schrieb Lloyd Webber die Musik für zwei Filme, eine olympische Hymne, die ergreifende Vertonung einer lateinischen Totenmesse und die aufgeblasenen *Variations*, in denen sein Bruder Julian als Cellist mitwirkte. Einige Lieder seiner Shows wurden international bekannt, darunter »Don't Cry For Me Argentina«, »Memory« und »The Music Of The Night«.

Als nunmehr erfolgreichster Komponist in der Geschichte des Musicaltheaters hat sich Andrew Lloyd Webber neben den anderen Größen etabliert: Irving Berlin, George Gershwin, Jerome Kern, Frederick Loewe, Richard Rodgers und Stephen Sondheim.

Von der ersten Aufführung auf einer Spielzeugbühne im elterlichen Haus bis hin zu seinem in Neonbuchstaben leuchtenden Namen ist dies die Geschichte seiner musikalischen Entwicklung und Karriere.

Frühe Tage

Als Andrew Lloyd Webber am 22. März 1948 in London geboren wurde, hatte er bereits Musik im Blut. »In meiner Kindheit war ich immer von Musik umgeben«.

Sein Vater, William Southcombe Lloyd Webber, war Professor für Musiktheorie und Komposition am Royal College of Music, und seine Mutter, Jean Hermione Johnstone, war eine anerkannte und allseits beliebte Musiklehrerin. Andrew Lloyd Webber wuchs in einem von Musik erfüllten Haus in South Kensington auf und zeigte bereits in frühen Jahren ein außerordentliches Talent für das Komponieren von Melodien.

Seine Eltern zwangen ihn nicht, Klavier zu spielen, ermutigten ihn jedoch, wenn er es tat. Andrew empfand es nie als lästige Pflicht, Tonleitern zu üben oder großen Komponisten zuzuhören. Im Gegenteil: Es machte ihm Spaß. Er besaß zwar eine geringere Begabung für das Spielen, dafür aber eine um so größere für das Komponieren.

Bevor sein Vater, Sohn eines Klempners, zum Studium an das Royal College of Music ging, war er nur als Bill Webber bekannt. Es gab dort jedoch noch einen Studenten für Orgel namens W. Webber. Um sich von diesem zu unterscheiden, benutzte Bill Webber seinen dritten Vornamen als zweiten Nachnamen. Mit der Zeit fand er daran so großen Gefallen, daß er seine beiden Söhne, Andrew und Julian, Lloyd Webber taufen ließ.

Die Musik reichte weit in der Familie zurück. Andrews Großvater, William Charles Henry Webber, sang mit dem George Mitchell Choir und den Black & White Minstrels, während Bill ein Wunderkind war: Seit seinem zehnten Lebensjahr gab er Orgelkonzerte. Später wurde er Organist und Chorleiter in der anglikanischen Kirche All Saints in der Margaret Street in Marylebone und dann in der Central Hall, Westminster, einer der führenden methodistischen Kirchen. William Lloyd Webber verließ das Royal College of Music 1974, um Direktor des London College of Music zu werden. Nach einer langen und ruhmreichen musikalischen Karriere wurde er 1980 zum Commander of the Order of the British Empire (eine königliche Anerkennung für besondere Leistungen) ernannt.

Oben · Andrew, zweiter von links, zeigte früh verschiedene künstlerische Fähigkeiten, doch zur Musik fühlte er sich stets besonders hingezogen.
Vorherige Seiten · Modebewußt: Tim Rice und Andrew Lloyd Webber begleiten Jenny Burbidge und Ross Hannaman (die Sängerin auf ihrer ersten Schallplatte) 1967 nach Ascot.

Andererseits war diese Karriere für ihn aber auch enttäuschend, denn William Lloyd Webber wäre am liebsten Komponist gewesen, ein englischer Komponist in der Tradition von Edward Elgar, Frederick Delius, Ralph Vaughan-Williams, Gustav Holst, Benjamin Britten, William Walton und Arnold Bax. »Letztendlich«, so räumte er 1980 ein, »war es im Grunde eine Sache des Geldes. Es ist sehr schwierig, den Lebensunterhalt mit Kompositionen zu verdienen, es sei denn, man ist mit Arbeiten, wie Andrew sie macht, erfolgreich.«

Aufgrund ihrer gemeinsamen Liebe zur Musik begegneten sich William Lloyd Webber und seine Frau Jean im Jahr 1939. Sie war Sängerin, Violinistin und Studentin am Royal College of Music. Drei Jahre waren sie zusammen, bevor sie am 3. Oktober 1942 in der Kirche All Saints heirateten. Er war 28, sie 20 Jahre alt. Sechs Jahre später wurde der erste ihrer beiden Söhne geboren.

Andrew war ein schwieriges Kind. Er schrie als Baby so laut, daß sich die Nach-barn in Harrington Court in der Nähe der South Kensington U-Bahnstation beklagten. Musik war das einzige, was ihn beruhigte. Je-doch nicht Mozart, Puccini oder Rachma-ninow, die sein Vater sehr bewunderte, son-dern die Rumbas des Bandleaders Edmundo Ros. »Andrew war eine Plage«, gestand Wil-liam später. »Er war ein großer Fan von Ed-mundo Ros, und wenn er nicht einschlafen konnte, spielten wir ihm dessen Schallplatten vor. Er sprang eine Zeitlang zu den Melodi-en herum und schlief dann ein.« Andrew war ein derart hyperaktives Kind, daß sein Vater ihn »Stoßstange« nannte, da er immer herum-raste und gegen etwas stieß.

Kurz nach seinem dritten Geburtstag be-kam Andrew eine Violine und wenig später ein Waldhorn. Bereits in diesen frühen Jah-ren zeigte sich, daß ihm die manuelle Fertig-keit fehlte, die seinen Bruder Julian, geboren am 14. April 1951, als zukünftigen Virtuosen auszeichnete. Aber es war offensichtlich, daß er Talent hatte. In den Klavierstunden überraschte er häufig seine Lehrer damit, daß er es vorzog, von ihm selbst komponierte Stükke anstatt des üblichen Übungsrepertoires zu spielen.

»Ich wurde mit etwa drei Jahren gezwungen, Violine zu spielen«, sagte Andrew Lloyd Webber. »Meine Mutter wollte, daß ich sie spiele. So bekam ich eine winzige Violine und wurde mit dieser auf der Titelseite von *Nursery World* (Kindergartenwelt) abgebildet. Aber ich war kein junger Yehudi. Ich lernte als Kind auch Klavier spielen, konnte dies jedoch nie besonders gut; ähnlich war es mit dem Waldhorn. Ich erinnere mich daran, daß man versucht hat, Julian zum Trompete spielen zu bewegen, was sehr unerfreulich war, aber seltsamerweise kann ich mich nicht an seine ersten Versuche auf dem Cello erinnern.«

Das Haus war mit den vier Klavieren, William Lloyd Webbers elektronischer Orgel und mehreren Plattenspielern und Radios immer mit Musik erfüllt. Außer den vier Familienmitgliedern, die alle Instrumente spielten, gab es drei Katzen – Perseus, Dimitri (nach dem Komponisten Schostakowitsch benannt) und Sergej (nach Prokofjew) –, und es schneiten ständig unterschiedliche unkonventionelle Musikfreunde herein. »Es war«, erinnerte sich Andrew Lloyd Webber, »häufig wie ein Tollhaus.«

»Das Leben in Harrington Court – große, heruntergewirtschaftete, spätviktorianische, aus Ziegelsteinen gebaute Häuserblocks bei der South Kensington U-Bahnstation – ist hauptsächlich wegen der erstaunlichen, ohrenbetäubenden Klangfülle musikalischer Dezibels, die bei Tag und bei Nacht aus jedem Zimmer dröhnten, erinnernswert«, schreibt Julian in seinen Memoiren *Travels with my Cello* (Reisen mit meinem Cello). »Vaters elektronische Orgel, Mutters Klavier, Großmutters ohrenbetäubender Fernseher (sie war taub), die von meinem älteren Bruder erzeugten erstaunlichen Klavier- und Waldhornklänge und mein eigenes Kratzen auf dem Cello und Blasen auf der Trompete ließen den Kanonen- und Mörsereffekt der Ouvertüre 1812 von Tschaikowsky im Vergleich dazu richtig öde wirken.«

Andrews erste Leidenschaft galt nicht der Musik, sondern der Architektur. »Als ich sieben Jahre alt war, wollte ich Hauptinspektor der historischen Bauwerke werden. Mit zehn Jahren wollte ich historische Musicals schreiben. Ich las abends im Bett weiterhin *The Buildings of England*, aber schließlich wollte ich nur noch Musicals schreiben.«

Es war die temperamentvolle Schwester seiner Mutter, Vi, eine erfolgreiche Schauspielerin, die Andrew für das Theater, insbesondere

Weder Andrew noch Julian mußten etwas tun, was sie nicht tun mochten. Ich war immer für sie zu sprechen, wenn sie eine andere Meinung hören wollten. Aber sie waren beide recht entschlossene Menschen, und ich würde nicht sagen, daß ich sie groß beeinflußt habe.

William Lloyd Webber

für das Musicaltheater, begeisterte. Sie nahm ihn in alle Erfolgsmusicals der Stadt, wie z.B. *My Fair Lady*, und in Filme wie *Gigi* und *South Pacific* mit. Andrew war fasziniert, und seine Tante ermutigte den 11jährigen, ein Spielzeugtheater zu bauen. Es war ein richtiges, völlig funktionsfähiges kleines Theater aus Ziegeln, mit einem Proszenium, mit Seitenkulissen, einer Oberbühne und einer aus dem Plattenteller eines alten Plattenspielers gefertigten Drehbühne. Sie verbrachten viele glückliche Stunden mit ihrem Theater und gaben für die Familie und für Freunde Vorstellungen, bei denen Julian die Spielzeugsoldaten auf der Bühne bewegte, während sein Bru-

Unten · Mit seiner Mutter Jean und seinem Bruder Julian Lloyd Webber 1993 bei der Premiere von Sunset Boulevard

der bekannte Theatermelodien auf ihrem alten Klavier hämmerte. Andrew schrieb seine erste eigene Komposition im Alter von sieben Jahren. Als er neun Jahre alt war, wurde sein erstes Musikstück, *Toy Theater*, auszugsweise im *Music Teacher* abgedruckt.

»Ich habe mich über die Bemühungen meines Sohnes Andrew gefreut, eigene Harmonien für die Melodien, die er auf dem Klavier in seinem Kinderzimmer komponiert hatte, zu finden«, schrieb sein Vater in einer Anmerkung. »Er stellt unterschiedliche Begleitmusik für die Theaterstücke zusammen, die er in seinem Kindertheater inszeniert. Das geschieht recht spontan, und dieses Musikgenre ist zur Zeit bewußt selbsterlernt. In den sechs Sätzen, die er komponiert hat, stammen alle Melodien und alle Harmonien von ihm. Mein Beitrag ist eine geringfügige Bearbeitung, die notwendig ist, damit Musiker diese umsetzen können.«

Andrews Ausbildung begann in Wetherby, einer exklusiven privaten Grundschule in der Nähe ihres Hauses in South Kensington. 1956 wechselte er über in die Westminster Under School für Jungen im Alter von acht bis 13 Jahren, und ab 1961 besuchte er in Westminster eine der angesehensten englischen Privat-

schulen. Seine Schulzeugnisse waren durchwachsen. Er war zwar ein begabter Schüler, aber er strengte sich häufig nicht an. Andrew tat sich in Geschichte und Musik hervor, zwei Fächer, die er liebte, und rutschte in den anderen gerade so durch. Obwohl er die Sportspiele haßte, auf die die alten Privatschulen so großen Wert legten, war er dort glücklich. »Hier herrscht die entspannteste Atmosphäre, die ich je in einer Schule kennengelernt habe«, sagte er. Andrew begann, Platten von Bobby Vee, Bill Haley und den Comets, Elvis Presley und den Everly Brothers zu kaufen. Und er zog gerne mit Julian und dem Pianisten John Lill, den Jean unter ihre Fittiche genommen hatte, durch die Konzerthallen Londons. »Ich hatte Glück, in Westminster zu sein. Im Gegensatz zu anderen Schulen mußte man dort nicht unbedingt diesen ganzen Sport mitmachen. Sie drückten ein Auge zu, wenn sie den Eindruck hatten, daß man statt dessen etwas Sinnvolles tat. So schlenderte ich häufig gemeinsam mit einem Freund durch die Straßen, und mit unseren Büchern unterm Arm sahen wir uns große Kirchen und Gebäude an. Wenn ich mit der Musik keinen Erfolg gehabt hätte, hätte ich mit Baugeschichte zu tun gehabt«.

Mit 14 Jahren gab er Weihnachten 1962 sein Bühnendebüt in dem Weihnachtsmärchen *Cinderella up the Beanstalk and Most Everywhere Else!* Andrew schrieb die Musik zu den Texten eines älteren Jungen, Robin St. Clare Barrow. Der Erfolg war so groß, daß sie sich das nächste Jahr für *Utter Chaos or No Jeans for Venus*, eine Parodie auf die griechische Mythologie, auch bekannt als *Socrates Swings*, wieder zusammentaten. Im Juni 1964 schrieb er sein drittes und letztes Stück in Westminster mit dem Titel *Play the Fool*. Eine Anmerkung im Programm teilte der Welt mit: »Seit Andrew Lloyd Webbers Schuleintritt war es offensichtlich, daß er ein außerordentliches Talent für Musik und Theater besaß. Er erregte nicht nur als Komponist und Schreiber, sondern auch als Unterhalter ziemliches Aufsehen. ›Ich denke, ich werde das Schreiben von Popmusik bald aufgeben. Dann werde ich mich dem Komponieren für das Musicaltheater widmen.‹«

Zu diesem Zeitpunkt hatte sich Andrew bereits in der Welt außerhalb Westminsters auf den Weg gemacht. Mit 14 Jahren unterschrieb er einen Kurzzeitvertrag mit der Noel Gay Theateragentur. Sie waren dort von seiner Idee und den Liedern für ein Musical mit den Texten von Tante Vis Schauspielerfreundin Joan Colmore beeindruckt. Andrew schickte auch ein Demoband an Decca Records. Diese gaben es an den Schallplattenproduzenten

Unten · Lloyd Webber studierte ein Semester Geschichte am Magdalen College in Oxford, bevor er zum Studium an das Royal College of Music ging.

Die ersten beiden Schallplatten, die ich hörte, waren »Der Nußknacker« und Elvis Presleys »Jailhouse Rock.« Dies veranschaulicht genau das, was mich beeinflußte.

Andrew Lloyd Webber

Charles Blackwell weiter, einen Kunden des Verlegers Desmond Elliott, dem das, was er hörte, so gut gefiel, daß er beschloß, das Risiko einzugehen und den jungen Komponisten anzustellen. 1963 schrieb Lloyd Webber für Blackwell das Lied »Make Believe Love« und nahm es auch auf, obwohl es nie veröffentlicht wurde.

Andrews schulische Leistungen waren nicht glänzend, aber sie waren immerhin so gut, daß Westminster ihn zur Aufnahmeprüfung für die Oxford University anmelden konnte. Im Dezember 1964, hauptsächlich aufgrund der Überzeugungskraft seines brillanten Referats über die viktorianische Architektur, gewann er ein Stipendium für das Studium der Geschichte am Magdalen College, Wetherby, Westminster, Oxford. Seine Eltern waren hocherfreut. Das Geld, das sie in die Ausbildung ihres Sohnes investiert hatten, machte sich bezahlt. Bevor er sich zu der alten Universität aufmachte, lag ein Brief eines ehrgeizigen jungen Liedertexters, datiert vom 21. April 1965, auf der Fußmattte vor seiner Haustür. »Lieber Andrew«, las er, »ich habe gehört, daß Du einen up-to-date-Texter für Deine Kompositionen suchst, und da ich schon länger Poplieder schreibe und besonders gerne die Texte dafür verfasse, bin ich gespannt, ob Du mich kennenlernen willst.«

Tim Rice war ein großer (1,93 m), gut aussehender blonder Mann, der, nach dem Besuch einer Privatschule, einem kurzen Semester an der Sorbonne und einer noch kürzeren Zeit als Tankwart bei einer Tankstelle in Herfordshire, eigentlich Popsänger hatte werden wollen, »doch Andeutungen wurden fallengelassen, daß ich dies nicht schaffen würde«, und so hatte er sich dem Schreiben von Liedern zugewandt. Auf Anregung des Verlegers Desmond Elliott griff er zur Feder. Dieser war nicht nur von der Reife der Musik des 17jährigen Andrew Lloyd Webber begeistert, sondern war auch zufällig von Mrs. Rice gebeten worden, ihrem Sohn bei seinen Ambitionen behilflich zu sein.

Andrew war neugierig. Er rief Tim an, und einige Tage später kam der ehrgeizige Texter zu dem ehrgeizigen Komponisten nach Harrington Court. Sie verstanden sich sofort. Obwohl sie, oberflächlich betrachtet, sehr unterschiedliche Charaktere waren – Tim ein freundlicher, extrovertierter Mensch mit einer Reihe von langbeinigen, blonden Freundinnen, Andrew dagegen ernsthafter, introvertierter und ziemlich schüchtern –, waren sie sich im Grunde doch sehr ähnlich. Beide hatten sie eine Privatschule besucht, kamen aus soliden Mittelklassefamilien, mit einem Gefühl für das, was in England auf ewig Bestand haben würde: die Kirche, das Kricketfeld, die Dorfkneipe, Eier und Speck zum Frühstück, Tweedjacken, grüne Wiesen und den Nachmittagstee. Sie interessierten sich beide leidenschaftlich für Musik, kannten ihren Elgar ebenso gut wie ihren Elvis und wußten genau, was sie suchten. Andrew war auf der Suche nach einem Liedertexter, und Tim, der die Dichter der Romantik liebte und besonders von Byron, Shelley und Rupert Brooke fasziniert war, konnte tatsächlich mit Worten umgehen, während Tim seinerseits jemanden mit einem feinen Gehör für gute Melodien suchte. Sie hatten, da waren sie sich sicher, unheimlich viel gemein, und es hat auch gleich zwischen ihnen gefunkt. Andrew erwärmte sich für Tims ungezwungene kultivierte Art, und Tim bewunderte Andrews außergewöhnliche musikalische Fähigkeiten. Die beiden verbrachten im Sommer viel Zeit miteinander. Sie gingen spazieren, unterhielten sich und diskutierten Ideen, waren aber, bevor Andrew im Oktober nach Oxford ging, nicht dazu gekommen, etwas zu schreiben.

Andrew stellte bald fest, daß er einen Fehler gemacht hatte. Er wollte nicht Geschichte studieren. Er wollte nicht einmal mehr Musik studieren. Er wollte keine Essays, er wollte mit Tim Musik schreiben. Bereits nach einem Semester verkündete er seinen Eltern zu Weihnachten in London, daß er aus diesem Grunde die Universität verlassen werde. Die meisten Eltern wären sicherlich bei der Aussicht, daß eines ihrer Kinder sein Studium an einer der berühmtesten Universitäten der Welt an den Nagel hängt, wütend gewesen, insbesondere, weil sie eine nicht unbeträchtliche Geldsumme für seine private Ausbildung ausgegeben hatten. Doch William und Jean unterstützten ihn: »Wenn es das ist, was du tun möchtest«, sagten sie, »dann mach es einfach«.

»Eltern haben ohnehin eine unmögliche Aufgabe zu bewältigen, und wie alle gelassenen Eltern dachten sie wohl, daß es das Beste sei, mich gewähren zu lassen. Tatsächlich kam der Zeitpunkt, an dem ich mich wider

Erwarten in Oxford einfand und für ein Semester engagierte. Danach wollte ich dennoch Oxford verlassen, da ich festgestellt hatte, daß ich im Hinblick auf die Musik meine Zeit verschwendete. Ich sage zu meinem Vater: ›Schau, ich denke, daß es das beste für mich sein wird, auf das Royal College of Music zu gehen.‹ Und er sagte: ›Da ich weiß, welche Art von Musik Du schreiben möchtest, hielte ich es für besser, wenn Du nicht konventionell ausgebildet würdest. Lerne es auf Deine Art und betreibe es als begeisterter Amateur.‹«

»Wann immer er mit mir schimpfte – und das war häufig der Fall – sagte er: ›Das wichtigste ist, daß das wissenschaftliche Interesse an Musik nicht das Wesentliche am Schreiben auslöscht, nämlich das, was Du fühlst.‹ Er behauptete, daß die atonale Musik größtenteils völlig akademisch sei und nur sehr wenigen Menschen gefiele, und damit hatte er recht. Ich studierte Komposition, aber man kann Menschen das Komponieren nicht lehren. Ich lernte nur die Technik des Kompo-

Keiner, besonders nicht aus der Beatles-Generation, hatte das, was Tim und ich vorhatten, jemals versucht. Wir wollten eine andere Form des englischen Bühnenmusicals kreieren und nicht einfach den Broadway schlecht imitieren.

Andrew Lloyd Webber

nierens. Alles, was man sagen kann, ist, daß andere Menschen es so gemacht haben. Man kann Menschen nicht lehren, es so zu machen wie Beethoven.«

Zur Beschwichtigung seiner Eltern studierte er halbtags am Royal College of Music. »Ich habe nie ein Seminar vollendet, denn alles, was ich wissen wollte, waren Dinge wie die Technik des Orchestrierens, und es gibt wirklich nicht viel Formales, was man einen Komponisten lehren könnte. Ich vermute, ich habe mich immer von meiner Familie unterschieden. Ich war immer schon vom Pop fasziniert und wollte stets in diesem Bereich arbeiten.«

Andrew steckte seine gewaltige Energie und seinen Enthusiasmus in die Arbeit mit seinem neuen Partner, der, der Einfachheit hal-

ber, in Harrington Court eingezogen war. Timothy Miles Bindon Rice war drei Jahre älter als Andrew. Er war 1944 in Amersham, Buckinghamshire geboren und hatte eine ebenso untadlig konventionelle Erziehung wie Andrew genossen. Tim war in Lancing zur Schule gegangen, er war ein guter Sportler und bestand die Prüfungen, ohne sich zu überanstrengen. »Die Prüfungen für die mittlere Reife sind nicht schwierig, wenn man gutes Englisch schnell schreiben kann.« Doch er verließ die Universität, verbrachte statt dessen sechs Monate an der Sorbonne in Paris, bevor er Rechtsanwaltsgehilfe im Anwaltsbüro von Pettit & Westlake wurde. »Ich arbeitete nur deshalb in einer Anwaltskanzlei, weil es gut angesehen war«, sagte er. »Tatsächlich wollte ich ein Popstar werden. Aber nachdem ich mein erstes Lied verkauft hatte, beschloß ich, die Singerei zu vergessen, und konzentrierte mich aufs Schreiben.«

Der amerikanische Rock'n'Roll – insbesondere die Musik von Elvis Presley, Buddy Holly, Chuck Berry und Jerry Lee Lewis – und der frühe britische Pop der 60er Jahre – die Beatles, die Rolling Stones, die Kinks und die Who – hatten ihm die Augen geöffnet. Als er noch bei Pettit & Westlake arbeitete, begann er, Lieder zu schreiben und zu verkaufen. Ein Lied mit dem Titel »That's My Story« wurde als Single von der Popgruppe Night Shift herausgebracht. Es wurde kein Hit. »Obwohl ich nicht daran zweifelte, als Anwalt vielleicht rundum glücklich zu werden«, wechselte er im Mai 1966 zu EMI und arbeitete für den Bandleader und Plattenproduzenten Norrie Paramor.

Lloyd Webber und Rice wollten ein Musical schreiben, und Desmond Elliott schlug als Thema das Leben des Dr. Thomas Barnardo vor, eines Sozialreformers, der Kinderheime gegründet hatte, die noch heute seinen Namen tragen. Das Textbuch, die gesprochenen Dialoge und die Handlung, stammten von einem anderen Kunden von Elliott, von Leslie Thomas, der *The Virgin Soldier* geschrieben hatte.

Mit seinen aus dem 19. Jahrhundert stammenden Waisen- und Straßenkindern, Dieben und Gaunern verdankte *The Likes of Us* Lionel Barts Erfolg *Oliver!* aus dem Jahre 1960 eine Menge. Zunächst planten sie eine einfach gehaltene Produktion in Oxford, einem »Treibhaus« für schauspielerische Talente und Studententheater, aber Elliott hatte größere Pläne. Das West End war sein Ziel, und er lockte seine beiden Protegés mit der Aussicht auf eine lukrative Laufzeit. »Andrew hat einige sehr bewegende Melodien geschrieben«, kündigte er im Sommer 1966 an. »Ich bin ganz zuversichtlich, daß wir diesen Herbst beginnen können.« Darin irrte er sich. Elliott

war ein großer Fisch, wenn es um Bücher ging, aber eine Elritze im Hinblick auf Musicals. Niemand war bereit, in eine teure Produktion eines neuen Musicals mit zwei Unbekannten zu investieren. Und außerdem war *The Likes of Us* wirklich nicht besonders gut. Es hatte eine passable dramatische Struktur und enthielt eine Reihe guter Ideen, aber die Musik war einfach, und die Texte waren naiv. Doch Lloyd Webber und Rice hatten es geschafft, gemeinsam ein Musical zu schreiben. Das nächste, das wußten sie, würde besser werden. Und sie hatten gelernt, daß man im Musicaltheater, genauso wie in den meisten anderen Bereichen, ganz unten anfangen muß. Eine bescheidene Produktion mit Studenten in Oxford wäre besser gewesen, als sich von dem Glauben verführen zu lassen, direkt ins West End gelangen zu können, und letztendlich überhaupt keine Produktion zustande gebracht zu haben.

Nach der Enttäuschung mit *The Likes of Us* beschlossen sie, in die Top Twenty zu kommen, während sie sich nach einem neuen Thema für ein anderes Musical umsahen. Am 23. Juni 1967 veröffentlichte Ross Hannaman, eine hübsche, blonde Sängerin mit einer sexy, rauchigen Stimme, die erste Gemeinschaftsproduktion von Tim Rice/Andrew Lloyd Webber: »Down Thru Summer« und auf der B-Seite »I'll Give All My Love To Southend«. Die Single hinterließ in den Charts keinerlei Spuren. Am 27. Oktober veröffentlichte EMI ihre zweite Single, wieder ein Rice/Lloyd Webber Lied mit dem Titel »1969« gekoppelt mit »Probably On Thursday«. Dieses wurde zwar häufig im Radio gespielt, gelangte aber auch nicht in die Charts. So leicht waren sie jedoch nicht zu entmutigen. Und Rice entwickelte eine Theorie. Er untersuchte, was in die Top Ten kam, und er sah eine lange Reihe von Platten, in denen eine amerikanische Stadt oder ein Staat im Titel erschien. Das, so folgerte er, war der Weg an die Spitze. Deshalb setzten sie sich hin und schrieben ein Liebeslied mit dem Titel »Kansas Morning«. Die Schwierigkeit lag aber darin, daß Ross Hannaman geheiratet und sich vom Showgeschäft zurückgezogen hatte, um sich ihrer Familie zu widmen und eine Boutique in Notting Hill zu führen. Nun gab es niemanden, der bereit war, das Lied aufzunehmen.

Sie waren sich nicht sicher, was sie jetzt tun sollten. Rice wollte noch weitere Popsongs, Lloyd Webber ein anderes Musical schreiben. Bislang hatten sie beides erfolglos versucht. Dann kam wie aus heiterem Himmel ein Anruf von Alan Doggett.

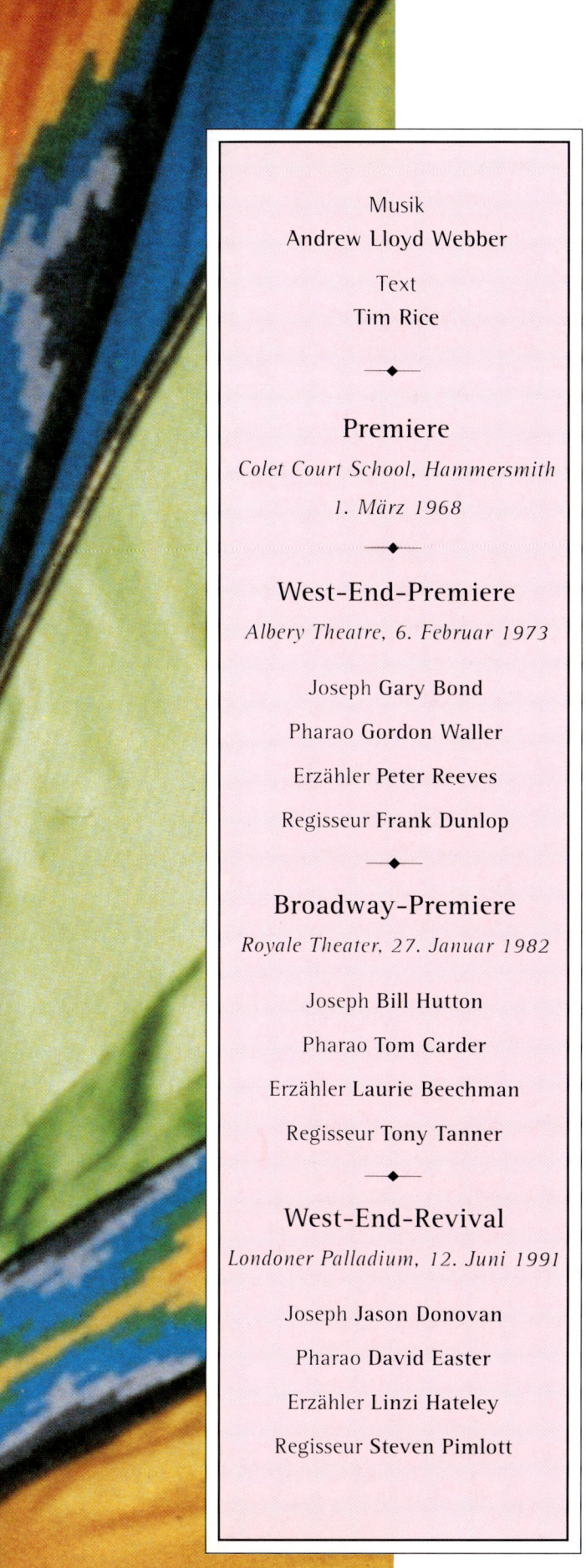

Musik
Andrew Lloyd Webber

Text
Tim Rice

◆

Premiere
Colet Court School, Hammersmith
1. März 1968

◆

West-End-Premiere
Albery Theatre, 6. Februar 1973

Joseph **Gary Bond**

Pharao **Gordon Waller**

Erzähler **Peter Reeves**

Regisseur **Frank Dunlop**

◆

Broadway-Premiere
Royale Theater, 27. Januar 1982

Joseph **Bill Hutton**

Pharao **Tom Carder**

Erzähler **Laurie Beechman**

Regisseur **Tony Tanner**

◆

West-End-Revival
Londoner Palladium, 12. Juni 1991

Joseph **Jason Donovan**

Pharao **David Easter**

Erzähler **Linzi Hateley**

Regisseur **Steven Pimlott**

Joseph
And The Amazing Technicolor Dreamcoat

Alan Doggett war Fachbereichsleiter für Musik am Colet Court, einer kleinen privaten Vorbereitungsschule für die Public School St. Paul's. Er kannte die Lloyd Webbers gut, hatte Julian in Westminster unterrichtet und wußte, daß Andrew ein vielversprechender junger Komponist war.

Jetzt suchte er ein Stück für ein Semesterabschlußkonzert. Etwas moralisch Erhebendes, etwas mit einem religiösen Thema, das die Jungen unter den wachsamen Augen von John Colet, Gründer der Schule und Dekan der St. Paul's Cathedral, dessen Porträt streng auf jeden in der Aula Sitzenden herabblickte, singen konnten.

Um sich inspirieren zu lassen, schlugen Lloyd Webber und Rice das Alte Testament auf und blätterten rasch durch Adam und Eva, Kain und Abel, Noah, Abraham, Isaak und Esau, bis sie in Genesis 37 bei der Geschichte von Jakob und seinem ältesten Sohn Joseph innehielten. Dies war eine Geschichte, aus der sich etwas machen ließ.

Sie brauchten zwei Monate, um eine 15minütige Rock'n'Roll-Fassung der biblischen Geschichte von Joseph und seinem herrlichen vielfarbigen Mantel zu schreiben. Da Rice bei EMI angestellt war und Lloyd Webber am Royal College studierte, arbeiteten sie gemeinsam am Abend und an den Wochenenden. Zunächst sprachen sie über die Handlung, dann schrieb Lloyd Webber die Melodien, und zum Schluß verfaßte Rice die dazu passenden Texte. Auf diese Weise würden sie auch weiterhin zusammen arbeiten. Das Ergebnis war naiv, einfach und mitreißend – eine bezaubernde Mischung aus Pop und Pastiche.

Am Schluß der ersten Aufführung am 1. März 1968 in der Colet Court School in der Hammersmith Road applaudierten einige hundert Eltern aus Höflichkeit und gingen dann nach Hause. Ohne William Lloyd Webbers Hartnäckigkeit wäre das auch schon alles gewesen. Er jedoch war tief beeindruckt und wollte das Werk nicht einfach in Vergessenheit geraten lassen. Deshalb arrangierte er am 12. Mai 1968 für einen

Oben · In der Colet Court School wurde Joseph zum ersten Mal aufgeführt; die zweite Aufführung fand zwei Monate später statt. *Unten* · Nach 25 Jahren lief Joseph noch immer: mit Darren Day *(vorherige Seiten)* in der Titelrolle.

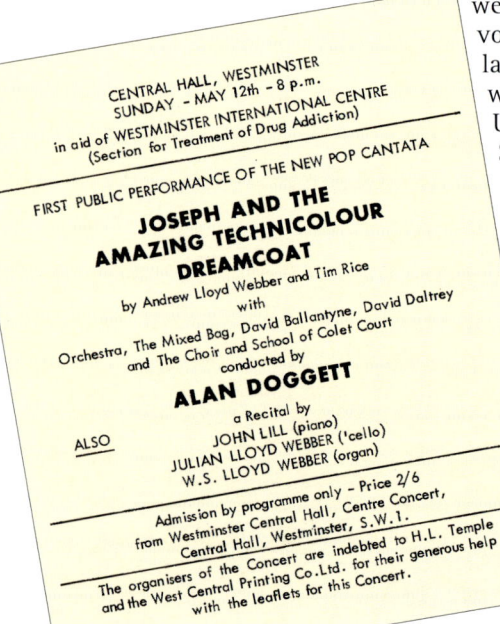

CENTRAL HALL, WESTMINSTER
SUNDAY – MAY 12th – 8 p.m.
in aid of WESTMINSTER INTERNATIONAL CENTRE
(Section for Treatment of Drug Addiction)

FIRST PUBLIC PERFORMANCE OF THE NEW POP CANTATA

**JOSEPH AND THE
AMAZING TECHNICOLOUR
DREAMCOAT**

by Andrew Lloyd Webber and Tim Rice
with
Orchestra, The Mixed Bag, David Ballantyne, David Daltrey
and The Choir and School of Colet Court
conducted by

ALAN DOGGETT

a Recital by

ALSO   JOHN LILL (piano)
JULIAN LLOYD WEBBER ('cello)
W.S. LLOYD WEBBER (organ)

Admission by programme only – Price 2/6
from Westminster Central Hall, Centre Concert,
Central Hall, Westminster, S.W.1.
The organisers of the Concert are indebted to H.L. Temple
and the West Central Printing Co.Ltd. for their generous help
with the leaflets for this Concert.

überarbeiteten, auf 20 Minuten erweiterten und für eine Rockgruppe und ein Orchester geänderten *Joseph* eine zweite Aufführung vor 2.500 Leuten in der Central Hall in Westminster. Unter den Zuhörern war der Jazzkritiker Derek Jewell, dessen Sohn Nicholas im Chor sang. Er war so beeindruckt, daß er eine überschwengliche Besprechung in *The Sunday Times* schrieb: »Dieses neue Pop-Oratorium ist wirklich ansprechend. Es ist der Beweis dafür, daß es möglich ist, das Popgenre – den Beatrhythmus und die Melodien von Burt Bacharach – in einer musikalisch erweiterten Form zu nutzen. Es strotzt von Melodien, die sich leicht singen lassen. Es unterhält. Es vermittelt, wie jeder gute Pop, sofort Gefühle. Und was den Durchbruch seiner Schöpfer anbelangt, zwei Männer in den frühen Zwanzigern, bringt dieses Musical sie sicherlich ein beachtliches Stück voran.«

Den Sommer über fügten sie weitere zehn Minuten hinzu und führten Lieder wie den Vaudeville-Twostep »Potiphar« zum ersten Mal ein. Danach nahm Norrie Paramor, der Tim Rice von EMI in seine eigene Firma mitgenommen hatte, diese »Popkantate« (wie er sie nannte) für Decca auf: mit William Lloyd Webber (an der Orgel), Rice (als Pharao), The Mixed Rag – einer Rockgruppe, deren Sänger David Daltrey ein entfernter

Cousin von Roger Daltrey (The Who) war – und mit dem Chor von Colet Court.

Sie traten noch einmal am 9. November auf, dieses Mal in der St. Paul's Cathedral. »Es war ein Abend, an dem alles klappte, und die Show war ein riesiger Erfolg«, sagte Lloyd Webber. »Aber wir fühlten, daß *Joseph* so weit wie möglich gediehen war, und wir beschlossen, uns an etwas anderem zu versuchen.«

Es war der Erfolg des anderen – *Jesus Christ Superstar* – der *Joseph* eine größere Popularität bescherte. Die Schallplatte zu *Joseph*, die in Großbritannien nur bescheidene Verkaufszahlen erreichte, war nach einer Werbekampagne, die fälschlicherweise suggerierte, daß *Joseph* die Fortsetzung von *Jesus Christ Superstar* sei, drei Monate lang in den amerikanischen Charts.

Aber, wie Lloyd Webber offen zugab, »das Werk bekam seinen allergrößten Auftrieb«, als Frank Dunlop auf dem Edinburgh Festival im September 1972 die Young Vic Company in einer phantasievollen, 40minütigen glamourösen Rockfassung dirigierte, die die Kritiker in Begeisterung versetzte. Im Oktober lief das Musical in dem ausverkauften Young Vic, bevor es im November in das Roundhouse, ein innovativer Kunst- und Musiktreffpunkt in Chalk Farm im Norden Londons, umzog. Hier, in einer angenehm intimen Theateratmosphäre, gab es keine Bühne, und die Zuschauer saßen ebenerdig an drei Seiten der Bühnenfläche.

Die Musik, die nun Lieder wie das burleske Country- und Westernlied »One More Angel In Heaven« einschloß, war schlicht und fröhlich und die Texte erfrischend umgangssprachlich. Mit Peter Reeves als Erzähler und ohne die altmodische Stop-und-Start-Struktur der konventionellen Musicals plätscherte es dahin. »Wir erkannten«, sagte Lloyd Webber, »daß es möglich ist, etwas Fortlaufendes, ohne den entsetzlichen Augenblick, in dem die Violinen abgesetzt werden und der Dialog beginnt, zu komponieren.«

In der witzigen und dynamischen Produktion spielten in den Hauptrollen Gary Bond als charismatischer Joseph, Gordon Waller als Pharao und Ian Charleson, der später auch in *Chariots of Fire (Stunde des Siegers)* eine Hauptrolle spielen würde. Als die eine Hälfte von Peter And Gordon hatte Waller auf beiden Seiten des Atlantiks in den 60er Jahren Top-Ten-Hits mit »A World Without Love« von Paul McCartney und mit neuen Versionen von Buddy Hollys »True Love Ways« und von Teddy Bears »To Know You Is To Love You« gelandet. Aufgedonnert in einem engen weißen Satinanzug, spielte er einen Rock'n'Roll-Pharao, der als affektierte, perfekt singende, hüftenschwingende Elvis-Parodie in dem

»Song Of The King« daherkam, abgerundet mit einem wundervollen bopshowaddywaddy-Chor der 50er Jahre. »Wir stellten fest, daß wir im ganzen Stück völlig verrückt von einem Stil zum anderen wechseln konnten«, bemerkte Lloyd Webber. »Wir mischten comedyhafte Musicalnummern mit Calypso, Country- und Westernmusik und Elvis.«

Die jeden Abend ausverkauften Vorstellungen im Roundhouse veranlaßten Robert Stigwood, die Show in das Albery Theatre im Herzen des West Ends zu verlegen. Rice und Lloyd Webber erweiterten die Show mit Liedern wie »Those Canaan Days« und »Benjamin Calypso«. In der Eile, das Stück für den ersten Abend am 6. Februar 1973 fertigzustellen, baten sie Ray Galton und Alan Simpson, die komischen Genies, die hinter TV-Situationskomödien wie *Hancocks' Half Hour* und *Steptoe and Son* steckten, einen Prolog zu schreiben. Dieser sollte die Geschichte des Jakob von dem Streit mit Esau an erzählen. Aus Isaaks Familie wurden Porridge essende Schotten,

> *Die Tonarten stehen alle miteinander in Beziehung, so daß es nicht zusammenhanglos klingt, und die Hauptthemen wiederholen sich immer wieder.*
>
> Andrew Lloyd Webber

und Gott wurde ein zerstreuter Bewohner der rückständigen Grafschaft Lancaster, der mit den himmlischen Heerscharen im Schlepptau ankommt, denn »sonst glaubt mir nie einer, daß ich es wirklich bin!« Da »Jakobs Reise« nicht so richtig in die Show paßte, wurde sie lange vor dem Ende der siebenmonatigen Laufzeit am Albery abgesetzt. Rice und Lloyd Webber füllten den Abend einfach damit, daß sie einige Lieder wiederholten.

Drei Jahre später, am 30. Dezember 1976, hatte *Joseph* an der Brooklyn Academy of Music in New York mit David James Carroll in der Hauptrolle und Cleavon Little als Erzähler Premiere. Little spielte im übrigen auch die Hauptrolle in Mel Brooks Westernparodie *Blazing Saddles (Is' was, Sheriff?)*. Es ging nicht lange gut. Die Produktion wurde von den Kritikern mit Feindseligkeit und an den Theaterkassen mit Gleichgültigkeit aufgenommen.

Was die Show in den 70er und 80er Jahren am Leben erhielt, war ihr außerordentlicher Erfolg in den Schulen und Colleges, nicht nur in den USA, sondern auch in Europa. In diesen Jahren gab es wohl weder in Amerika noch in Großbritannien ein Kind, das nicht in *Joseph* mitwirkte.

Eine 90minütige Produktion in zwei Akten startete hinter dem Broadway am Entermedia Theater in East Village am 18. November 1981. Im Kielwasser des phänomenalen New Yorker Erfolgs von *Evita* wechselte die Produktion im folgenden Januar (mit Bill Hutton in der Hauptrolle, Tom Carder als Pharao und Laurie Beech-

Links · »Komm und leg Dich zu mir, mein Liebster ...« – Gary Bond wird von Joan Heal 1973 im Albery Theatre vom rechten Weg abgebracht.

man als Erzähler) in das Royale Theater am Broadway. Da die Show fünf Jahre zuvor in New York durchgefallen war, hatte Lloyd Webber anfangs Bedenken, doch lösten sich diese in Luft auf, als Tony Tanners neue Produktion von den Kritikern bejubelt wurde und 747 Aufführungen erlebte. Das Stück war nur kurzfristig der Kritik ausgesetzt: wegen des Rauswurfs von Andy Gibb, einem jüngeren Bruder der Bee Gees, aufgrund von »unberechenbarem Verhalten«. Nachdem er die Hauptrolle übernommen hatte, hatte er zwölf Aufführungen in einem Monat versäumt. Er sei, so äußerte er sich, niedergeschmettert, weil seine allbekannte Liebesromanze mit Victoria Principal zerbrochen war. Seine Alkohol- und Drogenprobleme führten 1988 zu seinem frühen Tod. Die günstige Gelegenheit, seine Karriere wieder in Schwung zu bringen, ließ er sausen – eine Chance, die in Großbritannien von P. J. Proby und in Amerika von David Cassidy ergriffen wurde.

Joseph erfreute sich großer Popularität: nicht nur als Aufführung für den Semesterabschluß an Schulen und als gern gesehene Alternative zum Weihnachtsmärchen für Laienspiel-gruppen, sondern auch als Tourneeproduktion in den Provinzen. Eine dieser Produktionen startete am 10. März 1974 im New Theatre, Oxford, mit Leonhard Whiting (der blitzschnell mit 17 Jahren als Franco Zeffirellis Romeo mit Olivia Hussey als Julia zu Ruhm gelangte) und Tim Rice in den Hauptrollen. Als Pharao trug Rice eine schwarze Perücke mit einer phänomenalen Stirnlocke und einem im Nacken zusammengebundenen Pferdeschwanz. »Ich bin ein bißchen nervös, da ich eher ein hinter den Kulissen agierender Mensch bin«, sagte Rice, bevor der Vorhang sich bei seinem professionellen Bühnendebüt hob, »aber ich denke, ich kann mir den Text, da ich ihn verfaßt habe, merken.« Paul Jones, der ehemalige Sänger von Manfred Mann, spielte Weihnachten 1979 den Joseph im Westminster Theatre, und eine Fassung mit Jess Conrad, einem Popstar der 60er Jahre, wurde zwei Jahre lang erfolgreich gespielt. Im Januar 1987 schlich sich Lloyd Webber leise in einer Aufführung auf die hinteren Sitze im Parkett und sah sich diese mit wachsendem, ungläubigen Erstaunen an. Er war erschüttert. »Ich konnte nicht glauben, daß ich

Unten · Andy Gibb während der kurzen Spielzeit, in der er den Joseph am Broadway spielte – mit Tanya Tucker, Patrick Cassidy und Maureen McGovern.

Links · Dave Mayberry als Pharao im Elvis-Look in der britischen Tourneeproduktion, 1980. *Unten* · Tim Rice sang als erster den Pharao an der Colet Court School und entdeckte während einer Tournee die Schmalzlocke und den Pferdeschwanz für die Bühne.

dies geschrieben hatte«, sagte er. »Was ich dort sah, war Lichtjahre von dem entfernt, was eigentlich geschrieben und beabsichtigt worden war.«

»Ich war von Andrews Bemerkungen fasziniert«, erwiderte der Produzent Bill Kenwright spitz. »Jedoch war nichts seit der letzten Spielzeit vor sechs Jahren in Sadlers Wells in London geändert worden.«

Lloyd Webber dachte lange und intensiv nach. *Joseph* hatte, ebenso wie *Topsy*, kontinuierlich an Umfang zugenommen: von 15 zunächst auf 20, dann auf 30 Minuten und schließlich darüber hinaus. Es war auf beiden Seiten des Atlantiks das am häufigsten in Schulen, in Colleges und von Laienspielgruppen aufgeführte Stück und als Tourneeproduktionen in der Provinz äußerst erfolgreich. Lloyd Webber resümierte: erstens war die Show ständig erfolgreich, zweitens war sie nie ein großer Knüller am Broadway oder im West End gewesen, und drittens war er unzufrieden mit dem momentanen Stand der Tourneeproduktionen.

Je mehr er über das Problem nachdachte, um so deutlicher zeichnete sich die Lösung ab. Er würde *Joseph* mit einer glänzenden neuen Produktion, einer Produktion, auf die er stolz sein konnte, up to date bringen. Die vom Staube der Zeit befreite Show würde er für eine begrenzte Spielzeit im Londoner Palladium, einem der größten und berühmtesten Theater in Großbritannien, laufen lassen. Es

Oben · Jason Donovans knappes Leinentuch begeisterte die Heerscharen seiner Fans. An seine Stelle trat der TV-Kinderstar Phillip Schofield · *ganz rechts*

Man müßte ein völliger Banause oder ein Miesepeter erster Güte sein, um dieses brillante Revival des ersten großen Musicalerfolgs des begabten Rice-Lloyd Webber-Duos nicht zu genießen.

Maureen Paton, *Daily Express,*
13. Juni 1991

gagieren. Mutig, weil Donovan kein Star kostspieliger Musicals war und seine Schauspielerfahrung sich auf Fernsehproduktionen beschränkte, brillant, weil er als Teenager-Idol von Anfang an ein ausverkauftes Haus garantierte. Seine Rolle als Scott Robinson in der australischen Fernsehserie *Neighbours* und seine anschließende Karriere als Stock, Aitken und Waterman Popstar mit den Hits »Too Many Broken Hearts« und »Sealed With a Kiss« hatten ihn zum Pinupstar an den Wänden von Millionen Jugendzimmern gemacht. Donovan war ein Star, auf dessen Anziehungskraft man sich verlassen konnte. Seine Fans wollten ihn live auf der Bühne erleben. In den Schlangen vor den Kassen standen sie Schulter an Schulter sowohl mit denjenigen, die in Schulaufführungen von *Joseph* gesungen hatten, als auch mit all den anderen, die von *Cats, Evita* und *Starlight Express* begeistert waren und die nun die Show sehen wollten, mit der seinerzeit alles begonnen hatte.

Die Aufführung der neuen Fassung kostete die schwindelerregende Summe von £ 1,5 Mio., aber das Palladium erzielte bereits im Vorverkauf £ 2 Mio., da Donovans Name für das Musical stand. Ihn für die Hauptrolle auszusuchen, war ein Meisterstück gewesen. Lloyd Webber, der die Rolle ausbauen wollte, fügte dem Musical vier neue Lieder hinzu, aber Rice, verärgert, daß er nicht zu Rate gezogen worden war, bestand auf dem unverfälschten Original, und letztendlich gab der Komponist nach.

Dies war ein völlig anderer *Joseph,* ein *Joseph* mit einem aufgeblasenen Inhalt: voluminöse Baßstimmen, hämmerndes Schlagzeug, pulsierende Lichter, großzügige Bühnennummern mit ausgefallenen Requisiten – wie beispielsweise ein farbiges Schaf und ein Pharaonenthron, der sich in einen Spielautomaten verwandelte – und verschwenderische Spezialeffekte. Was als einfache 15minütige Kinderkantate eines Abschlußkonzerts in der Vor-

war ein gewagtes Unternehmen. Das Palladium ist einerseits ein geschichtsträchtiger Ort und andererseits mit seinen 2.400 Sitzplätzen ein Riesengebäude. Künstler behaupten, daß an guten Abenden nichts das Gefühl übertrifft, vor einem bis zum letzten Platz besetzten Theater zu spielen. Und nichts, so flüstern sie tonlos, könne den Horror, nur vor ein paar Fans in der ersten Reihe und einem sonst leeren Theater zu spielen, überbieten.

Lloyd Webber, der mittlerweile ebenso einen Sinn für das Verständnis von Bilanzen wie für das Schreiben von Melodien hatte, bewies den Riecher eines alten Showmannes, indem er das richtige Stück, mit der richtigen Besetzung, zum richtigen Zeitpunkt aufführte.

Es war zwar mutig, aber eine brillante Idee, Jason Donovan 1991 für die Hauptrolle zu en-

schule begonnen hatte, war zu einem zwei-
stündigen zweiaktigen Musical angewachsen
und hatte sich zu einem durchschlagenden
glänzenden West-End-Erfolg entwickelt.

Donovan, der eine langhaarige blonde
Perücke und zum Entzücken seiner Teenager-
fans kaum mehr als ein knappes weißes Leinentuch trug, versetzte die Kritiker mit seiner
wohlklingenden reifen Stimme in Erstaunen.
Linzi Hateley, der Erzähler, bestach durch eine
gelungene Mischung aus Empfindsamkeit und
Stimmkraft, und David Easter, der bereits
durch die Channel 4 Filmserie *Brookside* bekannt war, gab eine herrliche, äußerst gelungene Darstellung des Pharaos.

Lloyd Webber war mit seiner neuen Ehe-
frau Madeleine anwesend, als sich das Premierenpublikum, darunter Paul Nicholas, Peter
Cook und Denice Lewis, erhob und der kunst-
vollen, üppigen neuen Produktion eine 5mi-
nütige Standing ovations darbrachte.

Das im Londoner Palladium aufgenommene
Album wurde sofort die Nummer eins – ebenso
wie Donovans Fassung von »Any Dream Will
Do«. 1968 verkauften Tim Rice und Andrew
Lloyd Webber die Rechte an *Joseph* für 100 Gui-
neas an den Novello Musikverlag. Die Really
Useful Company kaufte 1991 die Rechte von
der Novello/Film Trax für £ 1 Mio. zurück.
»Mein Vorstand dachte, ich wäre völlig be-
kloppt«, sagte Lloyd Webber. Als die Show am
populärsten war, erzielten *Joseph and the Amazing Money Making Machine (Joseph und die
Wunderbare Geldmaschine)* an den Theaterkassen atemberaubende £ 400.000 in der Woche.
Lloyd Webber und die Really Useful Company,
also der Komponist und die Produzenten, ver-
dienten £ 120.000, Rice, der Liedertexter,
£ 16.000 in der Woche.

Als Donovan, der £ 25.000 in der Woche
verdiente, die Show 1992 verließ, wurde er
durch Phillip Schofield, den neuen Moderator
der Kinderfernsehshow *Going Live*, ersetzt. Im
Kampf um die begehrte Rolle hatte dieser sowohl Craig McLachlan, einen ehemaligen Star
aus *Neighbours,* als auch Jonathon Morris aus
der Fernsehkomödie *Bread* aus dem Feld geschlagen. »Ich weiß, daß meine Begabung als
Sänger nicht so bekannt ist«, gab er damals
zu, »aber ich freue mich schon darauf, einige
Leute zu überraschen.« Was er auch tat.

Donny Osmond eröffnete die neue Show in
Nordamerika, in Toronto. Als Lloyd Webber
im Mai 1993 Darren Day aus 3.000 hoffnungsvollen Bewerbern für das Palladium aus-
wählte, bewies er einen ebenso guten Riecher
für neue Talente wie auch für theaterfüllende
Stars. Darren Day sah Donovan ähnlich, spielte wie Schofield und sang besser als beide.
Als *Joseph*, der zum erstenmal drei Wochen

vor Jason Donovans Geburt aufgeführt worden war, letztendlich im Januar 1994 abgesetzt wurde, war es die am längsten im Londoner Palladium gespielte Show.

Am ersten Abend im Colet Court hätte sich
dies wohl kaum jemand vorstellen können. Tim
Rice und Andrew Lloyd Webber würden in Zukunft an anderen, unmittelbarer erfolgreichen
Projekten arbeiten, sich zerstreiten und tren-
nen, einen Oscar und einen Adelstitel erhalten.
Obwohl sie dies nicht wußten, waren diejenigen, die unter dem Porträt von Sir John Colet
saßen, Zeuge einer Aufführung, die das Musicaltheater verändern würde. Es bedurfte eines
australischen Serienstars, um *Joseph* in einen
ordentlichen West-End-Erfolg zu verwandeln,
aber in den nächsten 25 Jahren würde es immer
irgendwo irgend jemanden geben, der eine Produktion auf die Beine stellt. Und obwohl Rice
und Lloyd Webber sich bedeutenderen Projekten zuwandten, sollte es kaum etwas geben, das
an die Frische und den Charme ihres ersten Mu-
sicalabenteuers heranreichte.

Phillip Schofield trat Weihnachten 1995 erneut in *Joseph* im Apollo Theatre, Oxford,
auf. Anschließend spielte er die Rolle des Joseph während einer zweimonatigen Spielzeit
von Februar bis April 1996 im Hammersmith
Apollo in London.

»Meine Zustimmung, den Joseph zu spielen, war wie ein Fallschirmsprung ohne Fall-
schirm«, sagte er. »Ich bin nur froh, daß ich
weich gelandet bin.«

Jesus Christ Superstar

Musik
Andrew Lloyd Webber

Text
Tim Rice

◆

Erstveröffentlichung der Schallplatte
Oktober 1970

Jesus **Ian Gillan**

Maria Magdalena **Yvonne Elliman**

Judas **Murray Head**

Herodes **Mike d'Abo**

Pilatus **Barry Dennen**

◆

Broadway-Premiere
Mark Hellinger Theater, 12. Oktober 1971

Jesus **Jeff Fenholt**

Maria Magdalena **Yvonne Elliman**

Judas **Ben Vereen**

Regisseur **Tom O'Horgan**

◆

West-End-Premiere
Palace Theatre, 9. August 1972

Jesus **Paul Nicholas**

Maria Magdalena **Dana Gillespie**

Judas **Stephen Tate**

Pilatus **John Parker**

Regisseur **Jim Sharman**

◆

Der Film
veröffentlicht 1973

Jesus **Ted Neeley**

Maria Magdalena **Yvonne Elliman**

Judas **Carl Anderson**

Herodes **Joshua Mostel**

Pilatus **Barry Dennen**

Regisseur **Norman Jewison**

Während ihrer Zusammenarbeit hegten Tim Rice und Andrew Lloyd Webber eine Vorliebe für bewegende historische Gestalten mit einem kurzen, ausschweifenden und tragischen Leben.

Auf der Suche nach geeigneten Themen für die Nachfolge von *Joseph* zogen sie ganz unterschiedliche Charaktere wie Robin Hood und John F. Kennedy in Betracht. Letztlich entschieden sie sich für ein Projekt über Richard Löwenherz und den dritten Kreuzzug, das sie *Back Richard Your Country Needs You* nannten.

In den ersten Monaten des Jahres 1969 schrieben Lloyd Webber und Rice eine 40minütige Fassung, die als Konzert in der City of London School, wo Alan Doggett nun unterrichtete, aufgeführt wurde. Im November veröffentlichten sie erfolglos den Titelsong als Single und schlugen sich weiterhin mit dem Stück herum. Das Problem bei der Sache war, daß sie eigentlich noch nie für die Bühne geschrieben hatten, denn *The Likes of Us* wurde nie produziert und *Joseph* war zu diesem Zeitpunkt noch eine 30minütige Popkantate. Hinzu kam die Gleichgültigkeit der Kritiker und der Öffentlichkeit gegenüber dem Konzert und der Schallplatte.

Sie ließen die Idee fallen – Rice griff zusammen mit dem Komponisten Stephen Oliver 1983 auf dieses Thema für das Musical *Blondel* zurück –, jedoch nicht ohne einige der Melodien daraus zu plündern. Aus »Those Saladin Days«, das als »Try It And See« begann, ein Lied, das sie 1969 erfolglos als möglichen britischen Beitrag für den Grand Prix Eurovision einreichten, wurde letztendlich der ansteckende Ragtime-Twostep »King Herod's Song«.

Nach ihrem glücklosen Abstecher ins mittelalterliche England kehrten sie zur Bibel zurück: ermutigt von Very Reverend Martin Sullivan, Dekan der St. Paul's Cathedral, der von der Popularität und der Überzeugungskraft von *Joseph*

Oben · In der Kinofassung spielte Ted Neeley 1973 die Rolle des Jesus. »Unserer Meinung nach war die Bibel voller guter Geschichten, und die über Jesus Christ gefiel uns immer besser«, äußerte Tim Rice. »Es ist eine verdammt gute Geschichte.«

and the Amazing Technicolor Dreamcoat äußerst beeindruckt war. Er bot ihnen Sir Christopher Wrens prachtvolle Kathedrale für ihr nächstes Werk an, vorausgesetzt, es behandle ein religiöses Thema, und drängte sie, sich vom Alten Testament ab- und dem Neuen Testament zuwendend, »Christus aus der Höhe der bunten Kirchenfenster auf die Erde zu holen«.

»Das Rückgrat eines jeden Musicals«, äußerte Lloyd Webber, »ist seine Handlung.« Es gab unzählige gute Geschichten in der Bibel, jedoch keine bessere als die der letzten Tage von Jesus von Nazareth. Christus und die Kreuzigung war eine der wenigen überzeugenden Mythen im Westen. So marschierten sie in David Lands Büro und erzählten ihm, daß

sie ein Stück über Jesus machen wollten. »Es ist«, so sagten sie, »eine sagenhaft gute Geschichte.« Land war der Mann, der sie anstelle von Desmond Elliott vertreten sollte. Lloyd Webber und Rice waren talentiert und ehrgeizig, aber leider pleite. Elliott, im Grunde ein anständiger alter Kerl, verfügte nicht über die richtigen Kontakte, um die Sache ins Rollen zu bringen. Land war auch kein Hans Dampf in diesem Geschäft, aber er stand auf der Leiter eine Stufe höher. Er war ein leidlich erfolgreicher, altmodischer Agent in der Schlagerindustrie, dessen Haupteinnahmequelle die Dagenham Girl Pipers waren. Land und sein Partner, der Häusermakler Sefton Myers (seine Tochter wurde später als Popsängerin Judie Tzuke bekannt) suchten nach einer Investitionsmöglichkeit für ihr Unternehmen New Talent Ventures. Sie hörten sich *Joseph and the Amazing Technicolor Dreamcoat* an. Da ihnen das Stück gefiel, schlugen sie Lloyd Webber und Rice ein Geschäft vor. Im Austausch für ein jährliches Gehalt von £ 1.500 pro Person mit einer Laufzeit von drei Jahren würden Myers und Land 25% von allen ihren Einkünften erhalten.

In den meisten Musicals werden die Lieder an geeigneten gefühlvollen Stellen im Text eingestreut. Tim Rice und Andrew Lloyd Webber wollten jedoch eine andere Art von Musical kreieren. So entwarfen sie als erstes einen detaillierten Erzählstrang, dann komponierte Lloyd Webber eine fortlaufende Partitur, und zum Schluß schrieb Rice die dazu passenden Texte. Auf diese Weise sollte es keine unbeholfene Stop-und-Start-Struktur mehr geben. Jedes Wort wurde gesungen.

In der Woche vor Weihnachten fuhren sie zu dem Stoke Edith Hotel in dem gleichnamigen winzigen Dorf in Herefordshire an der Grenze zwischen England und Wales und schlossen sich in ein Zimmer mit Klavier ein. Das, was später ein Doppelalbum füllen sollte, nahm langsam Gestalt an: Judas, der Apostel, der Jesus verrät, als allzu menschlicher Kommentator auf dem Weg des Martyriums des Messias, Maria Magdalena, die gefallene Frau, von der die meisten Männer träumen, Herodes, ein sardonischer, aber verletzlicher Herrscher, ähnlich wie Potiphar, und der Sohn Gottes als ein werdender Superstar.

Zuerst, in Anlehnung an *Oliver!*, wollten sie die Show *Jesus!* nennen, aber sie besannen sich eines besseren. Der Arbeitstitel *Jesus Christ* war auch nicht der richtige. Zuletzt fügten sie ein einziges Wort hinzu – ein Wort, das alles vermittelte, um was es in dieser einfachen, bewegenden Rockoper, in dieser in alltäglicher Sprache erzählten Passionsgeschichte Jesu, ging.

Superstar ist die durch die Augen des Judas Iskariot gesehene Darstellung der letzten sieben Tage im Leben Jesu, von seinem Einzug in Jerusalem bis zu seiner Kreuzigung, unterlegt mit einem Soundtrack von donnerndem Rock. Die vertrauten Geschichten in den Gospels verbanden sie mit Themen einer modernen Popfabel, indem sie das Bild eines verblassenden Stars, der zuerst idolisiert und dann von seinen wankelmütigen Fans fallengelassen wird, auf den Hintergrund des christlichen Mythos projizierten.

Ob man ein Atheist, ein Agnostiker oder ein Christ ist, man muß einfach auf *Jesus Christ Superstar* reagieren. Wenn der Chor »Er ist nur ein Mann!« schreit, trifft es den Kern einer historischen Wahrheit. Altmodische Kirchgänger waren empört, aber das Werk ist nicht blasphemisch, es ist einfach verwegen. Es ist ein modernes Meisterwerk, eine blendende Mischung aus avantgardistischem Rock und Sakrosanktem, mit dynamischer Musik und ergreifenden, durchschlagenden Texten. Als Rice und Lloyd Webber keinen Produzenten für die Umsetzung gewinnen konnten, richteten sie ihre Aufmerksamkeit auf Vinyl. Das Album von *Joseph* verkaufte sich gut, und aufgrund des phänomenalen Erfolgs der ambitionierten, 90minütigen The-Who-Rockoper *Tommy* waren Schallplattenfirmen plötzlich daran interessiert, diesen neuen, fruchtbaren Boden zu bestellen. »Mit den £ 14.000 Aufnahmekosten«, sagte Lloyd Webber, »muß es die teuerste Demoscheibe gewesen sein, die jemals produziert wurde.« Aber es war immer

noch viel billiger, als £ 200.00 oder gar £ 300.00 für eine Broadway- oder West-End-Produktion springen zu lassen.

Rice hielt daran fest: »Was uns wirklich beeinflußt hatte, war nicht *Tommy*, es war *Hair*«. Aber obwohl Galt MacDermots Rockmusical ein Erfolg gewesen war, hatte es keinen Einfluß auf die traditionelle Haltung am Broadway gehabt. »In den Staaten herrscht die Ansicht«, sagte Rice, »daß eine Broadwayshow auch wie eine Broadwayshow und nicht wie eine moderne Darbietung klingen sollte. Andrew und ich hatten den Vorteil, daß wir in diesen Vorstellungen nicht gefangen waren. Wir profitierten davon, daß wir nicht irgendeiner Tradition folgen mußten. Was man auch immer über *Jesus Christ Superstar* denken mag, es wurde nicht mit dem Broadway im Hinterkopf geschrieben.«

Als sie ein Demoband des Titelsongs für Land und Myers machten, setzten sie Murray Head, einen Sänger, den Rice aus seiner Zeit bei EMI kannte, und eine Gruppe sehr kompetenter Studiomusiker ein, die als Begleitband von Joe Cockers gefeierter Titelversion des Beatles Hits »With A Little Help From My Friends« bekannt waren. Als MCA beschloß, *Superstar* für eine kommerzielle Veröffentlichung aufzunehmen, sang Head wieder die Rolle des Judas, doch dieses Mal wurde er von einem Orchester mit 56 Instrumenten und den 14 Trinidad Singers begleitet. Es war, für die damalige Zeit, eine der teuersten Singles, die bislang aufgenommen worden waren. Und obwohl sie in den Schwulenbars von Amsterdam und in nächtlichen Radioprogrammen im Mittleren Westen kultisch verehrt wurde, kam sie weder in den USA noch in Europa in die Top Twenty.

Jesus Christ Superstar brauchte für Maria Magdalena eine Ballade als großen Publikumshit. Dieser fehlte, bis Lloyd Webber schließlich in seiner »untersten Schublade« verworfener Melodien »Kansas Morning« wiederentdeckte. Aus einem langweiligen, gewöhnlichen Text über Liebe und Morgennebel in Kansas City wurde die herzzerreißend schöne Ballade »I Don't Know How To Love Him«.

Jesus Christ Superstar wurde von März bis Juli 1970 auf Schallplatte aufgenommen. Für das Album wurden Ausblenden und Wiederholungen, die Charakteristika der Popmusik, integriert. Die Rockoper sprudelt über vor Enthusiasmus und Energie, und die wildesten Exzesse der Künstler werden allein von der soliden klassischen Struktur der Partitur im Zaum gehalten. Im Vordergrund stehen die extravaganten, aggressiven Darstellungen von Ian Gillan von der Heavy-metal-Gruppe Deep Purple als Jesus und Murray Head als Judas,

Links · Yvonne Elliman sang die Maria Magdalena auf dem Originalalbum, auf der Bühne und im Film, bevor sie mit ihrer unverkennbaren Stimme in Eric Claptons »461 Ocean Boulevard« mitwirkte.

Eigentlich bin ich kein Fan von Popmusik, aber Jesus Christ Superstar *ist ein Album, das ich bei jeder Gelegenheit spiele. Warum? Weil es mich fesselt. Es ist, wie mir scheint, ein echter Versuch zweier junger Männer, sich in die Geschichte des Kreuzes einzufühlen.*

David Sheppard, Bishop Of Woolwich, August 1972

besonders eindrucksvoll mit »Damned For All Time« und »Heaven On Their Mind«.

Gillan erreicht seine Höchstform auf der Schallplatte in der äußerst bemerkenswerten Sequenz des Gethsemane-Monologs, in die er sein ganzes Können legte. Die Aufnahme präsentiert darüber hinaus Yvonne Elliman als Maria Magdalena, den ehemaligen Manfred-Mann-Sänger Mike D'Abo als Herodes, Barry Dennen als Pontius Pilatus, Paul Raven (bevor er als Gary Glitter zu Ruhm gelangte) als Priester, Madeline Bell, Henry McCullough und Chris Spedding.

Gleich nach der Veröffentlichung der Schallplatte im Oktober begann der unaufhaltsame Aufstieg dieses modernen Passionsspiels an die Spitze der amerikanischen Albumcharts mit einem erstaunlichen Verkauf von 2 Mio. Exemplaren in nur zwölf Monaten. Lloyd Webber und Rice waren über das Ausmaß des Erfolgs verblüfft: Dem Problem der unauthorisierten Produktionen standen sie hilflos gegenüber. Firmen in ganz Nordamerika ergriffen die Gelegenheit, nicht genehmigte Fassungen entweder in Konzertform oder als Show zu präsentieren, manchmal sogar in Verbindung mit anderen Bibelshows, wie zum Beispiel *Godspell*.

Robert Stigwood, der australische Impresario, der sein Geschäftsimperium mit Hilfe der Bee Gees und Cream aufgebaut hatte, kaufte Rice und Lloyd Webber aus dem Vertrag mit Land und Myers frei und gab danach $ 1 Mio. aus für die Einstellung der unauthorisierten Produktionen, selbst in so fernen Orten wie Los Angeles, San Francisco, St. Louis, New Orleans, Cleveland, Philadelphia, Memphis, Richmond und Washington DC. Am 12. Juli 1971 eröffnete er vor einem ekstatischen Publikum von 13.000 Menschen in der Civic Arena in Pittsburgh die erste Tourneeproduktion mit

Jeff Fenholt, einem 21jährigen Rocksänger aus dem Mittleren Westen als Jesus, Carl Anderson als Judas und Yvonne Elliman als Maria Magdalena, zusammen mit einer Rockband und einem mit 32 Instrumenten besetzten Orchester.

Vor der Broadway-Premiere gab es noch eine weitere offiziell genehmigte Aufführung der Musik von *Jesus Christ Superstar*, und zwar bei Andrew Lloyd Webbers Hochzeit. Als er seine Verlobung mit Sarah Jane Tudor Hugill, der Tochter von Anthony Hugill, Direktor von Tate & Lyle, bekanntgab, waren seine Freunde überrascht. Sie war seine erste ernsthafte Freundin. Lloyd Webber machte ihr einen Heiratsantrag, kurz nachdem er sie auf einer Party in Oxford im Januar des vorangegangenen Jahres kennengelernt hatte und obwohl sie noch zur Schule ging. Sarah Hugill war gerade 16 Jahre alt, also fünf Jahre jünger als er, und ihre konservativen, zum Landadel gehörenden Eltern, die den langhaarigen Komponisten ablehnten, drängten die beiden zum Warten.

»Ich fand sie sehr, sehr nett. Aber auch sehr jung. Sie war ein schönes Mädchen. Gemeinsame Freunde stellten uns einander vor,

Rechts · Lloyd Webber mit seiner zukünftigen Frau Sarah Hugill. »Ich fand sie sehr, sehr nett. Aber auch sehr jung.«

aber erst während der Aufnahme von *Superstar*, lernte ich sie richtig kennen. Wegen ihres jugendlichen Alters war ich ihr gegenüber etwas schüchterner als sonst. Plötzlich wurde mir klar, daß sie tatsächlich umwerfend war. Wunderbarerweise hatte ich das Glück, Sarah kennenzulernen, bevor es irgendwelche Vermutungen geben konnte, daß sie sich mehr in meinen Erfolg als in mich verliebt hätte.«

Lloyd Webber war zum ersten Mal in seinem Leben verliebt, und Sarah bewunderte ihn. Am 24. Juli, kurz nach ihrem 18. Geburtstag, wurden sie in der Dorfkirche Holy Cross in Ashton Keynes, Wiltshire getraut. Ihr wohlhabender Vater, der später für die UN Ernährungs- und Landwirtschaftsorganisation arbeitete und von dessen engen Verbindungen zum Secret Service (M16) berichtet wurde, half ihnen, ihr erstes Haus, die Summerlease Farm in der Nähe von Shaftesbury in Dorset, zu erwerben. »Sie machte ihr Abitur im Juni, und wir heirateten im Juli«, sagte Lloyd Webber. » Wir besaßen eine Stadtwohnung und ein altes Bauernhaus auf dem Land. Die Heirat hat meine Ausgaben verringert, wenn überhaupt etwas.«

Die nordamerikanische Tourneeproduktion war überall ausverkauft. Das Publikum erhob sich und jubelte am Ende jeder Vorstellung: die Jesus-Begeisterten und die verrückten Hippies an der Westküste, die zugeknöpften Brook-Bros-Hemden tragenden Liberalen im Osten und die armen Farmarbeiter im Budweiser-Gürtel. Aber als die Show in den tiefen Süden kam, gab es Todesdrohungen gegen die Mitwirkenden. In Wildwood, New Jersey, drang ein Mann mit einem Revolver in Fenholts Hotelsuite ein. »Ich verbarrikadierte mich im Zimmer und rief die Polizei. Er hatte so einen unheimlichen Gesichtsausdruck, daß ich ausflippte.«

Jesus Christ Superstar war eher ein Oratorium als eine Oper – erst mit Evita lernten sie dramatisch, also für die Bühne, zu schreiben –, aber Tom O'Horgan, der von Stigwood zum Direktor der Broadwayshow ernannt worden war, löste das Problem mit einer Reihe hervorragender Produktionstricks. O'Horgan war für seine theatralischen Schauspiele bekannt. Er hatte seine Karriere im avantgardistischen Café La Mama begonnen und war bereits dem totalen Theater verfallen, bevor ihm mit seiner brillanten, erfolgreichen Inszenierung von *Hair* der Durchbruch am Broadway gelang. Er glaubte, daß die Menschen geschockt werden wollten: deshalb die Nacktheit in *Hair* und die verbalen Angriffe gegen das Publikum in seiner Produktion *Lenny*, einer kontroversen Show über den Komödianten Lenny Bruce: »Das traditionelle Theater tut so, als ob etwas

Reales auf der Bühne geschieht«, sagte O'Horgan am Tag vor der Eröffnung von *Superstar* am Broadway. »Wir sagen, daß es ein Ritual zu befolgen gilt, und genau das tun wir. Es ist einfach, traditionelles Theater zu machen, und man erhält dann auch die entsprechenden Reaktionen. Dies bedeutet, das Publikum in die auf der Bühne dargestellten zauberhaften Ideen und Gefühle einzubeziehen. Ich glaube nicht, daß irgend jemand emotional unberührt aus diesem Stück herauskommt.«

In den Zeitungen und auf den Kanzeln wurde über diese umstrittene neue Show diskutiert. Vor dem Mark Hellinger Theater in der West 51st Street gab es einen bannerschwingenden

Unten · Jeff Fenholt 1971 als Jesus in der Broadway-Produktion. Fenholt verkündete, daß er Jesus »im Gegensatz zu der konventionellen Ansicht eines friedfertigen und gelassenen Typs, sehr männlich und stark« darstellen wolle.

Protest religiöser Gruppen, die sich lauthals über die Dinge und Personen beschwerten, die angeblich kommerzialisiert und falsch dargestellt seien. Jüdische Gruppen waren der Meinung, daß es antisemitisch, christliche, daß es blasphemisch sei. Dies interessierte aber weder den Komponisten noch den Texter. Sie gossen sogar noch Öl in die Flammen. »Dies ist halt gut fürs Geschäft«, lachte Rice.

Auf der Hülle der ursprünglichen Schallplatte war stolz »A Rock Opera« aufgedruckt. Diese Worte wurden wohlweislich bei der New Yorker Produktion, die $ 750.00 kostete, weggelassen. »Am Broadway«, sagte Stigwood zu Lloyd Webber, »will man Musicals und keine Opern sehen.«

Sie wußten aufgrund der Tourneerfahrungen, daß der größte Teil des Publikums keine

Ich stelle ihn sehr stark und männlich dar. Ein Kontrast zu der traditionellen Sicht des ruhigen und gelassenen Kerls. Mein Jesus legt so viel in den Gottestrip, daß keiner, nicht einmal er, die Dinge durchschaut.

Jeff Fenholt

Unten und *rechts* · Das Broadway-Original des Regisseurs Tom O'Horgan, der 1971 bewußt »zirkusähnliche Elemente in die jahrhundertealte Tradition des Kirchentheaters« integrierte.

traditionellen Theaterbesucher, sondern junge und junggebliebene, das Album liebende Rockfans waren, so daß die Bühnenshow exakt die Schallplatte, jedoch größer, besser und lauter, wiedergeben mußte. Aus der Tourneeproduktion blieben Fenholt und Elliman, und O'Horgan engagierte Ben Vereen als schwarzen und bärtigen Judas. Der starke Sound kam aus einer großen Anzahl von Lautsprechern. Ähnliches war noch nie zuvor in einem Broadwaytheater aufgebaut worden.

Es war eine atemberaubende Produktion mit Rices feurigem Libretto voll modernem Straßenslang und Lloyd Webbers eklektischer Partitur, in welcher Elemente der Klassik und des Rocks klug gemischt von den elektroni-schen Gitarren vorangetrieben und von dem Klang der Violinen ausgefüllt wurden. Fenholt verkörperte Jesus als moderne freche Figur mit mehr als nur einer Spur weltlicher Sinnlichkeit, besonders in seinen Duetten mit der 19jährigen Elliman, die der Show mit einem ausgezeichneten Vortrag von »Try Not To Get Worried Try Not To Turn Out« Einhalt gebot. Der überwältigende Charme der jungen Besetzung, die schimmernden, surrealistischen Kulissen des Bühnenbildners Robin Wagner und eine immense Zahl von Spezialeffekten verschlugen dem Publikum den Atem.

In Silber gehüllte Engel kamen mit riesigen, buntschimmernden, filigranen Flügeln vom Himmel, um auf einer hauchdünnen Plattform schwebend »Superstar« zu singen. Judas verließ an einem Galgenstrick hängend die Bühne, indem er 12 m hoch in die Flügel der Engel gezogen wurde. Es gab tanzende Zwerge, schlurfende Aussätzige, mit Kapuzen maskierte Dämonen und zusätzlich dazu die ganze Palette von Laserstrahlen, Rauch- und Windmaschinen, wie sie die progressiven Rockgruppen liebten. »Die Zirkuselemente passen genau dazu«, sagte O'Horgan. »Sie stehen in der Tradition von jahrhundertealter kirchlicher Theaterkunst.« Christus schwebte in einem golden schimmernden, bis in den Orchestergraben reichenden Umhang 6 m über der Bühne, und ein sich tuntenhaft bewegender, angemalter Herodes, eher eine Karikatur, stolperte mit hohen Absätzen herein, um Gottes Sohn mit dem Vorschlag zu hänseln, daß er zum Beweis seiner Identität doch über den Swimmingpool gehen sollte.

Bei der Kreuzigungsszene sah das Publikum das Kreuz nicht, hörte jedoch, wie die Nägel eingeschlagen wurden, bevor Christus schließlich an einem blendenden goldenen Dreieck hängend gezeigt wurde. Die weiblichen Teenager im Publikum sprangen daraufhin auf, stampften mit den Füßen und jubelten. Ältere Theaterbesucher blickten zunächst konsterniert, bevor sie sich diesem Freudentaumel anschlossen. Auch Priester und Nonnen applaudierten. Der Pfarrer einer vornehmen Kirche in der Fifth Avenue erzählte seiner Gemeinde, das Stück sei das beste seit der Erfindung von geschnittenem Brot. Dagegen ging ein zur Episkopalkirche gehörender Priester aus Long Island verwirrt weg und sagte: »Ich weiß nicht, was ich davon halten soll. Ich muß erst darüber nachdenken. Es ist auf jeden Fall ein ... erstaunliches Konzept ...«.

Als der letzte Vorhang fiel, stand das Publikum, darunter viele berühmte Persönlichkeiten, für einen enthusiastischen Beifall auf. Dieser hallte den ganzen Broadway bis zum Times Square hinab, wo in jedem Plattenla-

den das Album in die neonbeleuchteten Straßen hinausblitzte. Rice und Lloyd Webber begaben sich zu Stigwood und den 1.000 Gästen in der Tavern On The Green, einem modischen Restaurant im Central Park. In den frühen Morgenstunden stahlen sich beide für einen Augenblick aus dem Gedränge der Menge weg und gingen, um frische Luft zu schöpfen, nach draußen. Arm in Arm blickten sie über den Central Park und lachten laut. Die hellen Lichter des Broadways tanzten vor ihren Augen, und es schien ihnen, als ob die frühen erfolglosen Popsongs, die unvollendeten Musicals und sogar die erste Aufführung von *Joseph* am Colet Court plötzlich weit zurücklägen. Sie hatten es geschafft!

In diesem Winter begann Norman Jewison in Israel mit den Dreharbeiten zu dem $ 3,6 Mio. teuren Film *Jesus Christ Superstar*. Rice und Lloyd Webber flogen in das Heilige Land. Als sie aber feststellten, daß der Regisseur des oscargekrönten Dramas *In the Heat of the Night (In der Hitze der Nacht)* und der Breitwandfassung von *Fiddler on the Roof (Anatevka)* im Grunde nicht an ihrer Meinung, wie ein Film gemacht werden sollte, interessiert war, verflüchtigte sich ihr Interesse rasch. Jewison verpflichtete Melvyn Bragg, Romancier und Fernsehmoderator für Kunstsendungen, ein Drehbuch ohne eine Mammutbesetzung, wie sie Cecil B. DeMille in seinen biblischen Epen so liebte, zu schreiben. Statt dessen führte eine Gruppe junger Schauspieler aufeinanderfolgende Produktionsnummern in einer leeren Wüste auf. Der Zusammenhang geht erst verloren, wenn Carl Anderson, der sich in der großartigsten Aufnahme im Film als Judas präsentiert, vor Panzern davonläuft und sich vor Düsenjägern mitten in »Damned For All Time« duckt. André Previn dirigierte die Filmmusik. Der Film kam 1973 in die Kinos und wurde in der Rubrik »Beste Filmmusik« für einen Oscar nominiert. Der Film erhielt zwar gute Kritiken, wurde aber kein Kassenschlager, wie von den Geldgebern der Universal Studios erhofft.

In Großbritannien wurde der Erfolg von *Superstar* ganz offiziell durch Anthony Grant, einen Sekretär des Handelsministeriums, anerkannt. Er gratulierte Rice und Lloyd Webber zu ihren Exporteinkünften (£ 13 Mio. bis dato) und überreichte ihnen eine Schallplatte in Platin für ihren weltweiten Verkauf von 3,5 Mio. Exemplaren ihres Albums, von denen allerdings nur 44.000 in Großbritannien abgesetzt worden waren. Aus diesem Grund war London auch die letzte Stadt, die diese Bühnenshow, die bereits ein Dutzend andere Städte in der Welt erschüttert hatte, zu sehen bekam.

Trotz des New Yorker Erfolgs von *Superstar* hatten Lloyd Webber und Rice Bedenken

hinsichtlich des lautstarken, effekthascherischen Charakters der Broadwayshow. »Ich bin nicht davon überzeugt, daß die Broadwayversion perfekt für die Bühne angelegt ist«, sagte Rice. »Ich bin der Meinung, daß die Konzertfassung besser abschneidet.« Lloyd Webber hielt die Broadwayfassung sowieso für viel zu überladen. Da die Londoner Produktion ohnehin einfacher und zugleich anspruchsvoller sein sollte, beauftragten sie Jim Sharman mit dieser Aufgabe, einen 27jährigen Australier, der für die von den Kritikern gefeierte Produktion in Sydney verantwortlich war.

Seine Aufführung, die im Palace Theatre am Cambridge Circus am 9. August 1972 in London stattfand, gefiel ihnen viel besser. Die mythische, magische und übernatürliche Seite wurde heruntergespielt, O'Horgans

Der Gesamteindruck ist zwar brillant, aber so billig wie Weihnachtsschmuck in einem schikken Laden in der Fifth Avenue.
Clive Barnes, *New York Times,*
13. Oktober 1971

ziert, daß er sich nie gegen die Sklaverei gestellt und Frauen als minderwertige Menschen behandelt habe.

Die Broadwayfassung, die Lloyd Webber immer weniger akzeptieren konnte, lief beachtliche zwei Jahre lang. Doch die Londoner Fassung, die er liebte, lief und lief und lief. Die Inszenierung, die bei den Touristen besonders populär war, kostete £ 120.000 und warf ab der 22. Woche Gewinn ab. Nur wenigen Besuchern war die Lebensgeschichte Jesu unbekannt, und wenn sie den englischen Text nicht verstanden, konnten sie trotzdem der Handlung folgen und sich an der Macht der Musik erfreuen. Am 3. Oktober 1978 fand die 2.620. Vorführung statt. In Anlehnung an das seit Jahrzehnten in London laufende Theaterstück *The Mousetrap (Die Mausefalle)* – nach einer Kriminalerzählung von Agatha Christie –, bezeichnete der Impresario Lord Del-

Oben · Ted Neeley zeigt, was er kann, indem er in Norman Jewisons Film über den Swimmingpool wandelt.

»geschmacklose Exzesse« wurden stillschweigend weggelassen. Paul Nicholas, der für Screaming Lord Scutch Klavier gespielt hatte, bevor er die Hauptrolle des Claude in dem Erfolgsmusical *Hair* erhielt, spielte den Jesus eher wie einen Sterblichen mit rauchiger Stimme und weniger wie den Sohn Gottes. Der von Stephen Tate gespielte Judas war ein ernsthafter, bebrillter Studentenrevolutionär. Sylvie McNeill, die aus 400 Mädchen für die Bombenrolle der Maria Magdalena ausgewählt worden war, verpaßte ihre Chance, ein Star zu werden, da sie wegen einer »wichtigen familiären Verpflichtung« die Rolle zwei Wochen vor dem Beginn der Show niederlegte. Sie wurde durch Dana Gillespie ersetzt.

»Die britische Öffentlichkeit war vor zwei Jahren noch nicht reif für *Jesus*«, sagte Lloyd Webber. »Der durchschnittliche Kirchgänger war unserer Musik gegenüber äußerst argwöhnisch, und die jungen Leute wollten von nichts etwas wissen, was für sie nach der etablierten Kirche roch.« Das Premierenpublikum mußte noch durch eine Gruppe von Demonstranten Spießruten laufen, die Kirchenlieder wie »At The Name Of Jesus« und »His Name Is Wonderful« sangen und Plakate mit der Aufschrift »Jesus Is Risen And Lives«, »Jesus Is Not A Superstar« und »Jesus Christ Supersham« hielten. Auch Mitglieder der National Secular Society erschienen mit Flugblättern. Auf diesen stand, daß die Lehren von Jesus ein Mischmasch aus Aberglauben seien, daß er das Leiden glorifi-

> *Superstar wohnt eine ganz bestimmte unbekannte Größe inne. Das war von Anfang an so. In dieser Kombination könnte Religion und Musik immer weitergehen. Denken sie daran, das Buch war ziemlich gut.*
>
> David Land,
> August 1980

font das Werk prompt als »*Mousetrap*-Musical«. Es hatte *Oliver!* überflügelt und war zu dem am längsten aufgeführten Musical in der britischen Theatergeschichte geworden.

»Wir beobachteten die Produktion mit wachsamem Auge«, sagte Lloyd Webber. »Ich sehe sie mir an, wann immer ich dazu Zeit habe. Ich kaufe mir immer eine Eintrittskarte, so daß niemand weiß, daß ich komme.« Das Musical lief bis 1980 und brachte es insgesamt auf 3.358 Aufführungen. 2 Mio. Menschen hatten es gesehen, und £ 7 Mio. waren an den Theaterkassen umgesetzt worden.

Es ist ein Zeichen seiner Anziehungskraft, daß *Jesus Christ Superstar* für sich beanspruchen konnte, das Musical mit der drittlängsten Laufzeit im West End – nach *Cats* und *Starlight Express* – gewesen zu sein, bevor es im Januar 1994 von *Les Misérables* überflügelt wurde. Als der letzte Vorhang im Palace fiel, war dies nicht das Ende der Fahnenstange. Es ging sofort weiter mit einer erfolgrei-

Das Musical wird überhaupt nicht respektlos sein. Man muß nur voraussetzen, daß Christus einen Sinn für Humor hatte.

Tim Rice

chen Provinztour durch Großbritannien, und auch danach wurde das Musical auf der ganzen Welt immer wieder aufgeführt.

Am 23. August 1990 wurde eine Konzertfassung in den geheiligten Hallen des Barbican aufgeführt: mit Dave Willett als hervorragendem Jesus, Fiona Hendley als honigsüßer, gequälter Maria Magdalena, Keith Burns als modernem neurotischem Judas, James Smillie als volltönendem Pilatus und Christopher Biggins, der achtzehn Jahre zuvor vergeblich für die Bühnenrolle vorgesungen hatte, als wunderbar manieriertem Herodes. In einer Konzertfassung anläßlich des 20. Jahrestages, die

durch Großbritannien tourte, spielte Paul Nicholas die Hauptrolle, und im selben Jahr inszenierte die in Tokio ansässige Shiki Theatrical Company eine ganz außergewöhnliche Version in japanischer Sprache im Kabuki-Stil am Dominion Theatre.

»I Don't Know How To Love Him« brachte sowohl Yvonne Elliman wie auch Petula Clark in die Charts, und eine Titelversion mit Helen Reddy, deren internationale Karriere damit begann, wurde in Amerika die Nummer eins. *Jesus Christ Superstar* wurde in elf Sprachen übersetzt, in 22 Ländern aufgeführt und brachte weltweit £ 100 Mio. brutto ein – kurz gesagt: es war ein phänomenaler Erfolg. Tim Rice und Andrew Lloyd Webber waren im Begriff, tatsächlich reich zu werden. Der plötzliche Einsatz von elektronischen Gitarren im Orchestergraben revolutionierte diesseits und jenseits des Atlantiks das zeitgenössische Musical. *Superstar* machte den Rock gesellschaftsfähig. Nach *Jesus* würden die Dinge am Broadway nie mehr so wie früher sein ...

Ganz oben · Jesus als Protagonist eines Rockmusicals. Paul Nicholas spielte 1972 die Rolle im Palace Theatre, die eine heftige Kontroverse auslöste.
Oben · Tim Rice zeigt ein kritisches Pamphlet, das vor dem Theater verteilt wurde.

Filmmusik

Während er die Aufnahmen für *Jesus Christ Superstar* überwachte, wurde Andrew Lloyd Webber gebeten, die Musik für den Film *Gumshoe* zu schreiben, eine liebevolle und amüsante Hommage an Dashiel Hammett und Raymond Chandler sowie an das Genre des Detektivromans.

Weder hatte Lloyd Webber jemals zuvor die Musik für einen Film geschrieben, noch hatte der Regisseur Stephen Frears, der später *My Beautiful Launderette (Mein wunderbarer Waschsalon)*, *Dangerous Liaisons (Gefährliche Liebschaften)* und *The Grifters* machte, bis dahin in einem Film Regie geführt.

Beide besaßen das Vertrauen von Albert Finney, dem Schauspieler, der sich mit dem sozialkritischen Drama *Saturday Night and Sunday Morning* und mit dem derben Kostümklamauk *Tom Jones (Tom Jones – zwischen Bett und Galgen)* einen Namen gemacht hatte. Frears hatte mit Finney in dem Film *Charlie Bubbles (Ein erfolgreicher Blindgänger)* zusammengearbeitet; Lloyd Webber hatte seine Aufmerksamkeit mit *Joseph and the Amazing Technicolor Dreamcoat* auf sich gezogen.

Der Gedanke, für einen Film die Begleitmusik zu schreiben, war reizvoll. Es wäre etwas Neues, etwas anderes und technisch eine ziemliche Herausforderung. Darüber hinaus war es relativ wenig aufwendig und bedeutete schnelles Geld.

Das Drehbuch von Neville Smith erzählt die Geschichte von Eddie Ginley, einem unbedeutenden Nummernausrufer beim Bingo und Möchtegernkomiker, der in einem zwielichtigen Arbeiterclub für Männer in Liverpool arbeitet und ein leidenschaftlicher Fan der Filme mit Humphrey Bogart und Elvis Presley und der Romane von Dashiel Hammett ist. Das Buch *The Maltese Falcon (Der Malteser Falke)* hat er bereits sechsmal gelesen und stellt sich nun vor, daß auch er ein witziger, ausgekochter Privatdetektiv sei. Eddie annonciert seine Dienste und wird prompt von einem mysteriösen fetten Mann namens Jacob De Fries engagiert. Dieser überreicht ihm ein Päckchen mit dem Photo einer wunderschönen jungen Frau (Carolyn Seymour), einer Waffe und £ 1.000. Bevor ihm bewußt wird, auf was er sich eingelassen hat, steckt Eddie bis zum Hals im Waffen- und Drogenschmuggel und in finsterer afrikanischer Politik.

Lloyd Webber nutzte die Gelegenheit, sein feines Ohr für Musikgeschichte zu beweisen: Er brachte wunderbare Film-musik der 40er Jahre mit einem exakten Gefühl für Ort und Zeit. Eine rauchige Melancholie, ein entfernter Anklang an Bogart und Bacall, ist meist für die Klaviermusik charakteristisch. Tim Rice schrieb die Texte für das von Roy Young gesungene Lied »Baby You're Good For Me«.

Gumshoe erhielt bei der Veröffentlichung gute Kritiken. »Albert Finney ist brillant« (*Variety*); »In diesem Film ist alles hervorragend aufeinander abgestimmt« (*Monthly Film Bulletin*). Dennoch brachte der Film weder in den USA noch in Europa viel Geld ein. Er war ein kurzzeitiger Erfolg, eine faszinierende Entdeckung für Filmfans. Für Lloyd Webber war es eine interessante und erfreuliche Übung, eine, die er gerne wiederholen würde.

Als Lloyd Webber und Sarah drei Jahre später während ihres Urlaubs in Italien Tante Vi in Ventimiglia besuchten, lief ihnen der Filmregisseur Ronald Neame über den Weg und erzählte, daß er an einer Kinoverfilmung von Frederick Forsyths Bestseller *The Odessa File (Die Akte Odessa)* arbeiten würde. Neame bat

Lloyd Webber, den er schon seit dessen Kindheit kannte, die Musik für diesen Film zu komponieren, in dem ein kühner westdeutscher Journalist Nazikriegsverbrechern auf der Spur ist.

Das Drehbuch stammt von Kenneth Ross und George Markstein, dem Mann, der auch die Kultserie *The Prisoner* mit Patrick McGoohan für das Fernsehen kreiert hat. Es erzählt die Geschichte von Peter Miller, einem ernsthaften, jungen freischaffenden Journalisten. Dieser stößt auf die Existenz eines geheimen Netzwerkes von SS-Veteranen, als er das Tagebuch eines älteren Juden liest – ironischerweise eines Überlebenden der nationalsozialistischen Todeslager, der soeben Selbstmord begangen hat. Miller, von israelischen Agenten unterstützt, schleust sich in die Organisation Odessa ein, um den Aufenthaltsort von Eduard Roschmann, dem ehemaligen Leiter eines Konzentrationslagers, herauszufinden. Dem Tagebuch zufolge lebt dieser unter einem angenommenen Namen irgendwo in Deutschland gesund und munter und auch erfolgreich. Miller, von Jon Voight gespielt, der mit *Midnight Cowboy (Asphalt-Cowboy)* zu Ruhm gelangte, risikiert sein Leben, um Roschmann vor Gericht zu bringen. Ein wesentliches Motiv seines Handelns wird am Ende enthüllt: Roschmann ist der SS-Schläger, der seinen Vater, einen hochrangigen Wehrmachtsoffizier, in den letzten Kriegstagen getötet hat.

Lloyd Webber schrieb die schwermütige Filmmusik mit der Hilfe seines Bruders Julian, des Cellisten. Die musikalischen Arrangements sind sparsam eingesetzt, die Melodien dünn gesät, und die Musik ist ebenso klagend wie die Bilder erschütternd. Die Musik war machtvoll und die »Odessa Hymne«, eine Fuge für Cello, Rockgruppe und Orchester, besonders eindrucksvoll.

Tim Rice schrieb den Text für das Anfangslied »Christmas Dream«, das von Perry Como gesungen wurde. Es soll die Stimmung des Weihnachtspops ungefähr aus der Zeit nach 1963 hervorrufen. »Beobachte mich jetzt, hier gehe ich / Alles was ich brauche, ist ein wenig Schnee«. Rice und Lloyd Webber beeilten sich zu sehr mit ihrer Erklärung, daß dies keine Anspielung auf Kokain, sondern nur einfach der Versuch sei, eine idyllische weihnachtliche Stimmung heraufzubeschwören.

Der Film wurde in den Zeitungen verrissen: »Ein so todlangweiliger Film, wie es bislang noch keinen gab.« (Benny Green, *Punch*). Hauptsächlich aufgrund von Forsyths berühmtem Namen und dem Erfolg der Kinofassung von *The Day of the Jackal (Der Schakal)* im Jahr zuvor wurde er ein bescheidener Erfolg.

Neame, dem offensichtlich das sichere Gefühl in der Regieführung von Action und Spannung, die Fred Zinnemann in *The Jackal* bewiesen hatte, fehlte, ließ das meiste von Lloyd Webbers Arbeit auf den Boden des Schneideraums fallen. Lloyd Webber hatte, der enttäuschende Mißerfolg des Filmes *Jesus Christ Superstar* kam noch hinzu, kein Glück, wenn er für den Film schrieb. Das Theater, so entschied er, war der Ort, für den er Talent besaß.

Gegenüber · Hände hoch! Albert Finney beweist Billy Whitelaw in *Gumshoe*, Stephen Frears liebenswürdiger Hommage an das Detektivfilm-Genre, daß er den *Malteser Falken* zu häufig gelesen hat.

Oben · Lloyd Webber während einer Probe

Links · Perry Como sang »Christmas Dream« in Ronald Neames NS-Thriller *Die Akte Odessa*.

Jeeves

Der Erfolg von *Jesus Christ Superstar* machte die beiden Männer sehr reich. Lloyd Webber war darüber entsetzt, daß Tim Rice den Zeitungen erzählte, daß die Show jedem von ihnen »etwa £ 1 Mio. eingebracht« hätte.

1972 verkaufte Lloyd Webber die Wohnung im Parterre in Gledhow Gardens, South Kensington für £ 7.000 und kaufte für £ 70.000 ein elegantes Stadthaus in Brompton Square, am Ende der Straße, in der sich auch Harrods befindet. Lloyd Webber, der gerne Gäste bewirtete, gab eines Abends ein großes Essen für Neil Sedaka, der sich gerade in der Stadt aufhielt. Der Abend endete damit, daß sich Sedaka, der vor allem durch eine Reihe heiterer Singles wie zum Beispiel »Oh Carol«, »Breaking Up Is Hard To Do« und »Happy Birthday Sweet Sixteen« bekannt war, dem klavierspielenden Rice anschloß, und sie ihr hervorragendes Repertoire der Poplieder der 50er und 60er Jahre vortrugen. Bereits ein Jahr später verkaufte Lloyd Webber sowohl Brompton Square als auch Summerlease Farm, um sich seinen lange gehegten Traum von einem Landhaus zu erfüllen: Er kaufte Sydmonton Court, ein riesiges Herrenhaus an der Grenze zwischen Berkshire und Hampshire im Süden Englands. Teile dieses ehrwürdigen Gebäudes datierten aus der Tudorzeit, der älteste Flügel war 1510 gebaut worden, aber das meiste war viktorianischen Ursprungs, und Lloyd Webber liebte jeden Zentimeter davon. Sydmonton Court kostete £ 220.000. Es war mehr als nur ein Haus, es war ein Zuhause, und Lloyd Webber machte sich daran, es mit Gemälden der Präraffaeliten und schönen alten Möbeln einzurichten.

»Alles, was ich jemals in meinem Leben wollte, war, in der Lage zu sein, ein altes Landhaus zu kaufen«, sagte er nach dem Einzug. »Nicht unbedingt ein Haus von großer Bedeutung, aber ein Haus voller architektonischer Kuriositäten, was mein Haus auf jeden Fall ist. Seine besten Teile sind viktorianisch. Andere Teile sind aus der Zeit Edwards VII. Die Täfelung stammt aus Abschnitten des Hauses, die zerstört worden sind; sie ist noch viel älter. Einiges ist offensichtlich italienisch. Das Haus ist ein herrliches Durcheinander.«

Die ersten Risse in der langen, glücklichen und in der letzten Zeit auch erfolgreichen Beziehung zwischen Lloyd Webber und Rice zeigten sich, als sie diskutierten, was sie als nächstes schreiben sollten. Ob sie Popsongs für Ross Hannaman geschrieben, oder mit gescheiterten Projekten wie *Come Back Richard* oder *The Likes of Us* gekämpft hatten, ob sie einen bescheidenen Erfolg wie *Joseph* aus dem Ärmel ge-

Musik
Andrew Lloyd Webber

Text
Alan Ayckbourn

◆

West-End-Premiere
Her Majesty's Theatre
22. April 1975

Bertie Wooster David Hemmings

Jeeves Michael Aldridge

Madeleine Bassett Gabrielle Drake

Regisseur Eric Thompson

schüttelt oder an einem weltweiten Erfolg wie *Jesus* gearbeitet hatten: In der Vergangenheit waren sie immer einer Meinung gewesen.

Jetzt waren sie sich zum ersten Mal nicht einig. Lloyd Webber, der seit seiner Kindheit ein begeisterter Fan der Bücher von P.G. Wodehouse war, betrachtete diesen als den »größten Schriftsteller des 20. Jahrhunderts«, und er wollte ein Musical schreiben, das auf den äußerst populären Büchern über Bertie Wooster basierte: den liebenswerten, aber langweiligen Lebemann und seinen lang leidenden Kammerdiener Jeeves. Rice teilte diese Begeisterung nicht. Geschichten über einen

> *Nein, unsere Freundschaft hat keinen Riß bekommen. Wir sind seit zehn Jahren gute Freunde. Tim ist sehr kompetent. Er hat den Eindruck,* Jeeves *nicht gerecht zu werden.*
>
> Andrew Lloyd Webber

schrecklich vornehmen, leicht vertrottelten Vertreter der Oberschicht und einen gutherzigen Kammerdiener ließen sein Herz nicht höher schlagen. Ihre zehnjährige Freundschaft, während der sie sowohl den größten Teil ihrer Freizeit wie auch ihrer Arbeitszeit gemeinsam verbracht hatten, begann zu bröckeln.

Beide Männer sträubten sich gegen einen Bruch ihrer Partnerschaft gerade jetzt, da sie die Früchte des Erfolgs auskosten konnten, und Lloyd Webber überzeugte Rice schließlich, es zumindest zu versuchen. Sie arbeiteten an drei oder vier Liedern zusammen, einschließlich »Suddenly There's A Valet«, bevor Rice sagte, es tue ihm leid, aber es sei einfach nicht seine Sache. Mit Fiktion zu arbeiten, sei viel schwieriger als mit Fakten. Während *Joseph* und *Jesus* vollständig gesungen wurden und die Geschichten einem christlich gebildeten Publikum bereits bekannt waren, mußte *Jeeves* ein Textbuch haben, das sowohl aus Dialogen wie auch aus Liedern bestand. Rice mochte diese Idee nicht, zumal er davon ausging, daß das ganze Vorhaben nicht funktionieren würde. In den frühen Tagen ihrer Zusammenarbeit hatte sich Llody Webber oft darüber Sorgen gemacht, seinen Freund zu verlieren. Jetzt machte es ihm nichts aus. Er würde *Jeeves* mit oder ohne seinen einstigen Liedertexter realisieren. Er war davon überzeugt, daß es ein Erfolg werden würde. Und er war entschlossen, Rice zu beweisen, daß dieser sich irrte.

Lloyd Webber brauchte einen neuen Partner, und so trat er an den Theaterautor Alan Ayckbourn heran. Da Wodehouse ein Schriftsteller mit viel Witz war, mußte dies als gute Idee erscheinen. Es war somit eine dreifache Hochzeit, die im Musicalhimmel geschlossen wurde: Lloyd Webber war ein Komponist, dessen Melodien am Broadway und in der Shaftesbury Avenue sehr erfolgreich waren, Ayckbourn war unbestreitbar der beste Autor populärer Komödien seit Noel Coward, und die Wodehousebücher erfreuten sich anhaltender Beliebtheit.

Pelham Grenville Wodehouse hatte seine literarische Karriere mit dem Schreiben von Kurzgeschichten für Jungenmagazine begonnen, bevor er mit Jeeves und Bertie Wooster zwei der bleibendsten und liebenswertesten Charaktere der englischen Unterhaltungsliteratur des 20. Jahrhunderts schuf. Seine Kunst war trügerisch einfach, nämlich die Kunst, einfache und amüsante Geschichten auf einfache und amüsante Art zu erzählen. Wodehouse stellte seine Art zu schreiben einmal dar als »das Kreieren einer Art Musicalcomedy ohne Musik, wobei das wirkliche Leben ignoriert wird«. Tatsächlich gab es nur wenige Autoren, die die Absonderlichkeiten und Exzentrizitäten, die Marotten und Moden der englischen Oberschicht in der Zwischenkriegszeit besser schildern konnten.

Es gab von Anfang an Probleme mit der Show. Ayckbourn hatte sich seinen guten Ruf mit *Relatively Speaking (Halbe Wahrheiten)*,

Rechts · Der Dramatiker Alan Ayckbourn schrieb die Texte für David Hemmings (*vorherige Seiten*), der diese in der Rolle als liebenswerter Bertie Wooster sang.

Absurd Person Singular (Frohe Feste) und *The Norman Conquest* (Trilogie: *Normans Eroberungen*), alles Komödien über das zeitgenössische Leben der Mittelklasse in den Vorstädten, erworben. Doch er kannte weder den Sittenkodex der Oberschicht in der Jazzära, noch schätzte er Musicals wirklich. Kurz bevor *Jeeves* uraufgeführt wurde, gab er freimütig zu: »Ich finde, daß Musicals eigentlich verdammt langweilig sind«, und fügte hinzu, »aber ich hoffe, daß dieses anders ist.«

Ayckbourn machte sich keine Illusionen über die Schwierigkeiten, die dem Projekt innewohnten: »Die Leute haben es nie geschafft, Wodehouse erfolgreich zu adaptieren«, sagte er, »denn er ist sehr schwer zu fassen. Wer zum Teufel ist Jeeves? Er ist nur eine Figur, die ihren Text spricht. Jeder hat eine Vorstellung von ihm, aber zu versuchen, ihn auf die markanten Merkmale seines Aussehens festzunageln, oder gar sein Alter zu bestimmen, ist sehr schwierig. Und die Mädchen bei Wodehouse sind dem ziemlich ähnlich. Tja, fairerweise muß man zugeben, daß er zwei Gruppen von Figuren geschaffen hat – die Draufgänger und die Dummen. Und man muß behutsam den Kurs halten zwischen dem völligen Verändern der Charaktere und dem Hinzufügen von etwas Substanz, die dem Text zwar folgt, aber so im ganzen im Buch nicht enthalten ist.«

Ayckbourn stellte eine Handlung zusammen, die keine Adaption eines bestimmten Buches, sondern eine thematische Grundlage war, auf der sie ihre Hommage an Wodehouse aufbauen würden. Wooster und seine unermüdlichen Kumpel geben im Drones Club ein Konzert, als sein Banjo den Geist aufgibt. Während Jeeves unterwegs ist, um einen Satz neuer Saiten zu besorgen, erzählt Bertie, um das Publikum bei Laune zu halten, eine Geschichte, die hauptsächlich auf *The Code of the Wooster* basiert. Bertie befindet sich mit dem bewundernswerten Jeeves, der ihn ständig verbessert, fast die ganze Zeit auf der Bühne.

»Es gibt technische Elemente in einem Musical«, sagte Ayckbourn, »wie die Anzahl der Nummern, die man in der ersten Hälfte und im Ganzen benötigt. Wir brauchten eine feststehende Bertie-Nummer. Wir brauchten Musik für unseren Schurken Roderick Spode. Wir wußten, daß wir zur Abwechslung auch eine Ballade brauchten, denn ansonsten würde es monoton wirken. Später stellten wir fest, daß noch andere Lieder gebraucht wurden. Ich forderte ihn auf, ein Lied zu schreiben, er kam mit einer Melodie zurück, dann schrieb ich die Worte.«

Beide waren zwanghafte Arbeiter. Während der langen heißen Tage und Nächte des

Sommers bis zum Herbst 1974 tauchten sie in die Welt von Wodehouse ein. Sie besuchten den 93jährigen Autor in seinem Haus auf Long Island, und er gab dem Projekt seinen Segen: »Wir sind die gesamte Musik mit ihm durchgegangen«, sagte Lloyd Webber. »Er schien sehr erfreut darüber zu sein. Er ist schrecklich bescheiden und war nur besorgt, ob die Charaktere für ein Musical tragfähig genug sind.«

Lloyd Webber fand Ayckbourns Texte »einfach, direkt und enorm wirkungsvoll«. Dennoch dauerte ihr erster Entwurf viereinhalb Stunden. Sie kürzten. Drastisch. Ein Lied, das herausfiel, tauchte später als die große Melodie in *Variations* wieder auf, mit einem Text versehen wurde sie dann zu »When You Want To Fall In Love« in *Song & Dance*. Tante Dahlia, die von Betty Marsden gespielt werden sollte, wurde aus dem Musical gestrichen. Zu dem Zeitpunkt, als *Jeeves* in Bristol für eine erste kurze Version, vor der eigentlichen in London, gespielt wurde, war es nur noch dreieinhalb Stunden lang.

Oben · Hemmings als Wooster inmitten des Drones Clubs, darunter Gussie Fink-Nottle
Unten · Rice und Lloyd Webber im »Jeeves-Look« für den Evening Standard

Ich wollte etwas Lustiges machen, und ich denke, daß die Bücher über Jeeves das Lustigste in der englischen Sprache sind.

Andrew Lloyd Webber

Rechts · Eric Thompson, der Vater der Schauspielerin Emma Thompson und die Stimme des »Magischen Karussells«, führte Regie in der kurzlebigen West-End-Produktion.

Unten · Gabrielle Drake spielte in dem Musical die flatterhafte Schönheit Madeleine Bassett.

Im Mittelpunkt stehen David Hemmings prächtige und liebenswerte Darstellung des monokeltragenden Dummkopfes Bertie Wooster und zwei oder drei angenehme und eingängige Melodien von Andrew Lloyd Webber. Alles andere ist mehr oder weniger bedeutungslos.

Herbert Kretzmer, *Daily Express*, 23. April 1975

Aber die Proben waren schwierig gewesen, und die Aufführung wäre um Haaresbreite eine Katastrophe geworden.

Bei der Londoner Premiere dauerte es nur noch zweidreiviertel Stunden, aber die Radikalkur hatte dazu geführt, daß die Mitwirkenden die Geschwindigkeit nicht durchhalten und ihre Rolle nicht reibungslos darstellen konnten.

Die £ 100.000 teure Produktion zeigte David Hemmings in der Rolle des entwaffnend begriffsstutzigen Berties, Gabrielle Drake als hinreißende Madeleine und Michael Aldridge als den immer einfallsreichen Jeeves. Hemmings, der seine Karriere als Sänger in Benja-

min Brittens *Turn of the Screw* begonnen hatte, war aufgrund seiner Darstellungen in Kinoproduktionen wie Michelangelo Antonionis psychologischem Problemfilm *Blow Up (Blow up)*, Roger Vadims Science-fiction Comic strip *Barbarella und Tony Richardsons monumentalem Kostümdrama The Charge of the Light Brigade (Angriff der leichten Brigade)* sehr populär. Doch dies war seit mehr als zehn Jahren seine erste Bühnenrolle. Weitere Rollen wurden besetzt mit Gabrielle Drake, Jill Hammond (bekannt aus dem Fernsehdrama *The Brothers*) und Nicola Freemann (aus der melodramatischen Fernsehserie *Crossroads*), die die flatterhafte Madeleine spielte. Michael Aldridge, ein geschätzter altbekannter Theater- und Filmschauspieler, der vor allem durch seine Rolle in Roy Clarkes Fernsehkomödie *Last of the Summer Wine* bekannt war, spielte den Jeeves. Gordon Clyde, Christopher Good, John Turner, Bill Wallis, Angela Easterling, Graham Hamilton und David Wood stellten die Schar der Freundinnen und andere komische Figuren dar.

Mühelos komponierte Lloyd Webber die Melodien. Wenn ihm eine Melodie fehlte – wie zum Beispiel »Travel Hopefully« – griff er auf ein altes Werk zurück, in diesem Fall auf »Love Is Here« aus *The Likes of Us*. Obwohl die Musik mit Liedern wie »Code of The Woosters«, »Banjo Boy«, »Female Of The Species«, »When Love Arrives«, »Half A Moment« und »Summer Day« tragfähig war, gelang es ihr nicht, die reale, lebhafte, sorglose Atmosphäre dieser Zeit einzufangen.

Jeeves wurde am 22. April 1975 in Her Majesty's Theatre in Haymarket zum ersten Mal aufgeführt. Eine demoralisierte Besetzung gab ihr Bestes, aber als der Vorhang fiel, gab es lediglich höflichen Applaus. Doch es sollte noch schlimmer kommen.

Die Kritiken waren vernichtend. »Nicht einmal Jeeves kann diesen Bertie retten«, lautete die Schlagzeile im *Daily Telegraph*; »Armer Jeeves ... ihm ist nicht mehr zu helfen«, war das Urteil in der *Daily Mail*. Die Kritiker äußerten sich abfällig über das Bühnenbild (»die Bühnendekoration ist häßlich und kostenbewußt«) und den Regisseur (»Eric Thompson blickt nicht durch«), aber am meisten verrissen sie die Texte: »Die schwierige und anspruchsvolle musikalische Komödie sollte man doch den Profis überlassen.«

Jeeves wurde am 24. Mai 1975 nach nur einem Monat und 38 Vorstellungen abgesetzt.

»Die Kritiker haben uns vernichtet«, sagte David Hemmings. »Man weiß als Schauspieler, daß man da rausgeht, um abgeschossen zu werden – was es einem keineswegs leichter macht, wenn es dann geschieht. Wir haben so viel getan, damit es funktioniert. Es war nur irgend etwas in der Chemie des Theater, das falsch gelaufen ist.«

Dieses Mal wurde das Album nicht vor, sondern erst nach der Show veröffentlicht – und zwar nicht nach der Eröffnung, sondern nach der Absetzung der Show. Dies war die letzte Erniedrigung. Die Menschen waren nicht daran interessiert, die Aufnahme einer mißlungenen Inszenierung zu kaufen, die sie nicht einmal mehr sehen konnten.

»Das nächste Mal«, sagte Ayckbourn, »möchte ich das Projekt initiieren, mehr Kontrolle darüber haben, das Textbuch und die Liedertexte schreiben oder zumindest festlegen, wo ich die Lieder haben möchte, damit dann zu Andrew gehen und es gemeinsam diskutieren. Ich bin etwas spät in dieses Projekt eingestiegen. Die Dinge waren bereits durchdacht, nicht endgültig, aber Andrew und Tim hatten sich bereits jahrelang darüber Gedanken gemacht.«

Lloyd Webbers persönliche und berufliche Höflichkeit hielten ihn davon ab, seinen Mitarbeiter öffentlich zu kritisieren. Aber es würde kein nächstes Mal mehr geben. Er hatte erfolglos versucht, ohne Rice, der zehn Jahre lang sein Partner gewesen war, zu schreiben. *Jeeves* war offenkundig ein Flop. Allein fühlte Lloyd Webber sich unwohl, und nun wollte er sich mit seinem alten Kumpel wieder zusammentun. Vielleicht war Tims Idee letztlich gar nicht so schlecht ...

20 Jahre später wandte sich Lloyd Webber wieder *Jeeves* zu und überarbeitete seinen

einzigen Flop. Ayckbourn war seit 1971 der Künstlerische Direktor im Stephen Joseph Theatre in Scarborough. Als er 1996 eine neue Show zur Wiedereröffnung seines renovierten Theaters brauchte, das aus der Asche des alten Kinos Odeon auferstanden war, bat er Lloyd Webber, ihm bei der Umarbeitung ihrer Hommage an Wodehouse zu helfen.

Das Stück trug nun den Titel *By Jeeves* – in den Hauptrollen Steven Paccy als herrlich begriffsstutziger Bertie Wooster, Malcolm Sinclair als hervorragend feierlicher Jeeves, Diana Morrison als jungfräuliche Madeleine Bassett, Simon Day als sprachverdrehender Gussie Fink-Nottle und Nicholas Colicos als der pompöse amerikanische Cyrus Budge.

Dieses »fast völlig neue Alan Ayckbourn/Andrew Lloyd Webber-Musical«, wie es schelmisch auf den Plakatwänden beschrieben wurde, hielt sich an die Spiel-im-Spiel-Struktur, bei der der Konzertabend unterbrochen wird, als das Banjo verloren geht; beibehalten wurden nur drei der ursprünglichen Lieder, darunter »Banjo Boy« und »Half A Moment«, die große Showmelodie. Lloyd Webber schrieb acht neue Lieder, von denen die meisten gewinnend, äußerst eingängig und reizvoll waren. Ayckbourn überarbeitete das Libretto, und sie spielten das Stück auch auf der Drehbühne, mit einer dramaturgisch gewagten Gestaltung der Bühne, die abgesehen von einigen reizvoll albernen Requisiten, leer war.

Alles in allem war dies eine enorme Verbesserung. Nach einer ausverkauften Laufzeit in Scarborough wurde *Jeeves* am 2. Juli in das Duke Of York's Theatre im West End verlegt.

Oben · Nach nur einem Monat und 38 Vorstellungen wurde Jeeves schon wieder abgesetzt. Jeeves war Lloyd Webbers einziger Flop.

Evita

◆

An einem lauen Sommerabend 1973 machte
Tim Rice auf der Rückfahrt vom Kricketspielen
in Buckinghamshire das Autoradio an und hörte noch das Ende eines Programms über Eva
Perón, die zweite, glamouröse Frau des argenti-
nischen Diktators Juan Perón. Eine Frau, die
sich ihren Weg an die Spitze erstritten und ge-
hurt hatte, bevor sie früh starb, und die anhal-
tende Legende von der heiligen Sünderin, die
von den Armen als Evita verehrt wurde, ent-
stand.

Es war eine fesselnde, reale Aschenbrödelgeschichte. Am
Ende des Programms war Rice, ebenso wie das argentinische
Volk, ihrem Zauber verfallen. Dies, so dachte er, war ein weiterer »Superstar«, der in seinem Leben nichts ausgelassen
hatte und mit 33 Jahren gestorben war. Die ideale Geschichte für ein großes Musical.

Rice las alles, was er über Evita bekommen konnte. Er
war hingerissen. Sie war das geeignete Thema für ihre nächste Show. Auf seiner Reise nach Argentinien begleitete ihn
Jane McIntosh. Sie arbeitete als Sekretärin beim Londoner
Capital Radio, für das Rice eine Samstagsendung brachte. Es
war eine »Liebes- und Forschungsreise«, die in beiderlei Hinsicht ein Erfolg wurde. Das Paar wurde im August 1974 getraut; ihre im darauffolgenden Jahr geborene Tochter nannten sie Eva Jane Florence. Ausgerüstet mit all den notwendi-
gen Hintergrundinformationen hatte Rice in der Zwischen-
zeit begonnen, an einer Zusammenfassung der Geschichte
zu arbeiten.

Das einzige Problem war, daß Lloyd Webber noch an
Jeeves arbeitete und die Begeisterung seines Partners nicht
teilte. Erst nachdem *Jeeves* schnell wieder abgesetzt worden
war, rief er Tim Rice an, um zu fragen, ob sie nicht doch gemeinsam an *Evita* arbeiten könnten.

Lloyd Webber hatte Rice beweisen wollen, daß dieser sich
im Hinblick auf *Jeeves* irrte. Und er hatte der Welt zeigen wollen, daß sein Talent ein ganz besonderes war, das sich unab-
hängig von seinem Partner durchsetzen konnte und würde. So
war es nicht erstaunlich, daß ein eher nachdenklicher Komponist sich ans Klavier setzte, um an *Evita* zu arbeiten.

Musik
Andrew Lloyd Webber

Text
Tim Rice

◆

Erstveröffentlichung
der Schallplatte
November 1976

Eva Perón **Julie Covington**

Juan Perón **Paul Jones**

Che **C.T. Wilkinson**

Magaldi **Tony Christie**

Freundin **Barbara Dickson**

Dolan Getta & Sidekick
Mike Smith & Mike d'Abo

◆

West-End-Premiere
*Prince Edward Theatre,
21. Juni 1978*

Eva **Elaine Paige**

Perón **Joss Ackland**

Che **David Essex**

Magaldi **Mark Ryan**

Freundin **Siobhan McCarthy**

Regisseur **Hal Prince**

◆

Broadway-Premiere
*Broadway Theater,
25. September 1979*

Eva **Patti LuPone**

Perón **Bob Gunton**

Che **Mandy Patinkin**

Magaldi **Mark Syers**

Freundin **Jane Ohringer**

Regisseur **Hal Prince**

Oben · Eva Perón auf einer Wahlveranstaltung in Buenos Aires im Jahre 1951 – von Elaine Paige in der berühmten »Balkonszene« in Evita nachgestellt.

Showmelodien mit atemberaubenden neuen Versatzstücken aus der Oper, der Operette, der zeitgenössischen, der populären und der Latinomusik, zusätzlich zu einem kraftvollen Schwung Rock'n'Roll. Endlich fand er wieder Gefallen an der Zusammenarbeit mit seinem langjährigen Partner. »Ich vertraute Tims instinktivem Gefühl. Zunächst war ich nach dem Mißerfolg von *Jeeves* verletzt, aber schon bald genoß ich die Sicherheit, mit je-

Eva Perón war eine Extremistin mit einem außergewöhnlichen Charisma. Und obwohl sie kein Mensch war, den jemand mit dem Drang nach individueller Freiheit akzeptieren würde, kann man nicht leugnen, daß sie eine gewaltige Anziehungskraft auf äußerst viele Menschen ausübte. Sie beeinflußte das gewöhnliche argentinische Volk auf emotionale Art.

Andrew Lloyd Webber

Rice war fleißig gewesen. Er hatte eine Handlung, ein Skript und einen Berg halbfertiger Liedertexte. Dieses Mal, so schlug er vor, würden sie ohne Textbuch arbeiten. Es gäbe keine Dialoge, die die Handlung vorantrieben. Jedes Wort sollte gesungen werden, und selbst die zufälligsten, beiläufig gemachten Bemerkungen würden mit Musik unterlegt. Während dies in der Oper und in gewisser Hinsicht sogar in der leichten Operette von Gilbert und Sullivan die Norm war, gab es in der Welt des Musicals, abgesehen von *Porgy and Bess*, keine Vorläufer. Technisch gesehen war es eine schwer zu bewältigende Aufgabe, aber Rice hatte keine Ambitionen, ein Bühnenschriftsteller zu werden, und Lloyd Webber hatte seine Lektion durch den Mißerfolg von *Jeeves* gelernt. Sie waren sich einig: Die Geschichte von Evita sollte opernhaft nur mit Musik erzählt werden.

»Wann immer ich gefragt werde, was zuerst kommt, die Musik oder die Worte, sage ich immer, daß das allerwichtigste der Erzählstrang ist«, erklärte Rice. »Wenn man ein Stück für eine Show schreibt, muß man eine Geschichte haben, und das war gewöhnlich meine Aufgabe. Mit *Evita* gab ich Andrew eine Geschichte, und nachdem er gefragt hatte ›Wer ist Eva Perón?‹, setzte er sich hin und schrieb die Melodien.«

Nachdem er seine anfänglichen Zweifel hinsichtlich des Projekts überwunden hatte, stürzte sich Lloyd Webber mit einem Enthusiasmus auf die Musik, der selbst bei seiner Besessenheit außergewöhnlich war. Er ersetzte

mandem zu arbeiten, den ich sehr gut kannte. Und Tim hatte zu dieser Zeit eine feine Nase für das, was funktionieren würde.«

Vor *Evita* hatte niemand im West End oder am Broadway gewagt, ein so derart unverhülltes politisches Thema in einem großen Musical anzugehen. Aber Rice und Lloyd Webber spürten, daß die Zeit dafür reif war. Großbritannien war in den 70er Jahren eine Nation, die von schweren Unruhen erschüttert wurde: mit einer galoppierenden Inflation, steigender Arbeitslosigkeit und einer Unzahl wilder Streiks, die den Staat im Innersten zu zerstören schienen. Die Labour-Regierung unter dem Premierminister Harold Wilson war ineffektiv. Sie zögerte, in den Gewerkschaften, ihren traditionellen Verbündeten, hart durchzugreifen, und die Rufe nach einer schlagkräftigeren Regierung wurden in Presse und Fernsehen immer lauter. Tory-Abgeordnete drohten, das Militär einzusetzen, militante Linke forderten den totalen Klassenkampf, und die Ultrarechten, die National Front, gewannen Stimmen bei den Kommunalwahlen.

Lloyd Webber dachte, daß Tim vielleicht recht habe. Ein Musical, das zeigte, wie ein charismatischer Politiker und seine glamouröse

Frau ihr einstmals großes Land aus dem Chaos herausführten, könnte die vorherrschende Stimmung aufgreifen. »Es hatte einen Bergarbeiterstreik gegeben, der England faktisch paralysiert hatte. Die Massen waren auf den Straßen. Die Lage wurde ziemlich übel, und wir fanden, wir dachten, daß es dazu eine Parallele in der Geschichte von Eva Perón gibt. Wir suchten nach einer lehrhaften Geschichte, die zeigt, was für eine zerbrechliche Pflanze die liberale Demokratie ist und wie sie von Extremisten gestürzt werden kann.«

Rice stellte sich vor, daß es im Grunde keine politische, sondern eine sehr persönlich gehaltene Geschichte über Menschen in der Politik war. In diesem Sinne war das eigentliche Thema auch nicht der Faschismus, sondern die ewige Faszination von Ruhm und Macht.

»Wir wollten die beiden Seiten dieser Frau zeigen«, erklärte er, »die politische und die sexuelle.« Gleichwohl wurden die politischen Passagen von *Evita* für den Broadway ausgebaut, nachdem die Kritiker behauptet hatten, daß die West-End-Fassung Evitas sexuelle Macht mehr herausstelle als ihre Klugheit.

Es war ein langer, arbeitsreicher, kreativer Prozeß. Die beiden Verfasser verwarfen Worte und Melodien, über die sie zuvor mehr als glücklich gewesen wären. Rice skizzierte den näch-

Wir versuchen zu betonen, daß sie, trotz der Anziehungskraft, die von ihr ausging, eine unangenehme Frau war.

Tim Rice

sten Teil der Handlung, Lloyd Webber verbrachte einige Stunden damit, auf dem Klavier Musik zu finden: eine Mischung aus spanischen Liebesliedern und stampfenden Rockrhythmen, vieles davon symphonisch orchestriert und die Melodien häufig gegen eine dissonante Begleitung gestellt. Rice schrieb dann dazu den passenden Text. »Ich versuche, dem Libretto eine Systematik aufzuzwingen«, gab Lloyd Webber zu, »indem ich die Szenen und die Szenenfolgen aussuche, die ich vertonen will.«

Als *Evita* schließlich vollendet war, waren sogar der Komponist und der Texter selbst über die Entschlossenheit erstaunt, die dem Stück innewohnte. Es war ein ausdrucksvoller Stoff, und es hatte fast den Anschein, als ob sich alle früheren Hoffnungen in dieser einen Popoper erfüllen würden. Wie bei *Superstar* reichte die Musik von der Kultiviertheit eines Puccini bis zu hartem zeitgenössischem Rock, und die Texte, die Rice geschrieben hatte, waren meist klug und pointiert.

Und, wie schon zuvor, hatten sie sich aus den staubigen Schubladen ihrer eigenen Musikgeschichte das eine und andere Lied ausgeborgt. So wie aus »Those Saladin Days« »King Herod's Song« und aus »Kansas Morning« »I Don't Know How To Love Him« in *Jesus Christ Superstar* wurde, erinnerten sie sich nun, daß sie einst für Ross Hannaman eine verträumte, stimmungsvolle Hymne über die Liebe mit dem Titel »Down Thru' Summer« geschrieben hatten. Das Lied hatte es damals nicht einmal in die unteren Ränge der Top 50 geschafft, umgeschrieben jedoch wurde es zu »Don't Cry For Me Argentina«.

Niemand hatte Musik aus dem neuen Projekt gehört, und üble Gerüchte in der Theaterwelt besagten, daß die Jungen es möglicherweise abgeblasen hätten. »Seit *Superstar* ist so viel Zeit vergangen«, wurde in den Theatergarderoben in der Shaftesbury Avenue gemurmelt. »Und das war etwas Ausgefallenes, das war Dusel, ein einmaliger Erfolg. *Jeeves* war ein Flop. Und Eva Perón? Wer wird schon gutes Geld ausgeben, um eine Show über sie zu sehen?«

Anstatt vor dem Problem davonzulaufen, beschlossen sie, es bei den Hörnern zu packen. Anstatt einfach die Show aufzuführen

Links · Evita wurde durch Tim Rice zur bleibenden Ikone. »Ich weiß, sie ist ein Miststück«, sagte er zu Lloyd Webber, »doch laß sie uns zu einem wundervollen Miststück machen.«

Mit »Don't Cry For Me Argentina« an der Spitze der Top Twenty diskutiert das dem süßen Klang des Geldes immer aufgeschlossene Showgeschäft nun heftig, ob der lang erhoffte Nachfolger von Jesus Christ Superstar *endlich unter uns weilt. Seit Ende Oktober sind für fast £ 1 Mio. Schallplatten von* Evita *in Großbritannien verkauft worden.*

Brian Bell, *The Observer,*
13. Februar 1977

Unten · »Don't Cry For Me Argentina«: »Die Titelzeile wurde erst einige Zeit nach der Aufnahme des übrigen Liedes hinzugefügt. Gott sei Dank wurden grausige Alternativen wie ›Only Your Lover Returning‹ in letzter Minute verworfen.« Tim Rice mit Julie Covington im Aufnahmestudio

und darauf zu hoffen, daß das Publikum kommt, beschlossen sie, die Strategie wieder anzuwenden, die sie zufällig bei *Superstar* entwickelt hatten: Es war billiger, ein Album aufzunehmen, als ein verschwenderisches Bühnenmusical zu inszenieren. Sie würden *Evita* zuerst als Doppelalbum veröffentlichen in der Hoffnung, daß die Ausstrahlung von ein oder zwei Singles den Verkauf des Albums ankurbeln und dies wiederum das Publikum auf die Show vorbereiten würde.

Im April 1976 begaben sich Rice und Lloyd Webber mit einer Gruppe alter und treuer Freunde und einem neuen, glänzenden Talent in die Olympic Studios in London. Sie hatten Julie Covington, eine kaum bekannte Sängerin und Schauspielerin, in einigen Aufführungen eines kleinen Off-Theaters gesehen und waren mächtig von ihr beeindruckt. Sie hatte eine starke, dramatische, eher trockene Stimme, der vielleicht etwas Wärme fehlte, aber die für eine wild entschlossen nach oben strebende Kleinstadthure perfekt war. Julie würde ihre Evita sein. Sie brauchten keinen bekannten Namen, um das Album abzusetzen, es würde sich aufgrund von *Joseph* und *Jesus Christ Superstar* verkaufen. Zudem umgaben sie Julie mit verläßlichen Stimmen von Leuten, mit denen sie bereits gearbeitet hatten: mit dem Bluessänger Paul Jones als Perón, mit C .T. Wilkinson, der den Judas in *Superstar* gesungen hatte, als Che, mit Tony Christie als Magaldi, mit Barbara Dickson als die Geliebte und mit Mike d'Abo als Dolan Gettas Kumpan. Miniaturrollen erhielten David Hemmings, David Hamilton Smith, Stephanie de Sykes und Roy Wood.

Evita: Eine auf der Lebensgeschichte von Eva Perón basierende Oper, 1919-1952, war ein elegant präsentiertes Album mit zahlreichen Anmerkungen, Texten, Photographien und mit einer Musik, die den Hörer fast zwei Stunden lang in ihrem Bann hielt. Die Schallplatte kam auf Platz 24 in den Albumcharts in Großbritannien und auf Platz 37 in Amerika, aber diese Plätze sagen nichts über den tatsächlichen Verkauf aus. *Evita* war nicht bloß ein einwöchiger phänomenaler Verkaufserfolg. Statt dessen verkaufte sich die Platte über Monate und zwar durch Mund-zu-Mund-Propaganda wie durch unmittelbare Publicity.

Die Kritiker waren wohlwollend. In den elitären Blättern gab es zwar immer noch Kritiker, die allein bei dem Gedanken an eine Popoper die Nase rümpften. Und auch in der Welt des Rocks gab es solche, die nicht verstehen konnten, warum so viel Aufhebens gemacht wurde, und einige waren auch entschlossen, die Platte bei der ersten Gelegenheit »abzuschießen«. Die meisten Kritiker jedoch jubelten *Evita*, dem zweiten Auftritt des Teams, das *Jesus* geschaffen hatte, zu. »Eine außergewöhnliche Leistung«, schwärmte die *Daily Mail*. »Hervorragend!« schrieb die *Sunday Times* begeistert. »Tim Rice und Andrew Lloyd Webber haben es wieder geschafft«, meinte der *Daily Mirror*. »Es ist ein Ohrenschmaus.«

Die Kritiker stellten fest, daß Lloyd Webber und Rice mit *Evita* ein niveauvolleres Musical und einen lyrischeren Stil entwickelt hätten. Sie bewunderten den ungeheuren Schwung und die Kraft des Stückes, lobten C.T. Wilkinsons hämischen Che, freuten sich über Barbara Dicksons nachdenkliche Geliebte und zwinkerten Tony Christies Medallion-Mann wissend zu, der »On This Night Of A Thousand Stars« sang. Aber am besten gefiel ihnen Julie Covington als tragische Hure, die in Straßenkämpfe verwickelt ist.

Nachdem die Bühnenshow angelaufen war, wurden aus *Evita* drei erfolgreiche Singles ausgekoppelt: »Oh What A Circus« für David Essex, »Another Suitcase In Another Hall« für Barbara Dickson und natürlich »Don't Cry For Me Argentina« mit Julie Covington. Dieses Lied wurde nicht nur weltweit die Nummer eins, sondern auch mit mehr als 2 Mio. verkauften Exemplaren Lloyd Webbers am besten verkaufte Platte.

Noch bevor *Evita* auf die Bühne gebracht wurde, teilte Covington mit, daß sie die Rolle der Evita nicht übernehmen werde. Alle Zweifel an ihrer Fähigkeit, die Show als unbekannte Sängerin zu vermarkten, wurden damit hinfällig. Als ernsthafte Schauspielerin, deren Stern noch im Aufsteigen war, wollte sie nicht auf die, ihrer Meinung nach, unbedeutende Kunstform des Musicaltheaters festgelegt werden. Shakespeare, Tschechow und Ibsen verlockten sie – *Evita* nicht.

Erstaunt, daß jemand die Hauptrolle in ihrer neuen Show ablehnte, machten sich Rice und Lloyd Webber auf die Suche nach einem geeigneten Ersatz.

Zuerst mußten sie jedoch einen Regisseur finden. Sie wußten, wen sie brauchten, damit das Bestselleralbum ein profitabler Riesenerfolg auf der Bühne werden würde – Hal Prince, der hinter den Broadway-Erfolgen wie *West Side Story, Cabaret, Follies, A Little Night Music, Fiddler on the Roof (Anatevka)* und *A Funny Thing Happened on the Way to the Forum (Toll trieben es die alten Römer)* steckte.

Lloyd Webber besuchte Prince in seinem Ferienhaus auf Mallorca und bat ihn, die Regie zu übernehmen. Prince war begeistert, aber hatte bereits zugesagt, in *On the Twentieth Century* in New York Regie zu führen. »Ich nehme nicht an, daß Sie warten wollen«, sagte er Lloyd Webber, »sollten Sie doch dazu bereit sein, mache ich *Evita* als nächstes.« Und Lloyd Webber war tatsächlich bereit zu warten.

Rice und Lloyd Webber konnten wundervolle Lieder schreiben, doch Prince war derjenige, der einfach wußte, was auf der Bühne gut ankommt. Und er wußte auch, daß wortlose Szenen durchaus Inhalte vermitteln können. Es war denn auch Prince, der vorschlug, daß die fünf Generäle während Peróns Auf-

stieg zur Macht die Reise nach Jerusalem spielen sollten. Diese äußerst stilisierte Szene, in der ein Armeeoffizier nach dem anderen aus dem Spiel entfernt wird, wurde im Musical eine der eindrucksvollsten. Und ein Teil – Ches Lied »The Lady's Got Potenial« – wurde in der Bühnenfassung weggelassen.

»Ich gelangte zu der Überzeugung, daß ›Don't Cry For Me Argentina‹ das alles durchziehende Thema werden würde«, kommentierte Lloyd Webber. »In London hatte ich gesehen, wie Judy Garland am Ende ihrer Karriere dieses Lied betrunken so schlecht darbot, daß das Publikum ihr Münzen zuwarf. Hier ergab sich ein direkter Bezug zur Figur der Evita«.

Prince schlug vor, daß Evita, anstatt die eindringliche Hymne noch einmal zu singen, am Mikrofon stehen sollte, als wäre sie im Begriff, eine politische Rede zu halten. Eine Stimme ruft: »Entschuldigung. Ich kann Sie nicht hören.« Diese so offen und schmerzhaft zur Schau gestellte Respektlosigkeit war genau das, an was sich Lloyd Webber in bezug auf den Vorfall mit Garland erinnerte.

Hunderte von Hoffnungsvollen sangen für die Rolle der Evita vor, aber nur wenige hatten die Stimme, die den Anforderungen dieses Parts genügte. Elaine Paige, eine wenig bekannte Schauspielerin und Sängerin, gehörte zu denen, die diesen Part singen konnte. Sie hatte im Chor von *Jesus Christ Superstar* mitgewirkt und war in einem kleinen Musical über vorzeitige Ejakulation mit dem Titel *Maybe That's Your Problem* aufgetreten. Paige hatte Talent, aber Prince zweifelte daran, daß

Oben · Elaine Paige feiert ihren Triumph: Im Kampf um die Hauptrolle gewann sie mit einer Nasenlänge. »Ich wollte die Rolle mehr als alles andere auf der Welt.«

sie die Show vermarkten könnte. Er überredete Rice und Lloyd Webber, mit ihm nach Washington zu kommen, um sich einen jungen Star aus *Side By Side By Sondheim*, Bonnie Schoen, anzusehen.

Sie waren so beeindruckt, daß sie diese für ein letztes Vorsingen nach Großbritannien einflogen, sozusagen zu einem Sängerkrieg im Palace Theatre zwischen Paige und Schoen. Beide gaben eine eindrucksvolle Vorstellung, und der Unterschied zwischen ihnen war minimal. Rice wollte Paige. Lloyd Webber bevorzugte Schoen. Prince war das Zünglein an der Waage. »OK«, schloß er seine Überlegungen nach einer wie eine Ewigkeit anmutenden Zeit ab, »laßt es uns mit Elaine versuchen. Sie hat einfach den nötigen Biß.«

Später sagte Paige, es sei wohl ihre Gier nach der Rolle gewesen, die ihr diese eingebracht hätte. »Bonnie hatte sich bereits einen Namen am Broadway gemacht«, sagte sie. »In dieser Hinsicht mußte sie nichts mehr beweisen.«

»Sie legte eine ruhige, sanfte Professionalität an den Tag. Aber ich sah dies als meine große Chance an, und wie Eva, als sie Perón zu sehen bekam, griff ich mit beiden Händen

Ich mag die Rolle sehr. Einige Textpassagen, wie die Frustration, bei dem Versuch, Karriere zu machen und Erfolg zu haben, hatten für mich eine große Bedeutung. Ich spürte vieles von Evita in mir. Die Figur gibt den Menschen die Möglichkeit, sich zu identifizieren: mit den Geliebten, den Ehefrauen, den üblen politischen Tricks, den Enttäuschungen beim Versuch, an die Spitze zu kommen, und mit dem Druck, sich dort zu halten.

Elaine Paige

danach. Ich wollte die Rolle mehr als irgend etwas anderes auf der Welt.«

Rechts · »Evita ermöglicht es den Menschen, den dornenreichen Weg an die Spitze anzunehmen und den Druck zu ertragen, sich oben zu behaupten.« Elaine Paige im Prince Edward Theatre, 1978

Links und *unten* · Mehr als nur ein gelockter Schwarm: David Essex in der Rolle des charismatischen Revolutionärs Che Guevara

David Essex war der erste und beste Darsteller von Che Guevara auf der Bühne. Ich wünschte, David wäre länger als nur für fünf Monate bei der Show geblieben.

Tim Rice

Die erste Aufführung von *Evita* fand am 21. Juni 1978 im Prince Edward Theatre statt. Die Handlung setzt in einem Kino in Buenos Aires ein: Der Projektor wird angehalten, um dem Publikum mitzuteilen, daß Eva Perón tot ist. Die Handlung findet im Rückblick statt. Mit Hilfe einer Drehtür wird dargestellt, wie Eva sich einer Reihe einflußreicher Liebhaber hingibt und sie dann verläßt. Dabei trägt sie jedes Mal einige Diamanten, Perlen und Pelzmäntel mehr zusammen, während der finstere Perón seine Rivalen in einem politischen Machtspiel erledigt, in dem tödlichen Spiel der militärischen Reise nach Jerusalem.

Die Aufführung begann damit, daß Filme und Dias auf die Rückwand der Bühne projiziert wurden. Sie war überwältigend. Das Premierenpublikum erhob sich und brachte seine Anerkennung stampfend und jubelnd zum Ausdruck – eine Anerkennung, die nicht nur den Worten und der Musik von Tim Rice und Andrew Lloyd Webber galt, sondern auch der brillanten Arbeit, die Hal Prince mit der Umsetzung eines Doppelalbums in ein Theaterspektakel geleistet hatte.

Einige Kritiker verdammten es als eine glitzernde Hommage an ein Monster. *The Guardian* und *The Observer* hatten ihre Bedenken in bezug auf ein Musical, das eine schöne, blonde Faschistin zum Thema hat. Doch sie hatten das Wesentliche nicht begriffen. Dies war ein atemberaubendes Musical-Meisterwerk, das seine zentrale Figur bloßstellte und nicht mit ihr sympathisierte.

»Ich weiß, sie ist ein Miststück«, hatte Rice zu Lloyd Webber gesagt, »doch laß sie uns zu einem wundervollen Miststück machen.« Gemeinsam hatten sie genau dies getan.

Elaine Paiges Gesang war ausgezeichnet. Ihre Stimme traf die Seele, und ihre tragische, entschlossene Darstellung ließ sie fast aus dem Nichts zu einem internationalen Star werden. Joss Ackland verkörperte mit seiner physischen Ausstrahlung einen soliden, glaubwürdigen Politiker, und David Essex überraschte mit der Rückkehr zu seinen schauspielerischen Anfängen diejenigen Besucher, die

Ganz oben und *oben* ·
Im Gleichschritt – Elaine
Paige und die
argentinische Armee.
»Eva Perón war keine
atemberaubende
Schönheit, aber sie hatte
Stil, echten Stil«, sagte
Paige.

LuPones Vortrag war wunderbar langsam und mühelos. Sie sang die Worte weder so hart wie Covington, noch übertönte sie diese mit ihrer Stimme wie Paige. Groß und bärtig, mit Augen hart wie Diamanten, war Mandy Patinkin als Che ein spöttischer, moderner Tenor, und Bob Gunton verkörperte einen kraftvollen, finsteren Perón.

Evita war dabei, das erfolgreichste Musical der 80er Jahre zu werden. Nach dem Broadway eroberte es den Rest der Welt. Unter großem Beifall wurde die Show in Australien, Spanien, Österreich, Mexiko, Südafrika, Japan, Neuseeland, Brasilien und Ungarn inszeniert. Sogar in Argentinien, wo das Musical verboten war, erschienen ein halbes Dutzend Lieder als LP, die sofort an die Spitze der Charts gelangte.

Es war das zweite Mal, daß Lloyd Webber und Rice eine Show nicht auf der Bühne, sondern mit einer Schallplatte gestartet waren. Zunächst war es einfach nur eine Strategie, mit dem Zweck, das Risiko, Geld zu verlieren, zu verringern. Lloyd Webber war entschlossen, keinen weiteren Flop nach *Jeeves* mehr zu produzieren. Aber rückblickend hatten sie sich eine brillante Lösung für das immerwährende Problem der Vermarktung eines großen Musicals ausgedacht. Der Erfolg des Doppelalbums ebnete den Weg für die West-End-Produktion, die ihrerseits unausweichlich zum Broadway führte. Und, wie Lloyd Webber einmal zugab: »Eine Show ist erst eine Show, wenn sie auch am Broadway läuft.«

Für Lloyd Webber war dies wichtig, und er legte vor allem darauf Wert, daß sie im Herzen der traditionellen Welt des Bühnenmusicals Erfolg hatten. *Evita* wurde in fast acht Jahren 2.913 Mal im West End aufgeführt, und dieser Erfolg fand in New York mit 1.567 Aufführungen eine Entsprechung. Dies war eine Lehre, die in der Musicalwelt auf fruchtbaren Boden fiel. Ihr revolutionärer Ansatz, mit einem Erfolgsalbum ausverkaufte Bühnenshows zu garantieren, ist seitdem von einem Dutzend anderer Produzenten in Amerika und Europa übernommen worden.

Für Millionen von Fans wurde das Vergnügen an *Evita*, einem Meilenstein im Musicaltheater, durch das Wissen geschmälert, daß dies wahrscheinlich das letzte gemeinsame Werk der beiden sein würde. Obgleich sie eng und harmonisch während des Schreibens an *Evita* zusammengearbeitet hatten, stritten sie sich im Aufnahmestudio ständig, und zwar über alles, angefangen bei der Größe des Orchesters bis hin zur geringfügigsten Nuance in der Interpretation eines Sängers. Während

ihn nur als den niedlichen, lockenhaarigen Schwarm vorpubertärer Mädchen kannten: Er gab eine äußerst sympathische Darstellung, die aus Che einen charismatischen Beobachter der Ereignisse machte.

Jede Schauspielerin träumt davon, auf den Brettern des Broadways zu stehen. Nachdem sie sich die Rolle angeeignet hatte, war Paige bitter enttäuscht, als die amerikanische Schauspielergewerkschaft sie nicht als internationalen Star anerkannte und ihr deshalb untersagte, in den Staaten aufzutreten. Die Rolle ging statt dessen an Patti LuPone, die, ebenso wie Paige, relativ unbekannt war und die lange auf ihren Erfolg hatte warten müssen.

Die Show wurde zunächst im Dorothy Chandler Pavilion in Los Angeles im Mai 1979 und im Orpheum Theater in San Francisco im Juli voraufgeführt, bevor sie im September in New York eröffnet wurde. Prince überarbeitete die zweite Hälfte der Show und stellte die Politik stärker heraus. Dem Publikum, das genauso ekstatisch wie das in London reagierte, wurde eine lyrischere *Evita* präsentiert.

der Proben für die Bühnenproduktion wurde es noch schlimmer.

»Eine Partnerschaft zwischen einem Komponisten und einem Liedertexter ist wie eine Ehe«, schrieb Richard Rodgers, der 25 Jahre mit Lorenz Hart und noch einmal 18 Jahre mit Oscar Hammerstein II zusammengearbeitet hatte. »Abgesehen davon, daß man sich einfach gut verstehen sollte, müssen ein Liedertexter und ein Komponist darüber hinaus fähig sein, lange Zeit miteinander zu verbringen, wenn es sein muß, rund um die Uhr, ohne sich gegenseitig auf die Nerven zu gehen.«

Tim Rice und Andrew Lloyd Webber hatten die Spitze erklommen, und ihre Namen waren in Musicallexikons neben denen von Rodgers und Hammerstein oder Gilbert und Sullivan zu finden. Aber nachdem sie 15 Jahre lang zusammengearbeitet hatten, konnten sie es

kaum noch gemeinsam im gleichen Raum aushalten.

Der vieldiskutierte Kinofilm ließ lange auf sich warten. Fast jede Hauptdarstellerin in Los Angeles war irgendwann einmal für die Titelrolle vorgesehen: Barbra Streisand, Liza Minnelli, Glenn Close, Meryl Streep, Mariah Carey und Gloria Estefan, um nur einige zu nennen.

Letztlich ergatterte diejenige Frau die Rolle, die sie am meisten begehrte und die sich in den letzten zehn Jahren unaufhörlich dafür eingesetzt hatte, die Rolle zu besetzen: Madonna – »Nur ich kann Eva Perón darstellen«, erzählte sie jedem, der es hören wollte. »Sie hungerte wie ich, und wie ich ging sie, um Erfolg zu haben, aus ihrer Heimatstadt weg.« Neben Madonna als Eva Perón übernahm Jonathan Pryce die Rolle des Peróns und Antonio Banderas die des Che.

Oben · Der legendäre Regisseur Hal Prince mit einem Teil der Besetzung der Broadway- Produktion, 1979. Von links: Bob Gunton (Juan Perón), Patti LuPone (Evita), Prince und Mandy Patinkin (Che).

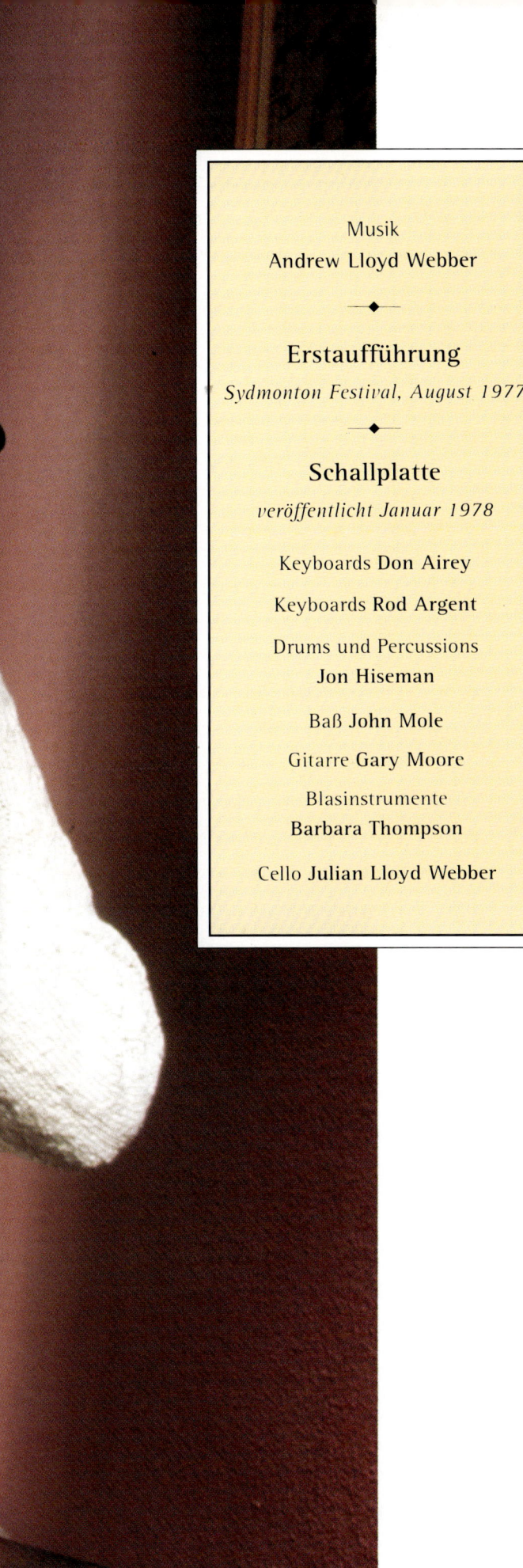

Variations

◆

Musik
Andrew Lloyd Webber

◆

Erstaufführung
Sydmonton Festival, August 1977

◆

Schallplatte
veröffentlicht Januar 1978

Keyboards **Don Airey**

Keyboards **Rod Argent**

Drums und Percussions
Jon Hiseman

Baß **John Mole**

Gitarre **Gary Moore**

Blasinstrumente
Barbara Thompson

Cello **Julian Lloyd Webber**

Es war viel Zeit verstrichen, seit Andrew und Julian Lloyd Webber gemeinsam mit ihrem Kindertheater gespielt hatten. Sie mochten sich, und sie respektierten sich als Profis. Dennoch standen sie sich nicht besonders nahe, was einfach an den äußeren Umständen lag.

Als Andrew im Alter von zwölf Jahren ins Internat ging und sie sich nicht mehr so häufig sahen, lebten sie sich auseinander. Darüber hinaus hatten sie, als der drei Jahre ältere Andrew ein Teenager wurde, auch nicht mehr die gleichen Interessen. Bald sollte sich auch ihr Musikgeschmack unterscheiden. Während Andrew sich dem Rock'n'Roll zuwandte, blieb Julian der Klassik treu. Noch bevor er sein Studium am Royal College of Music abschloß, gab er 1972 sein Debüt in Wigmore Hall und genoß schon bald den Ruf, der beste Cellist seiner Generation zu sein.

Obwohl beide auf ihrem Gebiet anerkannt waren, war der Einkommensunterschied zwischen dem klassischen Cellisten und dem Komponisten erfolgreicher Rockmusicals erheblich. Dies hatte zwei völlig unterschiedliche Lebensstile zur Folge. *Joseph and the Amazing Technicolor Dreamcoat, Jesus Christ Superstar* und *Evita* hatten Andrew Lloyd Webber mit 29 Jahren reich gemacht. Julian war mit 26 Jahren einer der besten Cellisten des Landes und ein anerkanntes Mitglied der klassisch orientierten musikalischen Elite. Dennoch hatte ihn dies nicht reich gemacht. Während Andrew und Sarah sich in ihrem Herrenhaus aus dem 16. Jahrhundert oder in ihrer luxuriösen *pied-à-terre* in Belgravia, London, des Lebens erfreuten, lebten Julian Lloyd Webber und seine Frau Celia in einer kleinen Wohnung in South Kensington.

»Ich glaube, daß wir zueinander in Konkurrenz stehen«, gab Julian zu, »aber dies kommt nicht richtig zum Vorschein. Ich weiß, daß ich mit klassischer Musik niemals soviel Geld verdienen kann. Wenn ich so reich sein wollte, müßte ich einen weiteren *Jesus Christ Superstar* schreiben.« Trotzdem bewunderte jeder den anderen und seine Arbeit. »Ich wäre niemals in der Lage, jeden Abend vor Publikum zu spielen«, bemerkte Andrew Lloyd Webber. »Nur eine Premiere im Jahr zu haben, muß ein Alptraum sein«, meinte Julian. »Ein oder zwei Jahre lang an einem einzigen Projekt zu arbeiten, und dann das Risiko, daß alles an einem Abend daneben geht ...«

Julian Lloyd Webber lag seinem Bruder seit Jahren in den Ohren, etwas für ihn zu komponieren. Aufgrund einer recht außergewöhnlichen Wette tat ihm Andrew dann 1977 den Gefallen. Julian, ein lebenslanger Fan von Leyton Orient, schloß mit Andrew eine Wette ab, bei der es um ein entscheidendes Fußballspiel am Ende der Spielzeit 1976/77 ging. Die Mannschaft mußte gewinnen oder zumindest unentschieden gegen Hull City spielen, um ihren Abstieg aus der zweiten in die dritte Liga zu vermeiden. Julian Lloyd Webber wettete mit seinem Bruder, daß die Mannschaft, der er treu zur Seite stand und deren Spiel er jede Woche von den Terrassen an der Brisbane Road sah, ihren Platz behaupten würde. Andrew, wie üblich pessimistisch, dachte, sie sei zum Abstieg verdammt.

Am 17. Mai erzielte Orient in einem verzweifelten Kampf ein 1:1 gegen Hull und sicherte sich damit eine weitere Spielzeit in der zweiten Liga. Julian hatte gewonnen, Andrew Lloyd Webber verloren, und als Verlierer erklärte er sich bereit, das seit langem versprochene Stück für Cello zu komponieren.

Ein Charakteristikum Lloyd Webbers war immer schon die Leichtigkeit und der Schwung, mit denen er unterschiedliche musikalische Stile beherrscht. Er ist quasi zweisprachig, denn er beherrscht das Repertoire der Klassik ebenso wie das des Rocks und erreicht eine ungeheure Wirkung, wenn er von einem zum anderen wechselt.

Melvyn Bragg

»Alles, was ich wollte, war, ein Stück zu schreiben, das das Talent der Spieler so weit wie möglich zur Geltung bringen würde. Ich wußte, Julian war ein guter Cellist, und ich dachte, daß das Cello in der Rockmusik einen Platz finden würde, da es doch ein recht körperliches Instrument ist.«

Er beschloß, Paganinis berühmtes 24. Capriccio für Solovioline als Thema zu nehmen, ein populäres Stück, das über Jahre die Aufmerksamkeit vieler Komponisten erregt hatte – darunter Brahms, der Paganini-Variationen für das Klavier komponiert hatte, Rachmaninow, dessen *Rhapsodie nach einem Thema von Paganini opus 43 für Klavier und Orchester* eines der beliebtesten Konzertstücke war, sowie Schumann und Liszt.

Niccolo Paganini (1782-1840) war ein meisterhafter Geiger und Komponist. »Wahrscheinlich der berühmteste Virtuose, den es vor der Erfindung der technischen Aufzeichnung gab«, urteilte Andrew Lloyd Webber. »Er setzte menschliche Haltungen in eine der

Violine gemäße Ausdrucksform um. Paganini war ein außergewöhnlich fähiger Improvisator. Dies erklärt, warum er für die Jazzmusiker so interessant ist.« Benny Goodmans *Variations*, von Skip Martin arrangiert, wurden zum ersten Mal im Jahre 1941 gespielt, und Johnny Dankworth' *Variations* wurden 1975 als erstes von dem Los Angeles Philharmonic Orchestra aufgeführt, bevor er diese unter großem Beifall mit seinem Quartett spielte.

Andrew Lloyd Webbers Phantasie war angeregt. Paganini als Popmusik. Seine Komposition war ein außergewöhnliches Stück für Cello und Rockband: Variationen auf ein Thema von Paganini. Es war ein bemerkenswertes, stilübergreifendes Werk, das die traditionelle klassische Technik des Variierens einer Melodie, einer Harmonie oder eines Rhythmus' mit der ungebundenen Kraft einer Rockgruppe mit starkem Baß verband.

Variations wurde erstmals im August 1977 auf dem Sydmonton Festival aufgeführt, eine Veranstaltung, die jährlich auf Andrew Lloyd Webbers Anwesen stattfand. Einige hundert Menschen – Freunde, Einheimische und auch solche, die niemand kannte – kamen und gaben ihm so die Möglichkeit, neue und noch unvollendete Stücke, ohne den Druck einer offiziellen Voraufführung vor bezahlendem Publikum, vorzustellen.

Die Ausrichtung eines solchen Festivals war natürlich nur dann möglich, wenn man wie Lloyd Webber über entsprechende finanzielle Mittel verfügte. Aber Lloyd Webber behauptete immer noch gerne, daß er gar nicht so reich sei, wie viele glaubten. »Jeder denkt, daß es einem gut gehe, aber im Vergleich zu dem internationalen Niveau eines Paul McCartney oder Elton John glaube ich nicht, daß ich es schon geschafft habe. Ich besitze ein Haus und genügend Geld, um mir freizunehmen, wenn ich möchte, mehr jedoch nicht. Ich habe Glück, daß der größte Teil meiner Freunde, die ich bereits kannte, bevor alles losging, auch noch heute die Freunde sind, die ich regelmäßig treffe. Es ist sehr hilfreich, nicht von Menschen umgeben zu sein, die nur das Geld in einem sehen. Es ist immer wieder äußerst interessant festzustellen, wer anruft, wenn die Dinge nicht so gut stehen. Die Menschen, die mich nach dem Flop von *Jeeves* anriefen, habe ich auch zu meiner Geburtstagsparty eingeladen.«

Unter den Musikern, die *Variations* in Sydmonton spielten, waren neben Julian Lloyd Webber (Cello), David Caddick und Rod Argent (Keyboards), Jon Hiseman von der Jazz-Rock-Gruppe Colosseum (Drums und Percussions) und seine Frau Barbara Thomp-

son (Flöte und Saxophon). Rod Argent, in den 60er Jahren ein Mitglied der Popgruppe The Zombies, hatte in den 70er Jahren die Rockgruppe Argent gegründet.

Das Stück wurde überaus freundlich von einem dankbaren Publikum aufgenommen. Julian Lloyd Webber war der Ansicht, daß es die beste britische Kammermusik sei, die seit Benjamin Britten geschrieben wurde. Im Herbst nahmen sie die *Variations* in den Morgan Studios in London für die Nachwelt auf.

Rod Argent, Jon Hiseman, Barbara Thompson und Julian Lloyd Webber wurden begleitet von Don Airey von Colosseum II und Ritchie Blackmore's Rainbow (Klavier und Moog-Synthesizer), von Gary Moore (Gitarre) und John Mole (Baß), ebenfalls von Hisemans zweiter Colosseum Besetzung. Gary Moore hatte sich nicht nur mit Colosseum II,

Oben · »Obwohl wir beide Perfektionisten sind, arbeiteten wir gut zusammen«, erklärte Julian (gegenüber · mit seiner Frau Celia). »Aber wir brauchten unverhältnismäßig viel Zeit.«

sondern auch mit Thin Lizzy – später auch mit einer Reihe spritziger Bluesalben – einen Namen gemacht.

Das Album wurde »The Small Vole« (Der kleinen Wühlmaus) gewidmet, eine Anspielung auf Andrew Lloyd Webbers kleine Tochter Imogen, die am 31. März geboren worden war. Es präsentiert außerdem David Caddick, der bereits in Sydmonton Klavier gespielt hatte, Phil Collins von Genesis an den Drums und den Percussions sowie Herbie Flowers. Dieser war ein anerkannter Studiomusiker, der zum einen als Mitglied der letzten T.-Rex-Gruppierung mit Marc Bolan (und später als Mitglied der virtuosen Gruppe Sky) und zum anderen durch seinen unverkennbaren Baß in Lou Reeds klassischem dekadentem Rocksong »Walk On The Wilde Side« bekannt geworden war.

Schließlich lag eine der erfolgreichsten Kombinationen von Rock- und klassischer Musik vor. Dies war um so bemerkenswerter, als nicht mehr die Rockmusik von Emerson Lake & Palmers Version von Mussorgskis *Bilder einer Ausstellung* oder Rick Wakemans

Konzeptalbum als progressive Musik galt, sondern die Popmusik von den Sex Pistols und The Clash, von Helden der dreisaitigen Gitarre mit kurzen, abstehenden Haaren und Sicherheitsnadeln. Diese lehnten alles ab, was auch nur einen Hauch von Synthesizer oder von Streichinstrumenten vermuten ließ.

»Ich nahm an, daß Andrew sich vor diesem Hintergrund etwas ganz Interessantes ausdenken würde«, sagte Julian Lloyd Webber. »Und das tat er auch. Wir arbeiteten gut zusammen, obwohl wir wahrscheinlich schwierig sind. Wir sind beide Perfektionisten, und es dauerte alles viel länger, als es eigentlich sollte.«

Abgesehen von der Filmmusik war dies das erste Mal, daß Andrew Lloyd Webber ein Stück ohne Worte schrieb, und es war auch das erste Mal, daß Julian zusammen mit Rockmusikern spielte, die er immer mit einem gewissen Argwohn betrachtet hatte. »Am Anfang war Julian einfach nicht bewußt, wie gut manche Rockmusiker spielen«, meinte Andrew Lloyd Webber. »Ich sah, wie sich seine Haltung von Tag zu Tag änderte.«

Ich bin von gewissen großen amerikanischen Schallplattenfirmen angerufen worden, die wollten, daß ich für eine Instrumentalmusik-Serie meine Seele für die nächsten 30 Jahre an sie verkaufe. Ich habe ihnen gesagt, daß sie verschwinden sollen, denn bekanntlich schlägt der Blitz nicht zweimal an derselben Stelle ein.

Andrew Lloyd Webber

Variations wurde im Januar 1978 veröffentlicht. Auf der inneren Schallplattenhülle war ein faszinierender musikalischer Stammbaum abgedruckt, der darstellte, wie Paganini und sein »kleines Capriccio« für so viele eine Quelle der Inspiration gewesen war: angefangen bei einem klassischen Komponisten wie Michel Brusellmans bis hin zu einem Gitarristen wie Eric Kershaw und einer Pianistin wie Winifred Atwell, die im August 1954 mit ihren Variationen einen Top-Ten-Hit gelandet hatte. In den Zweigen des Stammbaums war alles mögliche eingetragen: von »Pagan Nini Samba« von Wilson & Rogers bis hin zu »Pa-

ganini Waltz« von Dudley Bayford und »Pagan Nini's Keeper Going Stomp« von Red Ingle & Hits Natural Seven. Und ganz oben, in der Krone des Baumes, stand der Name Andrew Lloyd Webbers.

Es war ein nicht vorhersehbarer enormer und unmittelbarer Erfolg. *Variations* wurde auf Radio One, dem nationalen Popsender der BBC, ebenso wie auf Radio Three, dem klassischen Sender, gespielt. Die LP war drei Monate lang neben *Never Mind the Bollocks Here's The Sex Pistols*, *Elton John's Greatest Hits Volume 2* und einer K-Tel Sammlung verschiedener Künstler mit dem Titel *Disco Fever* in den britischen Charts. Sie erreichte hinter *Abba: The Album* den zweiten Platz. Ein Auszug wurde als Thema für die *South Bank Show*, die prestigeträchtige Kunstsendung von ITV, ausgewählt. Die Sendung wurde von Melvyn Bragg moderiert, einem langjährigen Bewunderer Lloyd Webbers und Bearbeiter der Kinofassung von *Jesus Christ Superstar*.

»Ich muß zugeben, daß ich nicht gedacht hätte, daß damit überhaupt viel Geld zu machen sei«, sagte der Komponist sinnierend. Aber er hatte sich getäuscht. Denn alles, was er anpackte, verwandelte sich jetzt in Gold. Vier Jahre nachdem die *Variations* nicht mehr unter den Top 30 in den Charts waren, kamen sie als Teil eines außergewöhnlichen Doppelprogramms, als *Song & Dance*, auf die Bühne im West End wieder. Aber zuvor mußte Lloyd Webber die erste Hälfte der erweiterten Show schreiben und ein für alle Mal seine Beziehung zu Tim Rice klären.

Unten · Julian Lloyd Webber arbeitet mit vielversprechenden jungen Cellisten vor dem Royal College of Music und gegenüber mit einem vielversprechenden Komponisten.

Der Bruch

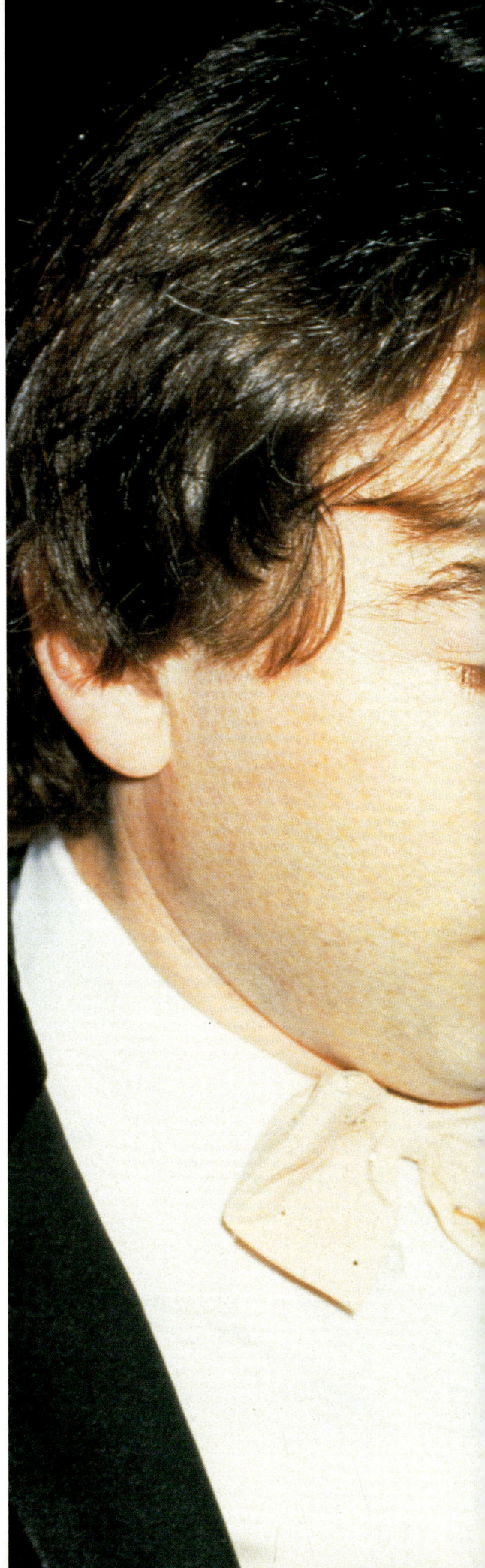

Die Namen Tim Rice und Andrew Lloyd Webber waren seit der Veröffentlichung der Schallplatte *Jesus Christ Superstar* bis zur Premiere von *Evita* acht Jahre lang untrennbar miteinander verbunden.

Sie wurden auf beiden Seiten des Atlantiks als die Retter des modernen Musicals, als die Männer, die den Broadway up to date bringen würden, bejubelt. *Superstar* und *Evita* liefen lange auf der Bühne, und *Joseph*, so schien es, wurde in jeder Schule und in jedem College aufgeführt. Alles, was sie anpackten, verwandelte sich in Gold, niemand erinnerte sich an *Jeeves*, das sie ohnehin nicht gemeinsam geschrieben hatten, und das neue Paar wurde im selben Atemzug wie die Musicalgrößen genannt.

Sie standen in gewisser Hinsicht in der langen Tradition von gegensätzlichen Paaren, wie z.B. Rodgers und Hammerstein oder Gilbert und Sullivan. Rice war groß und blond, Lloyd Webber klein und dunkel. Rice war selbstsicher, Lloyd Weber zurückhaltend. Während Rice gerne im Rampenlicht der Presse stand und die Journalisten leicht beeindruckte, war Lloyd Webber oft ernst, schüchtern und schwierig. Der entspannte Kricketfan Rice gab bereitwillig zu, daß er und der ernsthafte Lloyd Webber nicht immer einer Meinung waren. »Wir haben unsere Meinungsverschiedenheiten«, gab er 1978 zu. »Wer hat die nicht? Aber zwischen uns gibt es keinen Riß ...«

Es wurde ein immer unglaubwürdigeres Schauspiel. Gerüchte kursierten über ihre Auseinandersetzungen, insbesondere über die während der Proben für *Evita*. Dies war nicht verwunderlich, da sie ihre Streitigkeiten in der Öffentlichkeit vor einem Orchester oder im L'Escargot, einem bei Medienleuten beliebten Restaurant im Herzen von Soho, oder gar auf der Straße austrugen.

Am 10. August 1978 waren die beiden das Thema in der letzten Sendung der BBC1-Serie *The Songwriters*. »Wir arbeiten eng bei dem Transfer von *Evita* in die Staaten zusammen, und danach werden wir unsere Köpfe für ein neues Projekt im nächsten Jahr zusammenstecken«, sagte Rice. »Wir hatten immer unsere eigenen Interessen. Wir brauchen einige Zeit, um unsere Batterien wieder aufzuladen, aber wir lassen uns bereits Pläne für ein neues Musical durch den Kopf gehen.«

Doch in Wahrheit arbeitete Lloyd Webber bereits an der Vertonung von T.S. Eliots *Old Possum's Book of Practical Cats (Old Possums Katzenbuch)*, ein Projekt, für das er kei-

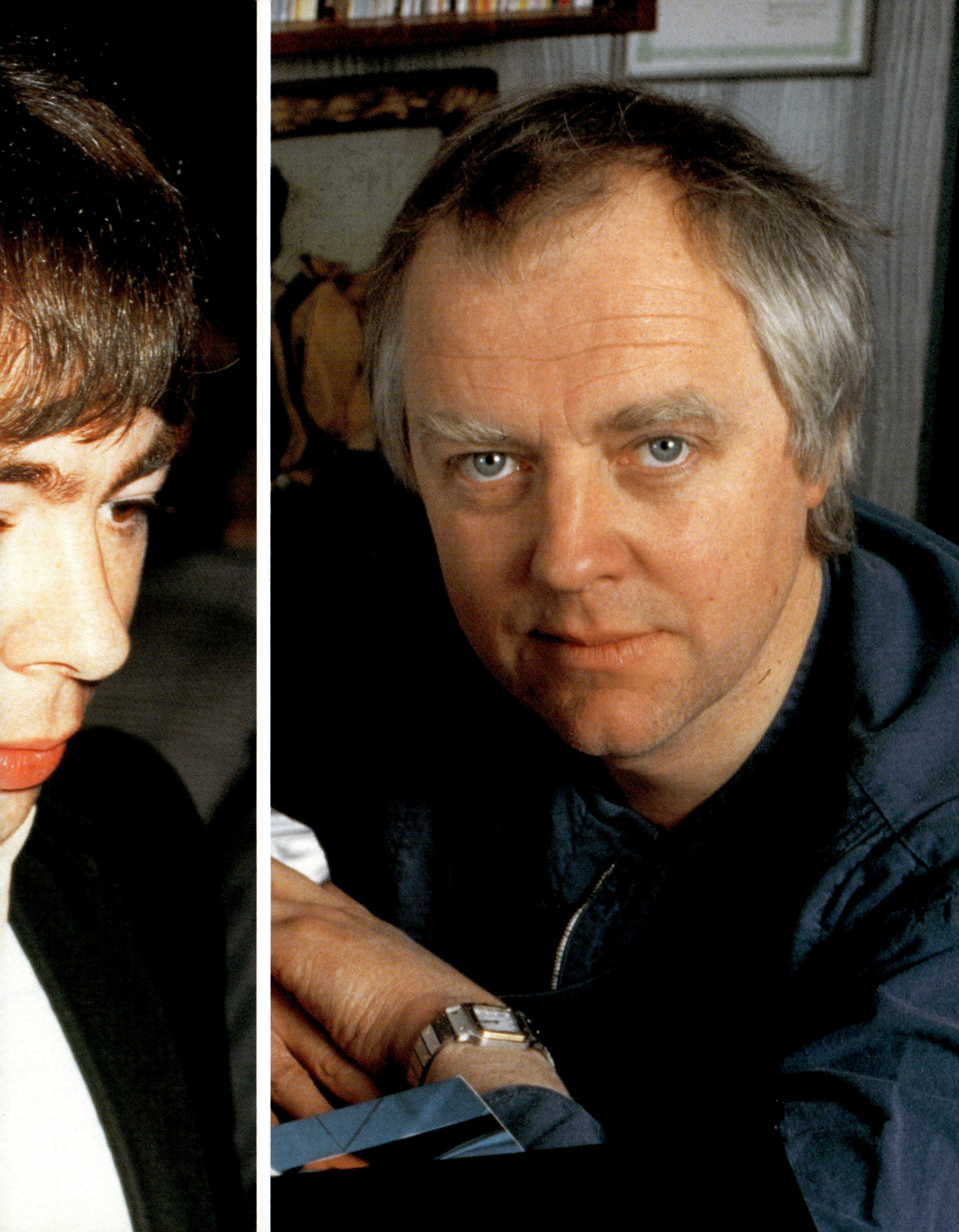

nen Texter brauchte, während Rice sich in so unterschiedliche Projekte wie die Produktion von Schallplatten, von Radioprogrammen und das Schreiben von Büchern stürzte.

Rice und Lloyd Webber kamen nicht mehr miteinander aus. Sie hatten sich einfach unterschiedlich weiterentwickelt. Und wo sie sich einst ergänzten, kamen sie sich nun in die Quere.

Sogar noch im Jahre 1978, als die *Variations* veröffentlicht wurden, tat Lloyd Webber in der Öffentlichkeit noch immer so, als wäre die Partnerschaft intakt, obwohl diese seit mindestens einem Jahr nicht mehr bestand. »Der einzige andere Texter, bei dem ich überglücklich wäre, mit ihm zusammenzuarbeiten, ist Stephen Sondheim«, verkündete er. »Was Tim betrifft, bin ich mir nicht sicher, wie ich ihn anspornen könnte. Ich weiß, daß er im-

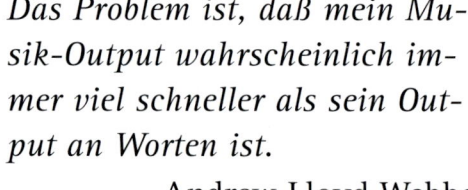

Vorherige Seiten · »Wir haben Meinungsverschiedenheiten«, sagte Lloyd Webber 1978.

Unten · Die Zeit heilt alle Wunden. Rice und Lloyd Webber 1985

Das Problem ist, daß mein Musik-Output wahrscheinlich immer viel schneller als sein Output an Worten ist.

Andrew Lloyd Webber

mer einen Tophit haben will. Vielleicht sollte ich ihn mit den *Variations* in den *Top of the Pops* auftreten lassen, vorausgesetzt, er produziert bis zum Jahresende einige Texte.«

Sie hatten einfach unterschiedliche Interessen entwickelt. Lloyd Webber schwärmte zwar für die Gemälde der Präraffeliten und für Sydmonton Court, aber seine einzig wahre Leidenschaft galt der Musik. Er war nicht glücklich, wenn er nicht in seine Arbeit vertieft war.

Im Gegensatz dazu hatte Rice auch andere Interessen. Im Jahre 1977 stellte er mit seinem Bruder Jo und den Diskjockeys Mike Read und Paul Gambaccini das erste *Guinness Book of British Hit Singles* zusammen. Dies wurde ein lukrativer Nebenerwerb mit vielen Nachauflagen und verwandten Titeln wie das *Guinness Book of British Hit Albums* und das *Guinness Book of Top 40 Charts*. 1978 gründete Rice zusammen mit Colin Webb und Michael Parkinson das Verlagshaus Pavilion. Zudem arbeitete er gerne für den Rundfunk: Sein enzyklopädisches Wissen auf dem Gebiet der Popmusik brachte ihm 1986 den Titel des »Rock Brain of the Year« von Radio One ein, und er machte eine 15teilige Radioserie über die Geschichte der Popmusik. Rice war darüber hinaus Mitglied des Marylebone Cricket Clubs, er sah mit Begeisterung das englische Team Kricket spielen und war selbst Kapitän in seinem Kricketteam The Heartaches – benannt nach einem populären Song von Elvis Presley. Rice wollte nicht jeden Tag am Klavier sitzen und schreiben.

Die Mißklänge in ihrer Beziehung begannen, als sie 1979 versuchten, einen Liederzyklus für eine weibliche Stimme zu schreiben. Rice war von der Idee begeistert. Er nahm an, daß der Zyklus für die seit ihrer Darbietung in *Evita* zum Star avancierte Elaine Paige bestimmt war, mit der ihn eine nicht allzu heimliche Affäre verband. Während der Proben hatte sie es Rice, der so viele Lieder über Liebe und Leid geschrieben hatte, ziemlich angetan. Aber Lloyd Webber mißbilligte die Beziehung seines Partners mit Paige. Er hielt es für verrückt, daß sich Rice mit einem Mitglied der Truppe einließ, was er ihm auch mit aller Deutlichkeit sagte. Es waren Worte, die später

auf ihn selbst zutrafen: und zwar während seiner Affäre mit Sarah Brightman. Doch zu jener Zeit lebte er noch mit seiner ersten Frau zusammen. Diese war wiederum eng mit Tims Frau Jane befreundet und der Meinung, daß Tim sie und Andrew in eine unmögliche Situation gebracht habe. Diese Überschneidung in den Beziehungen brachte Lloyd Webber und Rice noch weiter auseinander.

Die beiden brachten es noch zustande, einige Lieder gemeinsam zu komponieren, aber Lloyd Webber ging die Arbeit an dem Stück zu langsam voran. Er äußerte seinen Unmut über die seiner Meinung nach laxe Haltung und das gemächliche Tempo von Rice. Lloyd Webber wollte richtig loslegen und begann sich nach einem anderen Texter umzusehen. Er vertraute sich Hal Prince an, der ihm vorschlug, Kontakt mit Don Black aufzunehmen, einem sehr produktiven Schreiber von Filmsongs, Bühnenmusicals und Popsongs. In den frühen 60er Jahren hatte Black Hits für Charles Aznavour und Matt Monro verfaßt, darüber hinaus hatte er eine Handvoll Themen für James-Bond-Filme und die Musical-Fassung von *Billy Liar (Geliebter Spinner)* geschrieben. Lloyd Webber traf ihn, mochte ihn und arbeitete mit ihm am Kla-

vier. Das Ergebnis ihrer Zusammenarbeit war *Tell Me on a Sunday*, mit Marti Webb in der Hauptrolle. Lloyd Webber hatte das Gefühl, jemanden mit einer ähnlichen Haltung gefunden zu haben, mit dessen Hilfe er die Arbeit zu Ende bringen konnte. Rice dagegen fühlte sich verstoßen. Aus seiner Sicht hatte sich Lloyd Webber mit Black auf und davon gemacht, die meisten Melodien mitgenommen und Elaine wegen Marti fallengelassen.

Sie überschritten ihren ureigenen Rubikon wegen *Cats*. Anfang 1981, die Show wurde bereits geprobt, stellte der Regisseur Trevor Nunn fest, daß ihnen eine packende Melodie fehlte. Es gab zwar viele gute Melodien, die auch gefühlvoll waren, aber nichts war so atemberaubend wie »Don't Cry For Me Argentina« oder »Superstar«. Sie brauchten dringend einen Hit. Lloyd Webber dachte sich eine extravagante, gefühlvolle Melodie aus, die an Puccini erinnerte: »Memory«. Nunn war begeistert. Dies war ihre Erfolgsmelodie, eine Melodie, die jeder, der das Theater verließ, summen würde. Das Problem bei der Sache war, daß sie keinen Text dazu hatten und die Vorlage von T.S. Eliot bereits völlig ausgeschlachtet war. Sie brauchten einen Texter, der die Verzweiflung von Grizabella in Worte

Oben · Tim Rice wirbt mit seinem Bruder Jo und dem Diskjockey Paul Gambaccini für sein Guinness Book of British Hit Singles. »Tim hat schrecklich viele Interessen, wie den Rundfunk und das Buch, das er zusammenstellt. Ich dagegen habe nur die Musik«, sagte Lloyd Webber. »Ich kann nichts anderes.«

Rechts · Elaine Paige landete mit »Memory« einen Hit, aber Lloyd Webber waren die Texte von Rice nicht schwungvoll genug.

fassen konnte. Lloyd Webber griff zum Telefon und rief Tim Rice an.

Rice ließ ihn abblitzen. Zuerst. Aber als Judy Dench während einer Probe ihren Knöchel verletzte und durch Elaine Paige ersetzt wurde, dachte er noch einmal darüber nach. Er hatte nichts dagegen, sich an einem weiteren Hit für Elaine zu versuchen. In nur 36 Stunden schrieb er einen bewegenden, lyrischen Text über Straßenlichter, die zwischen diesen liegende Dunkelheit und ein Leben, das zu Ende geht.

Rice wußte nicht, daß sich auch Nunn, der einen Hit und Anteile an Lizenzen roch, an einem Text versuchte. Dieser ließ sich von Eliots Gedicht »Rhapsody on a Windy Night« zu einer eigenen Fassung inspirieren.

Das Problem bestand für Rice darin, daß die Entscheidung, welcher der beiden konkurrierenden Texte genommen werden sollte, beim Regisseur lag: bei Trevor Nunn. Dieser testete beide Fassungen mit unterschiedlichem Vorpremieren-Publikum im New London Theatre in Drury Lane. Nunn hatte den Eindruck, daß Rice' Fassung nicht so gut ankam und die Lösung für dieses Dilemma nur gemeinsam mit Lloyd Webber und Cameron Mackintosh gefunden werden konnte. Der

Produzent, der Regisseur und der Komponist einigten sich auf Nunns Text.

Rice fühlte sich verletzt und war wütend. Nunn sagte später, er habe Rice um einige Überarbeitungen gebeten. Rice äußerte dagegen, daß niemand ihn darum gebeten habe, auch nur eine Zeile zu ändern, wozu er gerne bereit gewesen wäre. Für Rice war die Situation klar. Er war von Nunn ausgetrickst worden, und Lloyd Webber hatte zugestimmt.

Dies war nach 16 Jahren und drei Musicals das Ende. Tim Rice und Andrew Lloyd Webber haben seitdem nicht mehr an einer großen Show zusammengearbeitet, obwohl sich ihre Wege in der Musikwelt gelegentlich kreuzen.

Als Rice 1981 das Elaine-Paige-Album produzierte, lieh er sich von Francis Lai eine schöne Melodie mit dem Namen »Bilitis«, die ursprünglich als Thema für eine Filmmusik vorgesehen war, und fügte seinen eigenen ergreifenden Text hinzu. »Andrew orchestrierte es großartig, Elaine sang hervorragend und ›The Second Time‹ war das Ergebnis. Obwohl die Single nicht so erfolgreich war, blieb das Lied eine von Elaines populärsten Konzertnummern.«

Rice und Lloyd Webber kamen kurzzeitig 1986 für *Cricket* wieder zusammen, ein kleines, von Prince Edward zur Feier des 60. Ge-

Sie sind zwei sehr impulsive, kreative Menschen mit ganz unterschiedlichen Charakteren. Reibungen und Auseinandersetzungen sind daher vorbestimmt. Tim ist locker und liebt das Kricket. Andrew ist ernsthaft und in seine Arbeit vertieft.

David Land, Juni 1978

burtstags der Königin in Auftrag gegebenes Stück. Prince Edward ging zwei Jahre später als Produktionsassistent zur Really Useful Group. Insgesamt entstanden elf Lieder, darunter »The Summer Game«, »Fools Like Me« und »The Final Stand«, und die am 18. Juni in Windsor Castle von Trevor Nunn dirigierte Aufführung kam sehr gut an. Zu den Mitwirkenden gehörten Ian Charleson, John Savident und Sarah Payne sowie die Gruppierung, die bereits bei *Variations* zusammengespielt hatte (Rod Argent, Jon Hiseman, John Mole und Barbara Thompson).

Tim Rice' erstes großes Projekt ohne seinen früheren Partner war *Blondel*, eine Burleske auf die Legende von Richard Löwenherz. Er schrieb das Stück gemeinsam mit Stephen Oliver, der auch die Musik für die Fassung *Nicholas Nickleby* für die Royal Shakespeare Company komponiert hatte. *Blondel* enthielt Lieder wie »Blondel And Fiona«, »The Ministry Of Feudal Affairs« und »No Rhyme For Richard«, und war, ähnlich wie *Joseph*, ein vergnüglicher, mittelalterlicher Klamauk. 1983 lief es acht Monate lang am Old Vic und im Aldwych: mit Paul Nicholas, der in Großbritannien in *Superstar* den Jesus gespielt hatte, und Sharon Lee Hill.

Drei Jahre später schrieb Rice mit Benny Andersson und Bjorn Ulvaeus von Abba das Stück *Chess*, eine Liebesgeschichte, die vor dem Hintergrund des internationalen Schachwettbewerbs und der Politik des kalten Krieges stattfindet. Sich an den Auftrieb erinnernd, den die Schallplattenproduktion von *Superstar* und *Evita* für die Bühnenshow gebracht hatte, veröffentlichte Rice die Musik aus *Chess* ebenfalls zuerst auf Vinyl. »I Know Him So Well« mit Elaine Paige und Barbara Dickson war die Nummer eins in Großbritannien, und »One Night In Bangkok« schaffte mit Murray Head die Top Twenty. *Chess* lief drei Jahre lang im West End, fiel aber am Broadway durch. »Es war eine Pleite von ver-

heerendem Ausmaß, die ich mir selbst zuzuschreiben habe. Es gab keinen Zusammenhalt, keinen Teamgeist, hunderte Häuptlinge und keine Indianer«, gab Rice später zu.

Rice verfaßte zusammen mit Elton John »The Legal Boys«, eine undramatische Scheidungsgeschichte für dessen Album *Jump Up*, sowie »A Winter's Tale« zusammen mit Mike Batt, das 1982 für David Essex der weihnachtliche Superhit wurde. Und ein Jahr später bat

Unten · Hurra! Als Tim mitten in den Proben zu Evita auftauchte, fragte ihn Andrew, wo zum Teufel er gesteckt habe. Tim antwortete fröhlich: »Beim Kricket!«

Ich wurde von ihm, wenn auch indirekt, immer wegen all seiner Projekte mit Ausnahme von Cats angesprochen. Aber entweder gefiel mir das Thema nicht, oder ich bestand auf einer Abmachung, die seine Armee nicht wollte. Ich scheue keine Auseinandersetzung mit ihm – zwei Kerle an einem Klavier –, aber ich lasse mir nicht von einem Speichellecker sagen, wie man Texte schreibt. So erfolgreich zu sein ist nicht gut für Andrew. Er hat ein riesiges Imperium, und man muß erst mit fünf Leuten sprechen, um einen Termin bei ihm zu bekommen. Möglicherweise werden wir in Zukunft wieder etwas gemeinsam machen, aber ich mag Musicals nicht besonders, und sollte ich nie wieder eins schreiben, ist mir das egal. Die meisten sind ohnehin grauenvoll.

Tim Rice

Oben · Tim Rice arbeitete zusammen mit Benny Andersson und Bjorn Ulvaeus von Abba an dem Musical *Chess*, das vom kalten Krieg handelt. »Ein Typ meinte, ich würde eine Million verdienen, wenn ich ›district‹ auf ›biscuit‹ reimte. Wenn das so leicht ist, warum hat er es dann nicht selbst gemacht?«

ihn Cubby Broccoli, den Titelsong für den James-Bond-Film *Octopussy (Octopussy)* zu schreiben. Der gemeinsam mit dem langjährigen 007-Musikmaestro John Barry geschriebene Titel »All Time High« war in Amerika für Rita Coolidge ein Riesenerfolg.

Es war Rice, der Elaine Paige vorschlug, ein Album mit Queen-Songs aufzunehmen. Freddie Mercury gefiel das Album so gut, daß er Rice bat, einige Texte zu dem *Barcelona*-Album, das er mit der spanischen Diva Montserrat Caballe machte, beizutragen. »The Golden Boy«, das Rice zusammen mit Freddie Mercury und Mike Moran schrieb, wurde 1988 als Single veröffentlicht.

Rice übersetzte die Show *Starmania* von Michel Berger und Luc Plamondon ins Englische.

Die frankokanadische Sängerin Celine Dion sang die englische und die französische Version von »Ziggy«, die melancholische Geschichte eines Mädchens, das einen homosexuellen Mann liebt. Die französische Version »Un Garçon Pas Comme Les Autres« war in der gesamten französischsprechenden Welt ein phänomenaler Erfolg. Und der englische Text, sagte Rice, »ist einer meiner wenigen Texte, die ich nicht verändern möchte.« Ein weiteres Lied, »The World Is Stone« mit Cyndi Lauper, wurde in Großbritannien die Nummer 15.

Aber sein größter Erfolg sollte erst noch kommen. Nach dem Tod von Howard Ashman übernahm Rice im Jahre 1993 die Leitung als Texter von Alan Menken und gewann einen Oscar für das Lied »A Whole New World« aus

verknüpft, und es gibt viele Fans, die davon träumen, daß die beiden wieder gemeinsam an einem Klavier sitzen und noch einmal zusammenarbeiten.

dem Walt-Disney-Film *Aladdin*. Das von Peabo Bryson und Regina Belle gesungene Lied führte die amerikanischen Charts an. Ein Jahr später arbeitete Rice zusammen mit Menken an der Bühnenfassung von *Beauty and the Beast (Die Schöne und das Biest)* . »Es ist ein gutes Weihnachtsmärchen, aber keine tiefe geistige Erfahrung. Ich habe eine schrecklich kitschige Ballade mit dem Titel ›If I Can't Love Her‹ geschrieben. Ich mag Kitsch. Das Rad des Lebens wird mit Schmalz geschmiert.« Im Jahre 1995 erhielt er seinen zweiten Oscar für das Lied »Can You Feel The Love Tonight«, das er gemeinsam mit Elton John für den Disney-Zeichentrickfilm *The Lion King (Der König der Löwen)* geschrieben hatte. Des weiteren arbeitete Rice zusammen mit dem Komponisten John Farrar an dem Cliff-Richard-Musical *Heathcliff* und mit gemeinsamen Kräften erneut mit Menken an einer musikalischen Verherrlichung von Jerusalem mit dem Titel *King David*.

Doch im Kielwasser der ungeheuren Beliebtheit von *Joseph and the Amazing Technicolor Dreamcoat, Jesus Christ Superstar* und *Evita* ist selbst Jahre nach ihrer letzten Zusammenarbeit der Name Tim Rice noch immer fest mit dem von Andrew Lloyd Webber

Music
Andrew Lloyd Webber
Text
Don Black
◆
Erstaufführung
Sydmonton Festival,
September 1979
◆
Konzertaufführung
Royalty Theatre, London
28. Januar 1980
◆
Fernsehübertragung
BBC TV, 12. Februar 1980
◆
Schallplatte
veröffentlicht Februar 1980

Tell Me On A Sunday

Als Andrew Lloyd Webber Hal Prince von seinen Schwierigkeiten erzählte, den Liederzyklus für eine weibliche Stimme mit Tim Rice zu vollenden, riet ihm Prince, sich eine Show namens Bar Mitzvah Boy im Her Majesty's anzusehen.

Dieses Musical war von Jack Rosenthal auf der Grundlage seines von den Kritikern bejubelten Fernsehspiels für die Bühne bearbeitet und mit Musik von Jule Styne und Don Black unterlegt worden. Es lief nur kurz und hat auch nicht viel Aufsehen erregt. Aber Prince, der ein Bewunderer von Black war, wollte, daß sich Lloyd Webber von der Qualität der Texte während einer Aufführung überzeugte.

Don Black, zehn Jahre älter als Lloyd Webber, wurde in Hackney im Osten Londons geboren, aber seine Wurzeln liegen in Tin Pan Alley, der legendären Heimstätte der Liederkomponisten in und um Denmark Street, bei der Charing Cross Road. Er war Journalist beim *New Musical Express* gewesen, wo er die Plattenwerbung geschickt in seinen Artikeln verpackte, und für kurze Zeit auch Komiker, bevor er beschloß, bessere Lieder als die, die er hörte und besprach, zu schreiben. Black wurde ein sehr produktiver Schreiber von Liedern, der die Texte für eine ganze Reihe von Popsongs, Filmmusiken und Bühnenmusicals verfaßte.

Unter anderem schrieb er »Walk Away« für Matt Monro und »Ben«, mit dem Michael Jackson 1975 in Amerika die Nummer eins landete und das, gesungen von Marti Webb, 1985 in Großbritannien ein Hit wurde. Black schrieb darüber hinaus Lieder für mehr als hundert Kinofilme, darunter gemeinsam mit John Barry drei Titelmelodien für James-Bond-Filme – »Thunderball« für Tom Jones, »Diamonds Are Forever« für Shirley Bassey und »The Man With The Golden Gun« für Lulu – sowie das Titellied für *Born Free,* das einen

Unten · Andrew Lloyd Webber und Don Black. »Ich wuchs mit Rodgers und Hart und Rodgers und Hammerstein auf, und ich habe immer Menschen bewundert, die einfach gut schreiben können.« Zu Blacks pointierten und ergreifenden Texten gehört auch »Take That Look Off Your Face«, gesungen von Marti Webb (vorherige Seiten).

Oscar bekam. Sein erstes Musical, gemeinsam geschrieben mit dem Komponisten Walter Scharf, war *Maybe That's Your Problem*, das nach nur 18 Aufführungen im Roundhouse in London abgesetzt wurde. Eine der Darstellerinnen war eine junge Sängerin namens Elaine Paige. Diese wirkte auch in *Billy* mit, einer Musicalbearbeitung von *Billy Liar (Geliebter Spinner)*, die mit Michael Crawford in der Hauptrolle drei Jahre lief. *Bar Mitzvah Boy*, gemeinsam mit Jule Styne, dem Komponisten von *Gentlemen Prefer Blondes (Blondinen bevorzugt)*, *Gypsy (Gypsy – Königin der Nacht)* und *Funny Girl* geschrieben, brachte es nur auf eine enttäuschend kurze Laufzeit, aber es erregte, von Hal Prince initiiert, die Aufmerksamkeit von Andrew Lloyd Webber.

Was Lloyd Webber am besten gefiel, war Don Blacks Arbeitshaltung. Ein vollendeter

Die große Zahl der Musicals, die durchfallen, ist ziemlich deprimierend, obgleich ich festgestellt habe, daß ein Mißerfolg auch Gutes in sich bergen kann. Bar Mitzvah Boy, das ich zusammen mit Jack Rosenthal geschrieben hatte, war nicht erfolgreich. Aber Andrew Lloyd Webber sah es, und ihm gefiel meine Arbeit, und so kam ich zu Tell Me on a Sunday.

Don Black

Tin-Pan-Alley-Profi, der schnell und gut schrieb. Das Beste war, daß er gerne schrieb. Er war von seiner Arbeit hingerissen. Er verschwand nicht tagelang, um die Engländer bei Lords Kricket spielen zu sehen. Dies war ein Mann, mit dem er, bis der Job getan war, jeden Tag arbeiten konnte.

Gemeinsam saßen Lloyd Webber und Black den ganzen Sommer 1979 in New York am Klavier und schrieben *Tell Me on a Sunday*; der Untertitel lautete *An English Girl in America*. Lloyd Webber hatte gleichzeitig ein wachsames Auge auf die Proben für die Broadway-Premiere von *Evita*. »Don Black und ich wollten eine One-Woman-Show schreiben, die sozusagen eine *tour de force* für die Darstellerin wäre. Dennoch sollte sich die Show um ein einfaches britisches Mädchen in New York drehen, das etwas von all den Mädchen verkörperte, die Don und ich in Big Apple [New York] getroffen haben«, erklärte Lloyd Webber.

Black, selbst von England in die USA (Beverly Hills) emigriert, war fasziniert von dem ständigen Strom englischer Mädchen, um die 20, die auf der Suche nach irgend etwas, meist war es Liebe, nach Amerika reisten. »Als Andrew und ich uns in New York trafen, teilte er mir mit, daß er eine One-Woman-Show schreiben wolle. Ich sagte: ›Könnte es über ein englisches Mädchen in Amerika sein?‹ Er dachte nach. Er lächelte. Er legte die *Times* weg, schüttelte meine Hand und sagte: ›Auf geht's.‹«

Tell Me on a Sunday ist die einfache Geschichte einer jungen englischen Frau in New York, die eine Reihe unglücklicher Liebesaffären durchlebt. Die Melodien gehören zu den besten von Lloyd Webber, und die Texte, scharf, bitter und ergreifend, bewiesen dem Komponisten, daß es trotz des Mißerfolgs von *Jeeves* auch andere Texter gab, mit denen er arbeiten konnte. Und dies war im Grunde die

Lehre, die Lloyd Webber aus dem Erfolg von *Tell Me on a Sunday* zog. Dieses Mal würde es keine reumütige Rückkehr zu Tim Rice mehr geben.

Black hat sich nicht nur dem Schreiben von Liedern zugewandt, sondern er hatte sich auch in das Showbusiness begeben. Er managte mehrere Künstler, unter anderem Matt Monro, mit dem ihn eine lange, erfolgreiche Beziehung verband, und Marti Webb. 1963 wurde die 19jährige aus dem singenden Corps de ballet des Musicals von Leslie Bricusse und Anthony Newley *Stop the World I Want to Get Off* heraus für die weibliche Hauptrolle in *Half a Sixpence* neben Tommy Steele engagiert. Vier Jahre später hatte sie den Auftrag erhalten, die Singstimme von Julia Foster, ihren Ersatz für die Filmversion, zu synchronisieren. Sie hatte die Hauptrolle sowohl 1967 in dem West-End-Revival von *Oliver!* wie auch 1972 in *Godspell* mit David Essex, Julie Covington und Jeremy Irons gespielt.

Black wies darauf hin, daß Marti Webb genau die richtige Frau für *Tell Me on a Sunday* sei. Lloyd Webber hörte sie sich an, sie gefiel ihm, und er stimmte zu. Sie hatten die weibliche Stimme gefunden, und gemeinsam führten sie eine Rohfassung ihres neuen Liederzyklus' auf dem Sydmonton Festival im Sommer auf. Dort konnte man zum ersten Mal Lieder hören wie »Sheldon Bloom«, »Capped Teeth And Caesar Salad«, »You Made Me Think You Were In Love«, »Come Back With The Same Look In Your Eyes« und »I'm Very You, You're Very Me«. Und alle waren begeistert.

Ermutigt durch die Akzeptanz des Stückes in Sydmonton, lud Lloyd Webber Bob Swash, den Theaterproduzenten und engen Partner des Impresarios Robert Stigwood, zum Abendessen ein. Lloyd Webber spielte ihm die Musik von *Tell Me on a Sunday* vor und fragte ihn, was sich daraus machen ließe. Das Stück war natürlich kurz, aber sie dachten daran, es zusammen mit einer zweiten Hälfte über ein amerikanisches Mädchen in England in ein abendfüllendes Musical zu verwandeln. »Glaub mir, Andrew«, riet Swash. »Es ist nett. Sehr nett. Aber es ist einfach kein Musical für eine Bühne. Es ist eher was fürs Fernsehen.«

Sie nahmen das Album im Herbst auf, hielten die Veröffentlichung jedoch so lange zurück, bis die Fernsehaufzeichnung der Show im BBC TV im Februar 1980 gesendet worden war. Marti Webbs Darbietung war hervorragend. Ihre Stimme war abwechselnd vertraulich und extrovertiert, selbstbewußt und verletzlich, ihre Interpretation der bittersüßen Geschichte der

»emotionalen Achterbahnfahrten« einer jungen Frau war rein, kraftvoll und perfekt.

Das Album (auf dem Cover war Webb abgebildet, wie sie den Titel über die spektakuläre Skyline von Manhattan sprüht) erreichte im März den 2. Platz in den britischen Charts. Zuerst machte ihn Johnny Mathis *Tears and Laughter* den 1. Platz streitig, eine Woche später *Rose Royce's Greatest Hits*.

Für Webb wurden aus dem Album zwei Singles ausgekoppelt: zum einen »Take That Look Off Your Face«, ein umwerfender Pubikumshit und zugleich das beste Lied des Zyklus' (es belegte in Großbritannien den 3. Platz), und zum anderen das nachdenkliche Titellied, das es gerade noch in die Charts schaffte.

Lloyd Webber war natürlich überaus glücklich. Er hatte einen neuen Texter als Partner, jemanden, der Tim Rice ersetzen konnte und mit dem er gerne wieder zusammenarbeiten würde. *Tell Me on a Sunday* war ein erfolgreiches Album und Fernsehprogramm, aber Lloyd Webber war überzeugt, daß es für eine richtige Theaterproduktion zu kurz war. Er war davon so lange überzeugt, bis er mit einem ehrgeizigen, jungen Produzenten namens Cameron Mackintosh sprach...

Oben · »Glaub mir, Andrew«, sagte der Theaterproduzent Bob Swash. »Es ist nett, sehr nett. Aber es ist kein Bühnenmusical. Es ist eher etwas für das Fernsehen.« Lloyd Webber befolgte seinen Rat, und im Februar 1980 wurde *Tell Me on a Sunday* zum ersten Mal vom BBC übertragen.

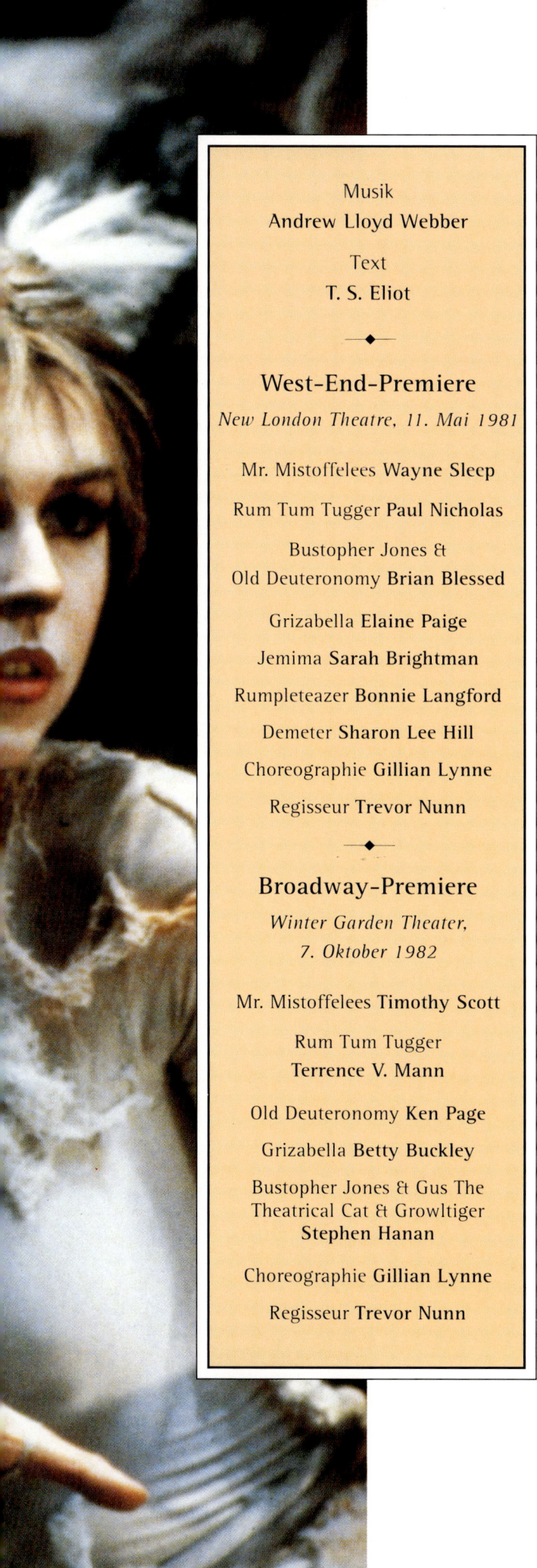

Cats

Musik
Andrew Lloyd Webber

Text
T. S. Eliot

◆

West-End-Premiere

New London Theatre, 11. Mai 1981

Mr. Mistoffelees **Wayne Sleep**

Rum Tum Tugger **Paul Nicholas**

Bustopher Jones &
Old Deuteronomy **Brian Blessed**

Grizabella **Elaine Paige**

Jemima **Sarah Brightman**

Rumpleteazer **Bonnie Langford**

Demeter **Sharon Lee Hill**

Choreographie **Gillian Lynne**

Regisseur **Trevor Nunn**

◆

Broadway-Premiere

*Winter Garden Theater,
7. Oktober 1982*

Mr. Mistoffelees **Timothy Scott**

Rum Tum Tugger
Terrence V. Mann

Old Deuteronomy **Ken Page**

Grizabella **Betty Buckley**

Bustopher Jones & Gus The
Theatrical Cat & Growltiger
Stephen Hanan

Choreographie **Gillian Lynne**

Regisseur **Trevor Nunn**

Sydmonton Court liegt im Herzen von Watership Down, wo die Geschichte der Kaninchengesellschaft des Romanciers Richard Adams spielt. Andrew Lloyd Webber kann Kaninchen nicht besonders gut leiden, da sie die Rinde von seinen Bäumen abnagen. Aber dafür liebt er Katzen.

»Wir hatten zu Hause immer Katzen. Die eine, die ich besonders mochte, war eine alte Siamkatze, die eine Leidenschaft für Tschaikowsky besaß. Der Walzer *Casse Noisette* war ihr Lieblingsstück, aber sie war ohnehin ein sentimentales Geschöpf ...« Darüber hinaus jagten die Katzen die Kaninchen von den Bäumen weg.

»Als wir in diese Gegend zogen, wußten wir nicht, daß dies Watership Down war. Als erstes pflanzten wir den Obstgarten, und wir freuten uns sehr über die Bäume. Wir dachten, daß sie sich sehr hübsch machen. Ich verbrachte eine Ewigkeit damit, sie zu beschneiden und mit Teerwasser zu besprühen. Drei Wochen später hatten die Kaninchen die Rinde rund um den Baum völlig abgenagt. Ironischerweise hatte mir jemand in dieser Woche *Watership Down (Unten am Fluß)* geschickt. Ich las es und dachte, Mist, all diese verflixten Kaninchen.« Die jungen Bäume hatten Glück, denn Grimshaw, seine schöne, blaue Burmakatze, machte diesem Kaninchenvolk Beine. »Sie sind nicht scharf darauf, unsere Katze als Nachbar zu haben!«

Ebenso wie die flauschigen Katzen in Harrington Court ließ Jean Lloyd Webber den kleinen Andrew gerne auf ihrem Schoß sitzen und las ihm tolle Geschichten von erfundenen Katzen vor. »Meine Mutter las mir, als ich ein kleiner Junge war, *Old Possum's Book* vor, und die Katzen blieben in meiner Erinnerung haften. Ich liebte sie.« Jahre später kaufte er zufällig eine Ausgabe von T. S. Eliots *Old Possum's Book of Practical Cats (Old Possums Katzenbuch)* auf dem Flughafen in Heathrow. Mit diesen wunderbaren Worten und Bildern kehrten schöne Erinnerungen an seine Kindheit zurück. Lloyd Webber erkannte, daß dies das perfekte Rohmaterial für einen weiteren Liederzyklus war. »Die Gedichte besitzen einen außergewöhnlichen Rhythmus. Einige Verse sind geradezu musikalisch. Sie sind natürliche Liedertexte.«

Thomas Stearns Eliot wurde 1888 in St. Louis, Missouri, geboren. Er besuchte die Harvard University, die Sorbonne und das Merton College in Oxford. Der Dichter und Kritiker Ezra

Pound, der sich für die Arbeit der modernistischen Schriftsteller wie Wyndham Lewis und James Joyce einsetzte, ermutigte Eliot, sich in England niederzulassen, und so wurde dieser im Jahre 1972 britischer Staatsbürger. Am bekanntesten sind seine Gedichte »Prufrock«, »The Waste Land« sowie seine Schauspiele »Four Quartets« und Schauspiele in Blankversen wie *Murder in the Cathedral (Mord im Dom), The Family Reunion (Der Familientag)* und *The Cocktail Party (Die Cocktail-Party)*. Im Jahre 1948 erhielt er den Nobelpreis für Literatur. 1939 veröffentlichte Eliot sein *Book of Practical Cats*. Das Buch enthält Kindergedichte, die er ursprünglich für seine Patenkinder Tom Faber und Alison Tandy geschrieben hatte. Es verrät den Einfluß von Edward Lear, dessen Nonsens-Gedichte wie »The Jumblies« und »The Owl and the Pussycat« sich aufgrund ihrer außergewöhnlichen Phantasie und ihres linguistischen Einfallsreichtums zeitloser Beliebtheit erfreuen.

Old Possums Gedichte machten einen rötlichgelben Kater namens Macavity und viele andere Katzen unsterblich: Katzen mit so wundervollen, die Zunge zum Rollen bringenden Namen wie Bombalurina, Carbucketty, Mungojerrie, Jellylorum, Skimbleshanks und Mr Mistoffelees. Die Auflage betrug 3.000

Unten · »Ich finde das wirklich spannend«, sagte Valerie, die Witwe von T. S. Eliot. »Ich denke, er wäre von der Show begeistert gewesen.« Vorherige Seiten · Bonnie Langford, Elaine Paige und Finola Hughes in der Londoner Produktion.

Ich war »gekidnapped« worden, um in »This Is Your Life« aufzutreten. Während die Parade der seit langem aus den Augen verlorenen Cousinen und Tanten vorüberzog, sah ich mich im New London Theatre um und stellte fest, daß es genau das war, was wir suchten. Sofort nach dem Ende der Show ließ ich Eamon Andrews stehen – es muß schrecklich unhöflich gewesen sein – und rannte zum Telefon, um Trevor Nunn zu sagen, daß wir unser Theater gefunden hatten.

Andrew Lloyd Webber

Stück zu einem Preis von je 3,6 Schilling. Eliot, dessen eigene Zeichnungen den Schutzumschlag zierten, war besorgt, daß das Buch nicht gut gehen würde. Mehr als 500.000 Exemplare wurden in den nächsten 40 Jahren davon verkauft.

»Ich wollte lieber die Musik zu einem bereits vorhandenen Text als zu einem in Auftrag gegebenen komponieren«, sagte Lloyd Webber. »In meiner Zusammenarbeit mit Textern war es eher der Fall, daß, nachdem man sich über die dramatische Handlung geeinigt hatte, die Texte zu der Musik geschrieben wurden. Ich war gespannt, ob ich auch anders arbeiten konnte.«

Cats war zu Beginn eher ein Liederzyklus als ein Musical, ähnlich wie *Tell Me on a Sunday*. »Genau, so haben wir es auf dem Sommerfestival in meinem Haus in Newbury getestet. Ich vertonte zehn Possum-Gedichte, und Gary Bond, Gemma Craven und Paul Nicholas führten sie auf. Valerie, die Witwe von T. S. Eliot, reiste an, und erst unter ihrem Einfluß wurde es ein Musical.«

Sie zeigte ihm eine Anzahl von Briefen, unveröffentlichten Gedichten, unvollendeten Werken und Eliots lange Liste mit Katzennamen. In einem der Briefe sinnierte Eliot darüber, ob sein *Book of Practical Cats* wohl mit einem Gedicht über Tanz enden sollte. Tanz! Lloyd Webber sah Valerie an und sagte: »Das ist es! Was Sie mir da gerade gegeben haben,

macht einen Liederzyklus, der von Kindern in der Schule aufgeführt werden könnte, zu einem Musical. Wir machen es!«

Lloyd Webber wußte, daß er jemanden brauchte, der ihm dabei half, dem Stück eine dramatische Struktur zu geben. Er hatte gehofft, daß dies Hal Prince sein würde, dessen *Evita* so phantastisch war, aber Prince war der Meinung, daß das Stück nichts für ihn sei. Prince ist ein Intellektueller, und seine atemberaubenden Bühnenbilder resultieren direkt aus dem Thema der Show, aus dem, was er den »metaphorischen Überspann« nennt. *Cats* war für ihn viel zu phantasievoll. Als Lloyd Webber ihm von der Show erzählte, hörte er aufmerksam zu und fragte dann: »Ist es eine Metapher? Ist eine dieser Katzen Disraeli? Gladstone? Queen Viktoria? Geht es um britische Politik?« Lloyd Webber lachte. »Hal«, sagte er, »es dreht sich um Katzen!«

Da Prince bei dem Projekt nicht mitmachen wollte, wandte sich Lloyd Webber an Trevor Nunn. Daß die Wahl auf Nunn fiel, war nicht gerade naheliegend. Nach seinem Studium in Cambridge hatte dieser sich der Royal Shakespeare Company (RSC) angeschlossen und war mit 28 Jahren deren jüngster künstlerischer Direktor geworden. Er hatte auf dem Gebiet des klassischen Theaters Enormes vorzuweisen, hatte dafür aber nur sehr wenig Erfahrung auf der kommerziellen Bühne. Aber immerhin war er für die äußerst erfolgreiche Company-Produktion von *Nicholas Nickleby* verantwortlich, und diese Show überzeugte Lloyd Webber davon, daß Nunn der richtige Mann für den Job war. *Cats* war sein erster größerer Vorstoß ins Musi-

caltheater, und dabei ist es nicht geblieben. Nach dem Erfolg von *Cats* gab es nichts mehr, was ihn hätte aufhalten können, und er arbeitete als Regisseur bei *Les Misérables*, *Starlight Express*, *Aspects of Love* und *Sunset Boulevard* mit.

Für den Regisseur war nun gesorgt, aber der Produzent fehlte noch. Lloyd Webber beschloß, seinem Idol Richard Rodgers nachzueifern und sein eigener Produzent zu werden. Er hatte zwar seine Really Useful Company, aber er brauchte einen Profi, der sich auskannte. Seine Wahl fiel auf einen jungen Produzenten namens Cameron Mackintosh, der mit 34 Jahren der jüngste Hitzkopf auf diesem Gebiet war. Mackintosh hatte zunächst eine kleine Privatschule in der Nähe von Bath besucht. Im Old Vic in Bristol, wo er allen als der freundliche Darry F. Mackintosh bekannt war, hatte ihn *Salad Days* sofort völlig für Musicals eingenommen. Später war Mackintosh Assistent des Bühnenmanagers am Royal Theatre in Drury Lane geworden. Seine Karriere als Produzent hatte er mit einigen niedrig budgetierten Tourneeproduktionen für die Provinz begonnen, bevor er sich mit dem verheerenden Revival von *Anything Goes* 1969 ins West End begab. *Trelawny* im Sadler's Wells 1972 und *The Card* im Queen's Theatre ein Jahr später liefen dann schon besser, doch den großen Durchbruch schaffte er 1976 mit *Side By Side By Sondheim*. Mackintosh hatte *Oliver!*, *My Fair Lady* und *Oklahoma!* erfolgreich wiederaufgenommen, bevor er Lloyd Webber begegnete. Es war ein Treffen, das ihrer beider Geschicke verändern sollte.

Lloyd Webber und Mackintosh liebten beide das Musical. Sie konnten sich nächtelang Geschichten erzählen, wobei jeder die obskuren musikalischen Anspielungen des anderen erkannte. Was sie darüber hinaus verband, war ihr Wunsch, das Musicaltheater zu verändern. *Cats* – eine einfache, kühne Idee und ein aufregendes Theaterexperiment, das sich keiner großen Namen bediente – wurde der Prototyp für zukünftige Produktionen, mit dem die alte Musicaltradition überwunden wurde. »Man kann nicht sagen, daß *Cats* ein Musical im konventionellen Sinne ist«, argumentierte Lloyd Webber. »Ihm liegt kein Buch und kein Handlungsstrang zugrunde. Es ist ein Theaterereignis.« Nach *Cats* erzielte Mackintosh einen Erfolg nach dem anderen mit *Song & Dance*, *Les Misérables*, *The Phantom of the Opera*, *Miss Saigon* und *Five Guys Named Moe*, bis ihn schließlich das amerikanische Magazin *Theatre Week* »den Zaren der Theaterproduzenten« nannte und ihn auf Platz 3 ihrer Liste der »100 wichtigsten Leute im amerikanischen Theater« setzte. Doch damals, als er Andrew Lloyd Webber zum ersten Mal traf, war er noch ein junger Mann auf dem Weg zum Erfolg.

Lloyd Webber setzte sich ans Klavier und vertonte jedes Gedicht. Aber es fehlte ihm immer noch der Stoff. Deshalb durchforstete er die Manuskripte, die Valerie ihm gegeben hatte. Der von Trevor Nunn und Richard Stilgoe geschriebene Prolog basiert auf Ideen und Versen eines unveröffentlichen Eliot-Gedichts mit dem Titel »Pollicle Dogs and Jellicle Cats«. »Memory« von Trevor Nunn enthält Verse aus »Rhapsody on a Windy Night« und anderen Gedichten aus Eliots Prufrock-Periode. »The Marching Song Of The Pollicle Dogs« erschien in *The Queen's Book of the Red Cross*. Die Geschichte von Grizabella, der Glamour Katze, acht Verse reines Pathos über die Unvermeidlichkeit des Alterns und des Todes, die Eliot, da sie ihm viel zu traurig waren, in letzter Minute aus der Sammlung gestrichen hatte, wurde ebenfalls unter seinen unveröffentlichten Gedichten entdeckt.

Da Lloyd Webber und Nunn eine beeindruckende und überzeugende Katzenwelt kreieren wollten, stellten sie den Designer John Napier und den Choreographen Gillian Lynne ein. Napier hatte bei erfolgreichen Inszenierungen der Royal Shakespeare Company wie *Nicholas Nickleby* und *The Greeks* eng mit Nunn zusammengearbeitet. Sie wollten, daß das Publikum mit dem Einsetzen der Musik bereitwillig von der Realität abließ und die Theatertruppe als Katzen akzeptierte. Sie wollten keine Schauspieler, sie wollten Sänger, die tanzen konnten, und Tänzer, die singen konnten, Tänzer, die mit ihren Schnurrhaaren und hautengen Kostümen wie Katzen laufen, wie Katzen sprechen, wie Katzen singen und durch die Gänge des Theatersaals wie Katzen tollen konnten.

Sie reisten kreuz und quer durch das Land und sahen sich in Vorsprechproben mehr als 1.000 hoffnungsvolle Katzen an. »Kinder, stellt euch vor, es ist 3 Uhr morgens an einem seltsamen Ort wie beispielsweise Stonehenge, also ein Platz, an dem sich Katzen versammeln«, gab Lynne bei jeder öffentlichen Vorsprechprobe in jeder neuen Stadt vor. »Ich will, daß jeder von euch eine Katze ist, die die Eleganz und das Mysteriöse liebt. Schwingt eure Hüften, massiert eure Schenkel ...« Doch als sie ihre Truppe zusammen hatten, stellten sie fest, daß sie noch völlig am Anfang standen.

»Unsere außergewöhnliche Truppe von Sängern-Tänzern-Schauspielern schaute mich bei den ersten Bühnenproben oft an, als wäre ich verrückt«, gab Lynne später zu, »als ich ver-

Unten · Brian Blessed und Elaine Paige auf der Bühne. »Ich wollte einen gigantischen Tummelplatz für Katzen kreieren, der nicht nur das Publikum in Bann ziehen, sondern auch den humorvollen Charakter der Show unterstreichen sollte«, erklärte der Bühnenbildner John Napier.

Wenn man die Katzen beobachtet, sieht man, daß der Beweglichkeit ihres Körpers keine Grenzen gesetzt sind.

Gillian Lynne

suchte, sie zu den katzenhaften Bewegungen und Reaktionen zu bringen, die meiner Meinung nach notwendig waren, um auch menschliche Gefühle genau wiederzugeben. Ich wollte nicht völlig anerkannte und bekannte Tanzstile einsetzen, sondern wollte unsere eigene Dynamik finden.«

Lloyd Webber war genauso enthusiastisch. »Wir werden ein richtiges Katzenmilieu präsentieren«, versprach er. »Sie werden über das Publikum klettern. Sie werden fliegen. Wir werden eine Tanzwelt kreieren, wie es sie bislang im britischen Musical nicht gab.«

Das New London Theatre in Drury Lane gehörte weder zu den alten großen Londoner Theatern, noch wurde es von der notorisch abergläubischen Showwelt als »ein glückbringendes« angesehen, da es seit seiner Eröffnung im Jahre 1973 keine einzige lange Spielzeit verzeichnen konnte. Nunn wußte jedoch, daß es eine besondere von Sean Kenny entwickelte Bühnentechnik besaß, die bislang nie voll eingesetzt worden war. Diese umfaßte sowohl eine in die Bühne eingelassene Drehscheibe mit einem Durchmesser von 18 m als auch einen Orchestergraben und einen Teil der Sitze. Napier verwandelte die Bühne in einen imposanten, übergroßen Schuttabladeplatz, der in den Zuschauerraum integriert wurde. Gemeinsam mit dem Bühnenbild bewegte sich das auf dem Drehbühnensystem sitzende Publikum.

Wayne Sleep, der charismatische erste Solotänzer des Royal Ballet, wurde für die Rolle des magischen Mr Mistoffelees engagiert. Paul Nicholas, der die Hauptrolle in *Jesus Christ Superstar* gespielt hatte, war der witzelnde Rocker Rum Tum Tugger, Judi Dench, die häufig mit Trevor Nunn in der Royal Shakespeare Company gearbeitet hatte, spielte Grizabella, die Glamour Katze. Brian Blessed, ein fast zwei Zentner schwerer, stämmiger Bär von einem Mann, bekam die Rolle des Old Deuteronomy und die des aristokratischen Bustopher Jones. Er war durch seine Rolle als PC Fancy Smith in der lang laufenden BBC-Polizei-Serie *Z Cars* bekannt geworden, bevor er in *I Claudius, Treasure Island (Die Schatzinsel)* und *Robin Hood Prince of Thieves (Robin Hoods große Liebe)* die Hauptrolle gespielt hatte. Daneben spielten einige

der glänzendsten und besten jungen Musicalstars Großbritanniens mit; darunter Bonnie Langford, Finola Hughes, Sharon Lee Hill und Sarah Brightman.

Brightman hatte zum ersten Mal die Aufmerksamkeit der Boulevardpresse als Mitglied der Hot Gossip, Arlene Phillips erotischer Tanzgruppe, auf sich gezogen. Diese bestand aus schwarzen Jungen und weißen Mädchen, die, nur leicht bekleidet, ihre Hüften schwangen. Brightman hatte 1978 mit »I Lost My Heart To A Starship Trooper« einen Top-Ten-Hit gelandet, aber nachdem sie die Truppe verlassen hatte, war ihre Karriere im Sande verlaufen. Das war der Grund, warum sie An-

Unten · Die Show stand unter Amors Einfluß. Andrew Lloyd Webber und Sarah Brightman lernten sich durch *Cats* kennen, Trevor Nunn traf Sharon Lee Hill, und Tom Selleck, auch als »Magnum« bekannt, verliebte sich im Rampenlicht hoffnungslos in Jilly Mack.

Rechts · »Ich habe nicht beschlossen, sexy zu wirken«, sagte Sarah Brightman. »Ich war es einfach. Und es macht mir nichts aus, es ist eher amüsant. Jedenfalls wären Sie erstaunt darüber, wie schwierig es ist, mit so vielen Kleidern zu tanzen.«

fang 1981 an einer öffentlichen Vorsprechprobe für *Cats* teilnahm.

Niemand vermutete zu dieser Zeit, daß es in Lloyd Webbers Ehe nicht zum besten stand. Sie hatten zwei Kinder – zu Imogen gesellte sich 1979 Nicholas –, und sie waren offensichtlich sehr glücklich. Lloyd Webber betonte immer, daß er sein Frau liebe. »Wenn ich etwas aufgeregt oder nervös bin, ist Sarah eine wunderbare Stütze. Wenn z. B. eine Party stattfindet, an der man nicht unbedingt teilnehmen möchte, ist Sarah sozusagen eine hervorragende Botschafterin. Während ich in einer Ecke schmolle, geht sie herum und spricht mit den Leuten. Ich wüßte nicht, was ich ohne sie täte. Sie ist mein bester Freund.«

Aber nach zehn Jahren Ehe fühlte er sich gelangweilt. Und er war von Sarah Brightman hingerissen. Seine Frau war ein hübsches Heimchen am Herd, aber Brightman, in Leder, Nylon und Netzstrümpfen, war sozusagen personifizierter Sex auf Beinen. Sie hatte ihr bestechend gutes Aussehen von ihrer Mutter Paula geerbt, die in den frühen 60er Jahren als barbusiges Showgirl in Murray's Cabaret Club in Soho gearbeitet hatte. 1963 hat John Profumo die nähere Bekanntschaft zweier Murray-Girls gemacht, Christine Keeler und Mandy Rice-Davies, was zum Sturz der Tory Regierung führte. Unter den dunklen, zerzausten präraffaelitischen Locken besaß Paulas Tochter große, unschuldig dreinblickende Augen und einen unverschämt sinnlichen Mund. Dies war für Lloyd Webber eine unwiderstehliche Kombination.

»Magical Mr Mistoffelees«, eine Single, gesungen von Paul Nicholas, war im November 1980 als Test und als Appetithappen für das Publikum veröffentlicht worden. Obwohl die Single häufig im Radio gespielt wurde, schaffte sie es nicht in die Charts. Dennoch weckte sie Interesse, und die Busreisenden begannen zu buchen.

Die £ 400.00 Show sollte ursprünglich am 30. April eröffnet werden. Dieser Termin wurde aber um 14 Tage verschoben, da sich Judi Dench verletzt hatte. Dench hatte sich voller Enthusiasmus in den Tanzunterricht gestürzt und mußte sich nun einer Operation an der Achillessehne, die in einer Probe gerissen war, unterziehen. In letzter Minute übernahm Elaine Paige die Rolle der Grizabella.

Als der Vorhang schließlich aufging, starrten aus der Dunkelheit Katzenaugen aus jedem Winkel des Theaters. Diese waren sehr wirkungsvoll als Motiv für die lange vorher laufende Werbekampagne eingesetzt worden. Und dann kam eine Katze nach der anderen hervor, eine ganze Katzenwelt. Katzen kletterten die Wände herunter, krabbelten über den

Fußboden, stiegen aus Mülleimern und sprangen nicht nur die Gänge auf und ab, sondern auch in die erschreckten Zuschauer hinein. Es gab keine Handlung. Aber das machte nichts. Dies war reines Tanztheater, mehr ein Experiment als ein Musical, ein totaler Angriff auf die Sinne, der dem Premierenpublikum vor Erstaunen den Atem verschlug.

Es war hingerissen von John Napiers magischem Schuttabladeplatz in katzengerechtem Maßstab (dreieinhalbfache Menschengröße): voll von Mülleimern, Reifen und Fahrrädern, alten Sofas, Holzklötzen, einem Autowrack und alltäglichem Müll. Es war hingerissen von Gillian Lynnes Choreographie, die katzenartige Bewegungen mit menschlichen Charakterzügen in einem Wirbel von glänzenden Bodystockings und energiegeladenem Tanz klug verband. Es war hingerissen von Lloyd Webbers Melodien mit ihren starken Beatrhythmen. Und es war hingerissen von den blendenden Spezialeffekten der nahtlosen, sinnenfreudigen Produktion Trevor Nunns.

Es blickte atemlos auf Wayne Sleep, als er seine Tanzfiguren mit einer akrobatischen tour de force krönte, es bewunderte Paul Nicholas, wie er angeberisch mit einem an Elvis erinnernden höhnischen Lächeln als der oberste Kater Rum Tum Tugger herumstolzierte, es schwärmte für Brian Blessed als wunderbar dandyhafte Stadtkatze, und es applaudierte stehend Elaine Paige, die mit rührender Verzweiflung und kehliger Stimme die verblühende, auf bessere Tage zurückblickende Glamourmieze, darstellte.

Ein Bombenalarm verkürzte die Standing ovations am Ende und zwang das Publikum und die Theatertruppe, mit ihren Masken und Kostümen, nach draußen auf die Straße. Brian Blessed schritt mit schnellen Schritten auf die Bühne, nahm seine Perücke ab und verkündete: »Bitte verlassen Sie das Theater rasch und geordnet. Uns wurde mitgeteilt, daß sich eine Bombe im Theater befindet. Dies ist ernst gemeint.« Cameron Mackintosh erklärte: »Während des Finales wurden wir angerufen. Ein Mann mit einem irischen Akzent sagte, daß sich drei Bomben in der Drehbühne befänden. Wir räumten das Theater so schnell wie wir konnten.« Bei der polizeilichen Durchsuchung wurde allerdings nichts gefunden.

Lloyd Webber, der auf die Bühne gesprungen war, um dabei zu helfen, das Publikum aus dem Theater zu leiten, äußerte bei der Premierenfeier in der Chiswell Street Brewery: »Ich freute mich über alle Maßen für das Ensemble. Es hat bewiesen, daß wir Sänger-Tänzer in London haben, die denen in New York ebenbürtig sind, und ich denke, wir haben damit einen Mythos zerstört, der eh schon viel zu lange existiert hat.« Die Kritiker waren begeistert, bejubelten Cats als ein modernes multimediales, theatralisches Meisterwerk.

Als Paige ausstieg, traten abwechselnd Angela Richards, Marti Webb und Anita Harris an ihre Stelle. Graham Fletcher, ebenso wie Sleep ein Star des Royal Ballet, übernahm die Rolle des Mr Mistoffelees. Und Paul Jones, der ehemalige Sänger von Manfred Mann, der den Perón auf der Originalplattenaufnahme von *Evita* gesungen hatte, spielte einen Monat lang anstelle von Paul Nicholas den Rum Tum Tugger.

Bevor *Jesus Christ Superstar* in England populär wurde, war es in Amerika schon wieder abgesetzt worden, was keineswegs beabsichtigt gewesen war. Lloyd Webber hatte Hal Prince, den alten Broadway-Maestro, eingeladen, bei *Evita* Regie zu führen und dem Musical etwas traditionellen amerikanischen Glanz zu verleihen. Aber *Evita* blieb dennoch ein britisches Musical, das sich in New York durchgesetzt hatte. Dagegen hatte Lloyd Webber schon beim Schreiben von *Cats* stets ein Auge fest auf die geistige Heimat des Musicals gerichtet. »Eine Show ist nicht richtig angelaufen«, gab er zu, »bevor sie nicht am Broadway Premiere hatte.«

Sie gaben ein kleines Vermögen aus, um das Winter Garden Theater dem auf einer Rundbühne stattfindenden Theaterspektakel von Napier und Nunn anzupassen. Bauarbeiter gruben durch das Fundament des Theaters 6 m in die Tiefe, um die schwere hydraulische Anlage zu installieren. Zudem schnitten sie ein Loch in das Dach des Theaters, damit Grizabella ihren letzten Abgang quasi in den New Yorker Nachthimmel machen konnte.

Die Show wurde für New York erweitert. Napier, Nunn, Lynne und Lloyd Webber gestalteten sie lauter, größer und flotter und mit weitaus weniger bedrohlichen und traurigen Elementen. Das New Yorker Publikum bekam

Unten · Es dauerte Stunden, bis Nadia Strahan in die Katze Bombalurina verwandelt war.

Rechts · Eine Katzen-Revue. »Seid wollüstig, geht aufeinander los, purzelt übereinander. Ich möchte nicht erkennen können, welches Bein zu welchem Körper gehört«, sagte der Choreograph Gillian Lynne.

Cats ist das Schnurrhaar von Katzen. Cats *ist der Katzenpyjama.* Cats *ist eine glitzernde Verkettung von Theatertalenten. Es ist ein Ballett mit Liedern. Es ist ein Musical mit Worten, die dem Ohr schmeicheln. Es ist ein hinreißendes Bühnenspektakel.*

John Barber, *The Daily Telegraph*, 12. Mai 1981

das, was es haben wollte: mehr Spannung für sein Geld. Von dem Moment an, wo 2.000 leuchtende Katzenaugen im dunklen Zuschauerraum als Zeichen für den Showbeginn blinzelten und zwinkerten, war auch dieses Publikum begeistert.

Betty Buckley spielte die Grizabella wie die Blanche Du Bois auf einem heißen Blechdach, Ken Page wechselte von Fats Wallers Musical *Ain't Misbehavin'* herüber, um den Old Deuteronomy zu spielen, und Timothy Scott schlüpfte für den magischen Mr Mistoffelees in Wayne Sleeps Tanzschuhe. Die wahrscheinlich beste Darbietung brachte Stephen Hanan mit seinen drei Rollen als Bustopher Jones, als Gus, the Theatrical Cat und als deutlich umfangreicherer Growltiger.

Der finanzielle Erfolg der Show war durch einen Kartenvorverkauf von über $ 6 Mio. gesichert. Doch die Kritiker mißgönnten Lloyd Webber offensichtlich die gute Aufnahme – bei der Premiere begann der Applaus, bevor die Ouvertüre zu Ende war, und die Aufführung wurde regelmäßig durch spontanen Beifall unterbrochen. Die Rezensionen wichen stark voneinander ab. So beschrieb Frank Rich die Show in der einflußreichen *New York Times* als »theatralische Magie«, während Walter Kerr sie in der Sonntagsausgabe als dürftig bezeichnete, Brendan Gill

meinte im *New Yorker,* die Show sei »ein gewaltiges Spektakel um ziemlich wenig«, Linda Winer tat sie in den *USA Today* als »eine unbedeutende Show« ab, und Clive Barnes räumte in der *New York Post* zwar ein, daß *Cats* wahrscheinlich ein Kassenschlager werden würde, gab sich aber keine Mühe, seinen Widerwillen gegen die Show zu verhehlen.

»Die Rezensionen sind genauso, wie ich erwartet habe«, meinte Lloyd Webber, nachdem er mit 1.200 Gästen im Waldorf Astoria gefeiert hatte. »Sie wollen nicht, daß eine britische Truppe hier mit einem Musical ankommt, insbesondere, weil sie selbst hier als die Besten in diesem Metier gelten. Wir wurden dieser Reaktion ausgesetzt – aber die Show wird hier noch Jahre bleiben.«

Er sollte recht behalten. *Cats* war nicht das erste Musical, dem keine Handlung zugrunde lag, denn Bob Fosses *Dancin'* hatte weder ein Erzählgerüst noch Dialoge, und Revuen wie *Ziegfeld Follies* bestanden nur aus Sketchen und Liedern. Aber *Cats* war das erste große moderne Musical, das trotz fehlender fundierter Handlung dennoch eine zusammenhängende Struktur besaß, und das erste, das solch einen umwerfenden Erfolg damit hatte.

Als sich der Vorhang für *Cats* in Amerika hob, machte Lloyd Webber Showgeschichte. Im Alter von 34 Jahren hatte er etwas geschafft, was keiner, nicht einmal sein Jugendidol Richard Rodgers, zustande gebracht hatte. Drei seiner Musicals liefen am Broadway – dort gesellte sich *Cats* zu *Joseph* und *Evita* – und drei weitere, *Evita*, *Cats* und *Song & Dance* – spielten vor ausverkauften Häusern im West End.

Cats wurde das erfolgreichste Musical in der Theatergeschichte. Es wurde in 20 Ländern gespielt, in zehn Sprachen übersetzt und von mehr als 50 Mio. Menschen auf der ganzen Welt gesehen. Darüber hinaus war *Cats* das erste britische Musical, das in der damaligen Sowjetunion gezeigt wurde. Im Mai 1988 wurde die österreichische Produktion vor dem prachtvollen weißen und vergoldeten Zuschauerraum des Operettentheaters in Moskau 15 Mal aufgeführt: mit der multinationalen Besetzung des Theaters An der Wien, das von der britischen Tänzerin Laura Edmonds und der amerikanischen Sängerin Suzanne Henderson angeführt wurde.

Ein Jahr später feierte *Cats* seinen achten Geburtstag und zog an *Jesus Christ Superstar* vorbei, indem es das am längsten in London aufgeführte Musical wurde. Im Jahre 1994 gab Universal Pictures grünes Licht für eine ziemlich teure Zeichentrickversion von *Cats*. Lloyd Webber schrieb einige neue Songs, und in Tom Stoppards Drehbuch wurden »neue komödienhafte und dramatische Elemente in die Handlung« integriert.

Lloyd Webber genoß den öffentlichen Beifall für sein Stück. Aber er freute sich über den finanziellen wie auch den künstlerischen Erfolg seiner Arbeit. Und zum ersten Mal hatte er auch völlige Kontrolle über die geschäftlichen Angelegenheiten. Während der ersten mageren Jahre hatten Lloyd Webber und Tim Rice einen Vertrag über zehn Jahre mit Sefton Myers und David Land abgeschlossen, der von Robert Stigwood aufgekauft worden war. Jeder zog seinen Nutzen aus diesem Geschäft, aber je genauer sich Lloyd Webber die Lizenzabrechnungen ansah, desto klarer wurde ihm, daß Stigwood weit besser an ihm verdiente, als dieser es seiner Meinung nach tun sollte. Ihm mißfiel besonders die Art, wie Stigwood sowohl als Manager als auch als Agent agierte, indem er Lloyd Webber und Rice an sich selbst verkaufte und 25% für seinen Aufwand einstrich. Lloyd Webber weigerte sich, diesen Vertrag zu erneuern.

Er hatte sich mit Tim Rice überworfen, seinem Partner, der fast 15 Jahre lang die Lieder getextet und mit dem er *Joseph and the Amazing Technicolor Dreamcoat*, *Jesus Christ Superstar* und *Evita* geschrieben hatte, und er verließ den finanzstarken Robert Stigwood, der acht Jahre lang hinter ihm gestanden hatte. Dann hatte er »alles, was er auf der Welt besaß,« aufs Spiel gesetzt, um die finanziellen Sicherheiten für *Cats* zu erhalten.

Wenn die Show ebenso wie *Jeeves* ein Reinfall geworden wäre, wäre Lloyd Webber wahrscheinlich zu Tim Rice zurückgekehrt und hätte mit ihm *Chess* geschrieben, er hätte die Schlüssel von Sydmonton abgeben müssen und wäre voraussichtlich bei seiner Frau geblieben. Doch der Erfolg von *Cats* veränderte sein Leben. Als der Vorhang nach der Broad-way-Premiere von *Cats* unter stürmischem Applaus fiel, war dies die Rechtfertigung für all sein Tun.

»Man konnte all die Zyniker kichern hören, die dachten, daß Andrew Lloyd Webber nicht mehr alle Tassen im Schrank hatte, als er Robert verließ, sich von Tim trennte und ein Musical auf der Grundlage von Katzengedichten machte«, sagte er. »Ich habe bewiesen, daß sie unrecht hatten, nicht wahr?«

Am Montag, den 29. Januar 1996, verbuchte *Cats* die 6.138. Aufführung und brach als das am längsten aufgeführte Musical diesseits und jenseits des Atlantiks alle Rekorde. »Ich könnte nicht glücklicher sein«, sagte Cameron Mackintosh. »Die Schnurrhaare der Katze haben das britische Musical zu einem internationalen gemacht.«

Unten · Elaine Paige trat in Grizabellas Pfoten, als Judi Dench bei einer Probe die Achillessehne riß.

Song and Dance

Tell Me On A Sunday
Musik
Andrew Lloyd Webber

Text
Don Black

◆

Variations
Musik
Andrew Lloyd Webber

◆

West-End-Premiere

Palace Theatre, 7. April 1982

Marti Webb

Wayne Sleep

Choreographie Anthony Van Laast

Regisseur John Caird

◆

Broadway-Premiere

Royal Theater, 18. September 1985

Emma Bernadette Peters

Joe Christopher d'Amboise

Choreographie Peter Martins

Regisseur Richard Maltby junior

Andrew Lloyd Webber und Cameron Mackintosh fuhren im Sommer 1981 auf der QE2 über den Atlantik, als eines Abends beim Essen der Komponist seinen Reisebegleiter fragte: »Was machen wir nun mit *Tell Me on a Sunday*?«

»Warum machen wir nicht etwas«, sagte Mackintosh nachdenklich, »mit *Variations*? Wir könnten es *Song & Dance* nennen ...«.

Die Idee wirkte zunächst absurd, da die beiden Stücke im Grunde nichts verband. *Tell Me on a Sunday* war ein kurzer Liederzyklus mit bittersüßen Balladen über ein Mädchen, das jeder liebt, aber das von niemandem dauerhaft geliebt wird, und *Variations* war eine zeitgenössische klassische Suite über ein Thema von Paganini für Cello und eine Rockband.

Aber sie waren in etwa von gleicher Länge, und zusammen würden sie ein komplettes Abendprogramm ergeben. Beide waren sie populäre Alben gewesen, die die Öffentlichkeit bislang nicht auf der Bühne hatte sehen können. Und beide stammten sie von Andrew Lloyd Webber, dessen Name zum Synonym für Supererfolge zu werden begann.

Lloyd Webber und Don Black machten sich erneut an die Arbeit und änderten einige Texte, veränderten zum Teil die Anordnung und fügten noch Lieder hinzu – »The Last Man In My Life«, »I Love New York« und »Married Man« dienten dazu, die Geschichte des verworrenen Liebeslebens einer Engländerin in New York zu illustrieren. Das Stück wurde für das 16 Instrumente umfassende Theaterorchester (anstelle des London Philharmonic, das für das Album gespielt hatte) neu orchestriert. Und sie versuchten, die beiden Teile überzeugender zusammenzuschweißen, dadurch daß sie die Frau am Ende des Tanzteils bei ihrem Abgang »When You Want To Fall In Love« singen ließen, ein Lied, das auf der fünften Variation beruhte. Es war ein nettes, optimistisches, glückliches Happy-End. »Die junge Frau«, so sagten sie, »hat schließlich doch ihr Glück gefunden.« Sie fand ihren Mann in dem Tänzer Wayne Sleep.

Song & Dance wurde als »Ein Konzert für das Theater« angekündigt. Mackintosh wußte nicht, was das bedeuten sollte, aber er wußte, daß es gut klang. Es hatte im Palace Theatre am Cambridge Circus, dort, wo *Jesus Christ Superstar* so viele Jahre aufgeführt worden war, am 7. April 1982 Premiere.

Die Kritiker des Albums sagten, daß die namenlose Frau in *Tell Me on a Sunday* einer von Männern benutzten Matratze gliche. In der Aufführung jedoch erfüllte Marti Webb

Oben · »Es gab unzählige Vorschläge für eine Erweiterung, aber wir kamen zwangsläufig zu dem Schluß, daß *Tell Me* eine One-Woman-Show war. Und diese Frau war Marti Webb.«

Rechts · Marti Webb mit dem übrigen Ensemble während einer Bühnen-Aufführung. *Vorherige Seiten* · Andrew Lloyd Webber vor dem Palace Theatre

diese Figur mit Wärme und ließ sie real werden. Jemand, den man mögen, ja, jemand, den man lieben konnte. Man verstand ihre glücklosen, aber nie hoffnungslosen Versuche, ihr Liebesleben zu ordnen, und fühlte mit ihr. In ihrer Stimme klang Nachdenklichkeit, Abgewiesensein und ein reuevoller Humor, Eitelkeit ebenso wie Verletzlichkeit. Und Marti Webbs Stimme war einfach hervorragend.

In der zweiten Hälfte, dem Balletteil *Dance*, führte Wayne Sleep, der Solotänzer aus *Cats*, seine akrobatische Balletttruppe durch Anthony Van Laasts extravagante Choreographie vor David Herseys Bühnenbild, das die dramatische Skyline von Manhattan – die Wolkenkratzer und Feuerleitern – auf eine Reihe von zickzackartig verlaufenden Leinwänden projizierte.

Als Sarah Brightman Marti Webbs Nachfolgerin wurde, nutzte Lloyd Webber die Gelegenheit, um noch einige Veränderungen vorzunehmen. »I Love New York« und »I'm Very You, You're Very Me« wurden beide herausgenommen und »Unexpected Song«, eine Gesangsversion des Themas aus dem Tanzteil, ersetzte »The Last Man In My Life«. Dies war zwar sinnvoll, aber dadurch verzichtete man auf einen effektvollen Höhepunkt für den ersten Teil der Show. Brightman hatte eine wundervolle Stimme, war aber etwas zu jung, um in der Rolle der ausgezehrten und verletzten, aber sich auf dem Schlachtfeld der Liebe

nicht geschlagen gebenden Frau zu überzeugen. Wie auch immer, *Song & Dance* wurde bis März 1984 781mal aufgeführt, und Sarah Brightman spielte die Rolle, als es im darauffolgenden August im BBC-Fernsehen gezeigt wurde.

Lloyd Webber wußte, daß die Show, in der vorliegenden Version, nicht für den Broadway geeignet war. Deshalb bat er den Autor und Regisseur Richard Maltby junior, ihm dabei zu helfen, *Tell Me on a Sunday* für die andere Seite des Atlantiks zu überarbeiten. Black war nicht gerade begeistert, als Maltby begann, große Stücke aus seinem Werk zu streichen und den Rest völlig zu überarbeiten, aber er war machtlos dagegen. Lloyd Webber und Rice waren echte Partner gewesen, sowohl in der Praxis wie auch auf dem Papier. All die anderen Autoren, mit denen der Komponist arbeitete, waren nur namentlich Partner.

Man erkennt es an den Plakaten: *Joseph*, *Jesus Christ Superstar* und *Evita* wurden alle »von Tim Rice und Andrew Lloyd Webber« geschrieben. All die anderen wurden als »ein Andrew Lloyd Webber Musical« angekündigt, wobei der Autor nur in kleinen Buchstaben unten erwähnt wird. Black beschloß, kein Wort darüber zu verlieren.

Um ihre Hauptfigur sympathischer zu machen, gaben sie ihr den Namen Emma, den Beruf der Hutmacherin und einen Freund namens Joe. Einige Lieder, darunter seltsamerweise auch »The Last Man In My Life«, eine sehr rührende Ode an die Liebe und eines der

Es ist sehr lange her, daß ich in einem protzigeren, dramatisch noch weniger zusammenhängenden Programm gesessen habe.
Michael Coveney, *Financial Times*, 8. April 1982

stärksten Lieder in der Londoner Produktion, wurden herausgenommen. Zwei neue Lieder, »English Girls« und »So Much To Do In New York«, eine stark veränderte Version von »It's Not The End Of The World«, wurden hinzugefügt. Die Folge der Lieder wurde erneut geändert, so daß »Take That Look Off Your Face« wieder seine ursprüngliche Position als Eröffnungsnummer einnahm. Peter Martins vom New York City Ballet modelte die Tanzsequenz völlig um.

Lloyd Webber und Malty verpflichteten Bernadette Peters, den 37jährigen Broadwaystar, der von den Kritikern als »die beste singende Schauspielerin seit Streisand« bejubelt wurde, als Emma und den Tänzer Christopher d'Amboise als ihren Freund. Peters hatte in jungen Jahren zu steppen und zu schauspielern begonnen und sich mit neun Jahren der Schauspielergewerkschaft angeschlossen. Sie trat als Baby June in *Gypsy* auf und bekam anschließend die Hauptrolle in *Mack und Mabel*, *Sunday in the Park with George* und *Into the Woods* und machte sich einen eigenen Namen mit Steve Martin in *The Jerk* (*Reichtum ist keine Schande*) und *Pennies from Heaven* (*Tanz in den Wolken*).

Von diesem neuen, ganz amerikanischen *Song & Dance* gab es im März 1985 eine Workshop-Produktion in New York, die im Juli eine Woche lang auf einem kleinen Theater-Sommer-Festival in Williamstown, Massachusetts, gespielt und am 18. September im Royale Theater in Manhattan, dort, wo *Joseph* drei Jahre zuvor seine Broadway-Premiere hatte, aufgeführt wurde.

Die Veränderungen waren insgesamt nicht erfolgreich. Bei dem Versuch, die Hauptfigur für das amerikanische Publikum attraktiver zu gestalten, sie komisch und schlau erscheinen zu lassen, verwandelten sie sie in eine jugendliche Niete mit einem IQ, der an den Fingern einer Hand abgezählt werden konnte. Aber Peters sang wie ein Engel und gewann verdienterweise einen Tony Award für ihre Darstellung.

Die amerikanischen Kritiker waren hart. »Wie es diese Komponisten zu tun pflegen«,

schrieb Frank Rich in der *New York Times*, »Die besseren Lieder werden so oft wiederholt, daß man sich nie sicher sein kann, ob sie tatsächlich dazu bestimmt sind, im Gedächtnis zu bleiben, oder sich nur einfach dem Vergessen widersetzen.« Doch selbst am Broadway bekam Lloyd Webber langsam ein dickes Fell. Die Kritiker konnten ihn nicht verletzen. *Song & Dance* war keine seiner lang laufenden Shows, aber es wurde in 14 Monaten 474mal aufgeführt, bevor es letztendlich am 8. November 1986 abgesetzt wurde.

Die Show hatte, insofern es Lloyd Webber betraf, ihren Zweck erfüllt. Er hatte mit zwei kleinen Projekten begonnen, die beide als Schallplatte erfolgreich, aber einzeln nicht für die Bühne geeignet waren. Mit der Hilfe von Cameron Mackintosh wurden sie zu einem abendfüllenden Programm verbunden. Das Ergebnis war – jeden Abend von neuem – der Beweis dafür, daß der in Leuchtbuchstaben prangende Name Lloyd Webber ausverkaufte Häuser garantierte.

Links · Variationen auf ein Thema: Wayne Sleep führte die Tänzer durch den zweiten Teil der Show.

Starlight Express

Andrew Lloyd Webber hatte Züge schon immer geliebt. Insbesondere die farbigen Kindergeschichten des Reverend W. Awdry über Edward, die blaue Lokomotive, Henry, die grüne Lokomotive, James, die rote Lokomotive und Thomas, die Tenderlokomotive.

Als er 1973 gebeten wurde, die Musik für eine Serie von Zeichentrickfilmen, die auf Wilbert Awdrys Charakteren basierten und in Amerika als *The Little Engine That Could* bekannt waren, zu schreiben, freute er sich sehr. Doch aus der geplanten Fernsehserie wurde nichts.

Von der Fähigkeit des amerikanischen Soulsängers Earl Jordan, eine Note so zu treffen, daß sie wie das Pfeifen einer Lokomotive klang, fasziniert, schrieb Lloyd Webber vier Jahre später für diesen und das Steam Team das Lied »Engine Of Love«. Der gemeinsam mit Peter Reeves, der in Frank Dunlops Edinburgh-Festival-Produktion von *Joseph and the Amazing Technicolor Dreamcoat* den Erzähler gespielt hatte, geschriebene Song, beinhaltete eindeutige sexuelle Anspielungen wie »Thrill me with your motion« (Errege mich mit deiner Bewegung) und »No resistance to my pistons« (Kein Widerstand für meine Kolben). Es wurde ein kleiner Tanzbodenklassiker, aber versank spurlos in den Single-Charts.

Nichtsdestotrotz, als Lloyd Webber sich nach einem neuen Thema für eine Nachfolgeshow von *Cats* umsah, kam er auf diese Idee zurück. Züge, die sich verlieben. Züge, die sich streiten. Züge, die aus aller Welt für Wettrennen zusammenkommen. »Ich will eine Show machen«, sagte Lloyd Webber zu Trevor Nunn, »in der alle Charaktere entweder Züge oder Omnibusse oder Lastwagen sind. Keine Menschen.« Aber Züge, die, ebenso wie die Katzen, menschliche Charakteristika zeigen.

»Man muß nicht lange überlegen«, sagte Nunn, »um festzustellen, daß ein Mann, der die weltweite Begeisterung der Menschen für Katzen als Potential sieht, über eine große Weisheit verfügt. Ähnlich ist es mit der Romantik, die Dampfzüge umgibt und die allen Nationen, allen Kulturen, und allen Altersgruppen zu eigen ist. Mein dreijähriger Sohn

Musik:
Andrew Lloyd Webber

Text
Richard Stilgoe

◆

West-End-Premiere
Apollo Victoria Theatre
27. März 1984

Pearl Stephanie Lawrence

Dinah Frances Ruffelle

Rusty Ray Shell

Greaseball Jeff Shankley

Electra Jeffrey Daniel

Poppa Lon Satton

Choreographie Arlene Phillips

Regisseur Trevor Nunn

◆

Broadway-Premiere
Gershwin Theater
15. März 1987

Pearl Reva Rice

Dinah Jane Krakowski

Rusty Greg Mowry

Greaseball Robert Torti

Electra Ken Ard

Poppa Steve Fowler

Choreographie Arlene Phillips

Regisseur Trevor Nunn

Vorherige Seiten · »Die Show – ein Höhenflug der Phantasie. Unsere Vorstellungskraft soll mit etwas leicht Verrücktem und hoffentlich Originellem angesprochen werden«, bemerkte John Napier.

liebt seine Schnauflok über alles, obwohl er noch nie eine echte gesehen hat.«

Der erste Arbeitstitel lautete einfach nur *Trains*, aber Lloyd Webber beschloß, seine neue Show nach einem unbekannten, selten aufgeführten Musikstück für Kinder von Edward Elgar *Starlight Express* zu nennen. Die beiden Werke hatten musikalisch gesehen absolut nichts gemeinsam, aber ihm gefiel der Titel. »Express« verdeutlichte den Bezug zur Bahn, »Starlight« verpaßte dem Ganzen einen für den Showrummel guten Klang. *Cats* war prima. Aber *Trains* klang etwas langweilig. *Starlight Express* traf es besser. Er konnte sich das in Leuchtbuchstaben über dem Theater vorstellen. »Es hat mehr von einem Rockmusical als alles, was ich in den letzten Jahren gemacht habe«, sagte er. »Und es soll Menschen ansprechen, die normalerweise nicht ins Theater gehen.«

Als nächstes versammelte er wieder den Kern des Produktionsteams von *Cats* um sich. Die Show würde denselben Komponisten (Andrew Lloyd Webber), denselben Regisseur (Trevor Nunn), denselben Bühnenbildner (John Napier) und denselben Lichtregisseur (David Hersey) haben.

Hersey war ein Amerikaner, der seit 16 Jahren in London lebte und sich rasch als der in-

novativste Lichtregisseur etabliert hatte. Er war für die Lichtregie in der Royal Shakespeare Company, dem National Theatre, dem ENO und dem Royal Opera House zuständig sowie für die Beleuchtung in Musicals wie *Evita*, *Cats*, *Les Misérables* und *Miss Saigon*. Hersey erreichte seinen kreativen Höhepunkt zu der Zeit, als Shows wie *Starlight* mit ihren ausgefeilten technischen Anforderungen modern wurden. »Man war bislang im britischen Theater nur daran interessiert, das Gesicht auszuleuchten«, sagte Hersey, »aber nun erkennen die Menschen, daß es eine Sprache des Lichts gibt, mit der man sogar architektonische Vorstellungen schaffen kann.«

Als Verbesserung für das alte Team engagierte Lloyd Webber einen neuen Texter, Richard Stilgoe, und eine neue Choreographin, Arlene Phillips.

Stilgoe, fünf Jahre älter als Lloyd Webber, war ein weiterer Absolvent der Cambridge Footlights, der universitären Theaterschmiede, die Menschen wie Peter Cook, Dudley Moore und John Cleese hervorbrachte. Nachdem er in den 60er Jahren in einer Beatgruppe namens Tony Snow and the Blizzards gespielt hatte, machte sich Stilgoe in den 70ern mit witzigen, aktuellen Liedchen in der Sendung *Nationwide* des BBC Frühabendfernsehens

Rechts · »Wir wollen, daß das Publikum mit den Zügen fühlt und sich in die Charaktere hineinversetzt«, erklärte Andrew Lloyd Webber. »Das Musical ist voller Humor – Richard Stilgoes Witz durchzieht das ganze Stück – und wir hoffen, daß es die Menschen bewegt.«

einen Namen. Stilgoe hatte bei *Cats* ausgeholfen und einige Verse zum Prolog »Jellicle Songs for Jellicle Cats« beigetragen, und Lloyd Webber erwärmte sich rasch für seinen scharfen Verstand und seine glückliche Hand im Umgang mit Worten.

Seit Lloyd Webber die unglaublichen Tanzfiguren von Arlene Phillips, Rocktanzgruppe Hot Gossip gesehen hatte, wollte er mit ihr zusammenarbeiten. Für die Choreographie der Tanzhälfte von *Song & Dance* hatte er sie als Choreographin in Erwägung gezogen, aber sich letztendlich für die eher traditionelle Erfahrung eines Gillian Lynne entschieden. Abgesehen von einem unwesentlichen Musical mit dem Namen *Fire Angel,* das auf dem *Kaufmann von Venedig* basierte, war dies Philipps erster Ausflug ins Musicaltheater. Doch Lloyd Webber wollte jemanden, der frisch, sexy und anders war.

Starlight sollte eine Lobeshymne auf das Dampfzeitalter werden. Lloyd Webber liebte den rhythmischen Beat dieser glorreichen, alten amerikanischen Lokomotiven, die Louis

Armstrong, die Gospels und später den Rock'n'Roll beeinflußt hatten. Für ihn waren Lieder wie »Rock Island Line« und »Wreck Of The Old 97« ebenso erregend wie der Pfiff der Dampflokomotive. »Es gab seit langem eine Affinität zwischen amerikanischer Volksmusik und der Eisenbahn. Es gibt eine Zugromantik, und es gibt einen natürlichen Zugrhythmus, der Musik suggeriert. Ich erinnere mich, wie ich mit dem Zug von Chicago nach Kalifornien fuhr. Es war eine großartige, wenn auch irgendwie langsame Reise. Ich denke, daß mich die Aufregung meines Sohnes Nicholas beim ersten Anblick dieser riesigen Lokomotiven schließlich überzeugte.«

In seinem ersten Entwurf kamen die Darsteller auf die Bühne gefahren und mußten die Rollschuhe, um tanzen zu können, abmontieren. Aber der große Durchbruch für *Starlight –* das Konzept, das das Publikum für Jahre rund um das Haus Schlange stehen ließ – kam durch die aufregende Idee, sie alle auf Rollen auftreten zu lassen. Die ganze Zeit über. Die Tänzer würden sich in Züge verwandeln, indem sie auf

Oben · Andrew Lloyd Webber, Trevor Nunn, Richard Stilgoe und Arlene Phillips mit dem Ensemble von Starlight Express

Rollerskates agierten. Und sie würden nicht nur vor dem, sondern auch um das Publikum herum und sogar im Publikum spielen.

Die Loks, einige davon waren international – Espresso war Italiener, Bobo Franzose, Nintendo Japaner –, waren männlich, während die Waggons – Ashley, ein Raucherabteil, Buffy, ein Speise- und Pearl, ein Panoramawagen – weiblich waren.

Die Züge streiten sich darum, wer der schnellste ist – die Diesel-, die Elektro- oder die Dampflok – und schlichten ihren Streit durch ein Rennen, für welches sich jede männliche Lok einen weiblichen Waggon aussucht, mit dem sie sich für die Fahrt zusammenschließt. »Es ist nicht im entferntesten ein konventionelles Theaterstück«, sagte Lloyd Webber. »Die Fähigkeiten der Tänzer auf den Rollerskates sind wirklich erstaunlich. Das Rennen kann einem an manchen Stellen

schon Angst einjagen. Und es ist ein wenig unheimlich, wie jeder Wettbewerb.«

»Es muß Freude vermitteln, oder es fällt durch«, sagte Nunn. »Es wäre absurd von mir zu sagen, daß dies ein irgendwie ernsthaftes Werk sei. Es beinhaltet Nostalgie und einige sehr gefühlvolle Momente. Es geht um das Gewinnen und das Verlieren und, was noch wichtiger ist, um die richtige Verbindung zwischen zwei Partnern. Und es handelt von dem Selbstvertrauen, das man braucht, um etwas zu erreichen. Aber all dies ist nicht im geringsten originell. Die Originalität liegt in der Wahl des Themas und in der spektakulären Form des totalen Theaters, in der es präsentiert wird.«

Lloyd Webber stellte *Starlight Express* im Sommer 1982 zum ersten Mal in einer Workshop-Produktion in Sydmonton vor und begann mit der eigentlichen Großproduktion im darauffolgenden Februar. Er dachte an einen

Unten · Das mit Hilfe von 60 Tonnen Stahl und 6.000 Glühbirnen umgestaltete Innere des Apollo Theatres

nicht theaterbezogenen Spielort, die National Hall in Olympia wurde erwähnt, und zog auch den halbverfallenen Lokomotivschuppen in Chalk Farm, wo *Joseph* aufgeführt worden war, in Betracht. Im April entschied er sich jedoch für das große alte, im Art-déco-Stil erbaute Apollo Victoria Theatre, das sich in angenehmer Nähe zur Victoria Station befand. Es lag außerhalb der goldenen Meile des West Ends in der Mitte der Shaftesbury Avenue, und es hatte schon bessere Tage gesehen. Doch es hatte einen außerordentlichen Vorteil: Es war groß.

Napier verbrachte fast das ganze Jahr damit, sein Bühnenbild zu vervollkommnen. Im November beendete er seinen phantastischen Entwurf, einen Entwurf, wie es ihn bislang auf keiner Seite des Atlantiks gegeben hatte, während Phillips, eine harte Trainerin, ihre Rollschuhläufer die Figuren proben ließ. Sie war gnadenlos. »Wenn du hinfällst, steh wieder auf«, forderte sie. »Wenn du dich verletzt, geh aus dem Weg.«

Es war mit £ 2 Mio. das teuerste Musical, das bislang im West End produziert wurde. Viel Geld wurde für die Ausstattung des Theaters mit einem Bühnenbild, dem größten in London, ausgegeben, für das Holzbretter in einer Länge von rund 10 km, fast 60 Tonnen Stahl und 6.000 Glühbirnen verwendet wur-

den. Es war außergewöhnlich – eine Rennstrecke aus Sperrholz auf drei Ebenen, 1,80 m bis 3 m breit und alles in allem 400 m lang, auf der die Rollschuhläufer auf ihren Rollerskates mit einer Geschwindigkeit bis zu 60 km/h entlangsausen konnten.

Eine Fahrspur führte um das vordere Parkett und schnitt 200 Sitzplätze wie eine Insel ab, eine zweite lief hinten um das Parkett und eine dritte vor den Rängen entlang. Die drei

Mit einer Kombination aus klanglichen und visuellen Effekten erzielt die Show eine unvergeßliche Atmosphäre, und es gibt einige atemberaubende Stunts auf den Rollerskates: Drehungen, Salti rückwärts und Tanzarten wie »body popping« und Breakdance.

Michael Owen, *Evening Standard*, 2. März 1984

Oben · »Der Blues ist eng mit der Welt der Züge verwoben, mit obdachlosen und orientierungslosen Menschen, die den nächstbesten Zug nehmen und große Entfernungen ins Unbekannte zurücklegen. Und natürlich tröstet dich der Rhythmus des Zuges, oder er läßt dich deine Verzweiflung deutlicher spüren ...«, sagte Trevor Nunn.

Es mag kein sonderlich innovatives Musical sein, da sich in den Musiknummern viele synthetische Anklänge an ältere Musik finden, aber es ist ein irrsinniges Achterbahnspektakel.

Jack Tinker, *Daily Mail*,
28. März 1984

Fahrspuren waren miteinander verbunden, so daß die Rollschuhläufer, die Ebenen wechselnd, in Armeslänge vor dem Publikum dahinflitzen und sich dann in die schwindelnden Höhe der Ränge schwingen konnten. Wenn sie vorübergehend nicht zu sehen waren, konnte das Publikum die Handlung auf den gigantischen, den Zuschauerraum umgebenden Videoleinwänden verfolgen. »Ich wollte, daß das Ganze einen Hauch von American Football bekommt«, sagte Napier, »mit Wiederholungen, großen Leinwänden und so weiter.«

Das atemberaubende Bühnenbild, das die Anzahl der Sitze von 2.700 auf 1.400 verringerte, war für das West End sozusagen ein Neubeginn. Es war die Antithese zu der traditionellen Vorbühnenshow, ein durch und durch modernes Musical für ein junges Publikum, das mit Rockkonzerten, Fernsehdramen und Science-fiction-Filmen vertraut war. Das Apollo Victoria glich überhaupt nicht mehr dem Theater, in dem Topol in *The Fiddler on the Roof* (*Anatevka*) regelmäßig auftrat.

Links · Starlight war ein großer Erfolg, doch seine Ehe mit Sarah Hugill entgleiste.

»Wenn Leute uns bezichtigen, Geld zu verschwenden«, argumentierte Nunn, »vergessen sie wohl, daß wir britische Fachleute voll beschäftigen, die beweisen, daß wir es besser können als die Amerikaner.«

Drei Jahre zuvor mußte Lloyd Webber, um *Cats* produzieren zu können, sein Haus als Sicherheit anbieten. Wie sich die Zeiten doch geändert hatten! Als er im Januar 1984, um die £ 2 Mio. für die Finanzierung der Show aufzubringen, 1.000 Geldgeber aufforderte, £ 2.000 pro Stück zu zeichnen, gingen alle Aktien innerhalb von 24 Stunden weg.

Im Januar wurde auch die Scheidung von seiner ersten Frau rechtskräftig. Im April 1983 hatte Lloyd Webber eine Erklärung über sein Privatleben abgegeben: »In den letzten zwei Wochen scheint es Spekulationen über meine Ehe mit Sarah Lloyd Webber gegeben zu haben. Ich möchte festhalten, daß ich immer noch große Zuneigung für Sarah empfinde, aber unglücklicherweise werden wir uns in naher Zukunft scheiden lassen. Des weiteren möchte ich meine große Freundschaft mit Sarah Brightman bestätigen. Sarah Brightman und ich sind seit einigen Jahren beruflich verbunden, aber erst seit kurzem hat sich eine Liebesbeziehung zwischen uns entwickelt.« Ironischerweise hatte es kaum Spekulationen gegeben. Aber Mrs Lloyd Webber hatte ihn zu diesem Schritt gezwungen.

Sie waren zwölf Jahre verheiratet gewesen, die meisten davon glücklich. Aber er war völlig vernarrt in Sarah Brightman mit ihren großen Augen, ihrer niedlichen Nase und ihrem lockigen präraraffaelitischen Haar. Er überschüttete sie mit Geschenken, einschließlich eines Porsches, und zahlte für ihre privaten Gesangsstunden unter anderem bei Placido Domingo. Hot Gossip und »Starship Trooper« waren vergessen. Sarah hatte eine schöne Sopranstimme, und ihr Ziel waren die großen Opernhäuser der Welt. Er war davon überzeugt, daß sie das größte Ereignis seit Maria Callas sein würde.

»Sarah und ich erkannten, daß unsere Beziehung mehr bedeutete als nur flüchtige nächtliche Treffen«, sagte Lloyd Webber, »Ich war immer der Meinung, daß meine Ehe zu Ende wäre, sollte mir etwas wie dies jemals widerfahren. Ich spürte genau, daß ein Hin und Her nicht zu mir paßte. Es war und blieb das einzige Mal, daß ich in eine solche Situation kam, und ich spürte, daß ich niemanden betrügen konnte.«

Die ehemalige Hot-Gossip-Tänzerin hatte das Gefühl, sich verteidigen zu müssen. »Wie soll man sich schuldig fühlen, wenn man sich verliebt hat?« sagte sie. »Ich fühle mich nicht wie eine Ehebrecherin, da ich weiß, was

Andrew und ich einander bedeuten. Wir konnten einfach nichts dagegen tun. Da wir keine heimliche Affäre haben wollten, haben wir allen von unserer Liebe erzählt.« Im September, dem Monat, in dem Sarah Brightman von ihrem ersten Mann, Andrew Graham-Stewart, geschieden wurde, zog die frühere Sarah Hugill mit der sechsjährigen Imogen und dem dreijährigen Nicholas von Sydmonton fort. Eine finanzielle Übereinkunft hatten sie jedoch noch nicht getroffen. Er bot ihr £ 500.000 an, aber sie bestand auf mehr. Am Ende einigten sie sich auf eine siebenstellige Summe.

Lloyd Webber heiratete Sarah Brightman an seinem 36. Geburtstag am 22. März 1984 auf dem Standesamt in Kingsclere bei Sydmonton. »Es gab überhaupt keine Musik«, sagte er, »keinen einzigen Ton. Tatsächlich war es so ruhig, daß man eine Nadel hätte fallen hören. Das wollten wir so, und das machten wir so.« Genau noch rechtzeitig, denn an diesem Abend wurden sie der Königin bei einer Voraufführung für einen wohltätigen Zweck als »Mr und Mrs Lloyd Webber« vorgestellt.

Fünf Tage später wurde *Starlight* dem Publikum präsentiert. Platzanweiser, die wie Eisenbahnangestellte gekleidet waren, führten das Publikum an nachgebauten Oldtimerzügen, die im Zuschauerraum herumtuckerten, vorbei zu ihren Plätzen. Die Lichter gingen aus, ein Zug pfiff, und in der Dunkelheit konnten die Zuschauer nur zwei auf sie zukommende Scheinwerfer ausmachen, bevor neun in schwarzes Leder gekleidete Männer aus dem Nebel hervorschossen und sofort »Rolling Stock« einsetzte.

Das ganze Ensemble war an der Show beteiligt, wobei jedes rollende Maschinenteil die Möglichkeit bekam, seine Pfeife ertönen zu lassen. Es bedurfte keiner Stars. Es gab nur wenige große Namen wie Stephanie Lawrence als Pearl, sie war in *Evita* und *Marilyn* aufgetreten, und Frances Ruffelle als Dinah. Nachdem sie die Rolle bekommen hatte, gab Lawrence fröhlich zu, daß sie nur vorwärts Rollschuhlaufen konnte, als sie zu ihrem Vorsprechen ging. »Aber mein Grundsatz ist es, immer ›Natürlich kann ich das‹ zu sagen, sogar, wenn ich etwas nicht kann. Dann stürzte ich davon, um das Rückwärtsfahren auf Rollschuhen zu lernen!«

Zu ihnen gesellte sich Jeffrey Daniel als futuristischer, elektrischer Zug Electra, Jeff Shankley, ganz in Leder und mit einer Elvis Schmalzlocke, als Rock'n'Roll Diesellokomotive Greaseball, Ray Shell als Dampfzug Rusty und Lon Satton als weise, alte Dampflokomotive Poppa.

Die Geschichte ist simpel, aber bezaubernd. Stilgoes Texte sind wechselweise klug, scharf-

sinnig und ziemlich gewagt. In »A Lotta Locomotion« beispielsweise, erfahren wir, daß Buffy, der Speisewagen, uns immer zu Diensten und weit geöffnet ist, daß Buffies Mikrowelle eingeschaltet und bereit ist, uns von innen zu wärmen. Tatsächlich. Lloyd Webbers Musik fegt durch unterschiedliche musikalische Genres wie Blues, Gospel, Disco und Rap. Das Lied »U.N.C.O.U.P.L.E.D.« (Unverbunden), dem die Idee zugrunde liegt, daß Dinah sich so sehr schämt, das Wort auszusprechen, daß sie es buchstabieren muß, ist sogar eine wundervolle Parodie auf Tammy Wynettes Country- und Westernhit »D.I.V.O.R.C.E« (Scheidung). In der Musik dominiert jedoch der kolossal dampfende Rock mit einigen der schwersten Hardrocknummer, die Lloyd Webber seit *Jesus Christ Superstar* geschrieben hatte, wie beispielsweise »Rolling Stock«, »Freight«, »Pumping Iron« und »One Rock'n'Roll Too Many«.

Oben · Jeffrey Daniel als Electra, der Elektrozug. Eine Ironie des Schicksals: *Starlight*, ein Denkmal der Dampfkraft, ist von der Kraft der Elektrizität abhängig.

Manchmal denke ich, daß mir mein großer Arbeitsoutput nicht gut tut. Aber man hat Glück im Leben, wenn man weiß, was man tun möchte, und dies auch tun kann. Dann ist es auch nicht mehr wichtig, ob es immer ein Erfolg wird. Es gibt so viel zu tun, nicht wahr?

Andrew Lloyd Webber

Es entbehrte und entbehrt nicht einer gewissen Ironie, daß solch eine spektakuläre Verherrlichung der ruhmreichen Dampfkraft von der allerneusten modernen Bühnentechnologie abhängig sein sollte. Die Ironie des Schicksals bewirkte, daß der Strom ausfiel, als Lon Satton in der Rolle der alten Dampflokomotive Poppa von zukünftig dunklen Tagen zu singen begann. Sattons Körpermikrofon fiel aus, und man konnte kein Wort von ihm hören. Stephanie Lawrence warf ihm ein Handmikrophon zu, er sang das Lied zu Ende, und die Show zockelte seinem Vorsprung hinterher. Lloyd Webber war wütend und beschuldigte die BBC, daß sie die Premiere ruiniert hätte. Er zeigte entschieden mit dem Finger auf einen draußen stehenden Übertragungswagen, der die Besprechungen der Premiere und die Interviews übertrug, und sagte, daß diese Funksignale für die Störung in der empfindlichen Tontechnik des Theaters verantwortlich gewesen seien. »Ich werde in den nächsten drei Jahren keine Rundfunkgebühren bezahlen«, grummelte er während der Premierenparty in sein Champagnerglas.

Zu diesem Zeitpunkt wußte er bereits, daß er es wieder einmal geschafft hatte. *Starlight* wurde ein weiterer Triumph auf seiner immer länger werdenden Liste, die *Joseph and the Amazing Technicolor Dreamcoat*, *Jesus Christ Superstar*, *Evita*, *Cats* und *Song & Dance* umfaßte.

Das Album mit der ursprünglichen Besetzung wurde im Juli veröffentlicht und belegte den 21. Platz in den Charts. T-Shirts, Tassen und andere Erinnerungsstücke wanderten aus dem Foyer; die Show war jede Nacht ausverkauft. Das Publikum liebte die Art, wie *Starlight* mit Höchstgeschwindigkeit und Maximumlautstärke gespielt wurde. Die Menschen gingen taub und benommen weg und beeilten sich, ihren Freunden davon zu erzählen. Kim Leeson, ein weiteres Mädchen aus der Hot-

Gossip-Truppe, die auch in *Cats* getanzt hatte, kletterte als Pearl im April 1985 auf den *Starlight Express*. Sie wurde ein Jahr später von Maria Hyde ersetzt. Die Besetzung wechselte, die Züge fuhren weiter.

Starlight hatte im März 1987 in Amerika Premiere, drei Tage nach Nunns anderer Show, *Les Misérables*. Mit $ 8 Mio. Produktionskosten war es die teuerste Show, die New York je gesehen hatte. »Sie basiert auf derselben unausgesprochenen Forderung wie Disneyland«, sagte Nunn. »Hier ist mein Geld, verschaff mir ein umwerfendes Erlebnis.« Aber dies war kein Mickey-Mouse-Erlebnis. Sie konnten das Gershwin Theater mit seinen 1.800 Sitzen nicht wie das Apollo Victoria auseinandernehmen, aber das Proszenium war 36,5 m lang, und die Fahrspur lief zwar nicht um das Publikum herum, aber erstreckte sich in den Zuschauerraum hinein. Die Wirkung eines gigantischen Eisenbahngerüsts, das über den Mitwirkenden schwebte, auf- und abfiel und sich sogar drehte, war immer noch spektakulär.

Rechts · Das reine Spektakel – Starlight Express

Clive Barnes sagte in der *New York Post*: »*Starlight Express* bietet dem Publikum nicht nur etwas für sein Geld, sondern läßt es auch sehen, wofür dieses ausgegeben wurde.« Frank Rich jedoch nannte die Show in der *New York Times*: »Ein verwirrendes Happening aus ohrenbetäubendem Lärm, routiniertem Rollschuhlauf, Frauenfeindlichkeit und Orwellschen Spezialeffekten.« Der *New York Daily Mirror* sagte: »Die technisch ehrfurchtgebietenden Bühnenbilder sind mehr der Disco als Disneyland verpflichtet.« Er fügt verdrießlich hinzu: »Ein nützlicher Anklang an Disneyland wäre der Einsatz von Puppen anstelle von Schauspielern gewesen, da hier ohnehin so wenig schauspielerische Fähigkeiten notwendig sind.« Die Show verblüffte die Kritiker, da sie trotz schlechter Kritiken zwei Jahre lang lief und erst nach 761 Vorstellungen am 8. Januar 1989 abgesetzt wurde.

Doch das eigentliche Ereignis am Premierenabend war nicht eine weitere Reihe vernichtender Urteile der New Yorker Kritiker, die der Erfolg des Ausländers auf ihrem Terrain konsequent unbeeindruckt ließ, sondern die Abwesenheit des Komponisten. Ein Sitzplatz war natürlich für ihn reserviert gewesen. Er blieb leer. Lloyd Webber war an die französische Riviera geflogen, um seine dreijährige Ehe mit Sarah Brightman zu retten, die Zeitungsberichten zufolge eine Affäre mit dem Liedertexter Mike Moran haben sollte.

1992 bekam die Londoner Produktion eine neue Regie, eine neue Choreographie und eine neue Beleuchtung. Lloyd Webber nahm einige Songs, einschließlich »A Lotta Locomotion«, »Belle The Sleeping Car«, »Call Me Rusty«, »There's Me« und »Only He Has The Power To Move Me« heraus. Er integrierte neue Lieder, einen Pop-Song, »Crazy«, ein Klagelied eines zwischen zwei Liebenden Hin- und Hergerissenen, »Make Up My Heart« und die romantische Ballade »Next Time You Fall In Love« mit Texten von Don Black, die alle Lloyd Webbers sechs Monate altem Sohn Alastair gewidmet waren. »Dies ist das erste Musical, das ich kenne, bei dem das ganze kreative Team zusammengekommen ist, um eine Show für eine neue Generation neu zu inszenieren«, sagte Lloyd Webber über *The New Starlight Express*, wie sie jetzt angekündigt wurde.

In einer Programmnotiz für die amerikanische Produktion schrieb er: »Ich hoffe, Trevor und meine anderen Mitarbeiter werden mir meinen Hinweis verzeihen, daß, trotz des finanziellen Erfolgs, den die Show in London hatte, etwas von dem Spaß und der reinen Freude, etwas, was ursprünglich intendiert war, verloren ging, und *Starlight Express* nicht ganz das wurde, was wir beabsichtigt hatten.«

Sag das den Hunderttausenden, die geduldig auf Eintrittskarten gewartet und die Show dann genossen haben! Im April 1993 wurde *Starlight* hinter *Cats* das Musical mit der zweitlängsten Spielzeit in der Londoner Theatergeschichte und drängte *My Fair Lady*, *Guys and Dolls (Schwere Jungen – leichte Mädchen)* und *Oklahoma!* weit ab.

Die Kritiker konnten spotten, es *Starlight Excess* (Starlight Exzeß) nennen und behaupten, daß es ein Triumph der Theaterform über den Inhalt sei, aber es war schwierig, die Zahlen wegzudiskutieren. Und die Zahlen zeigten, daß es hier eine Show gab, die kolossal viele Menschen erfreut hatte. *Starlight Express* ist einfach atemberaubend anzusehen, ebenso ein Augen- wie auch ein Ohrenschmaus. Es war eine Show der und für die 80er Jahre, die das Broadway-Musical in die Neuzeit führte. Nach *Starlight* würde das Musicaltheater nie wieder wie früher sein.

Andrew Lloyd Webbers mehrere Millionen Pfund teures Eisenbahnbühnenbild ist natürlich ein Denkmal für die Dampfkraft. Sogar Reverend W. Awdry, der den »Starlight Megamix« von 1993 sicher gehaßt hätte, hätte vermutlich gelächelt beim Betrachten der Szene, in der der alte Dampfzug Rusty seine Rivalen Greaseball, die Diesellokomotive, und Electra, den elektrischen Zug, im Rennen um die Liebe des Panoramawagens Pearl besiegt. Pearl hatte es, wie uns anderen auch, sein Pfeifen angetan.

Requiem

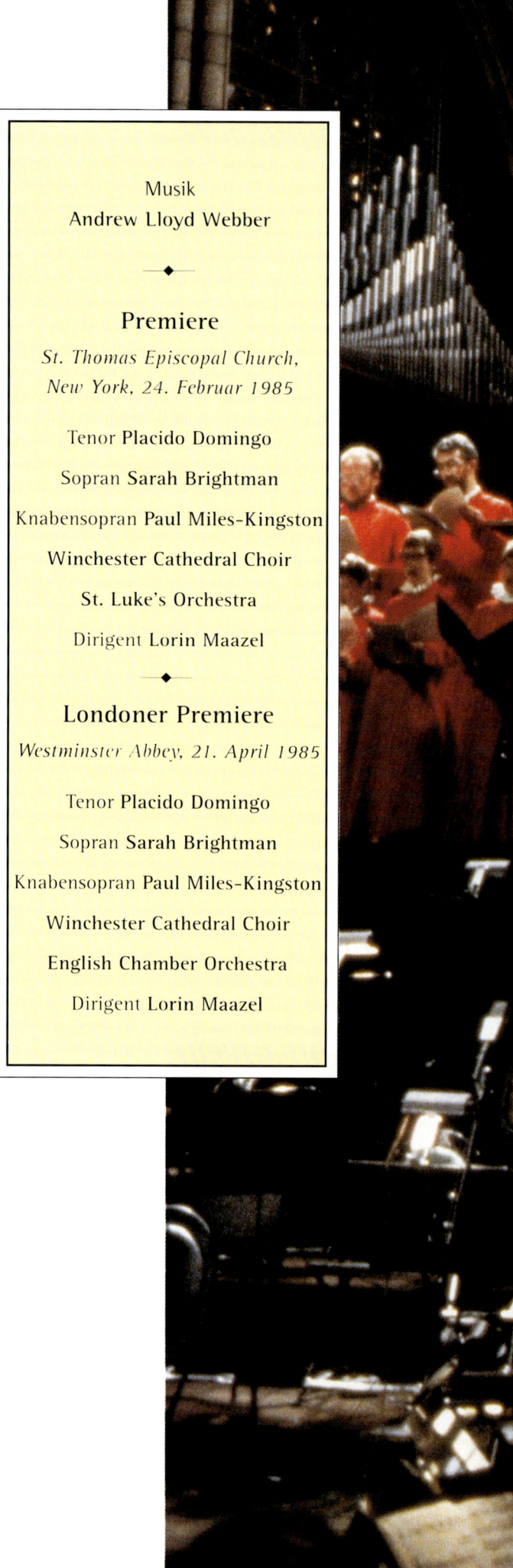

Am 29. Oktober 1982, drei Wochen, nachdem er in New York stolz der Premiere von *Cats* beigewohnt hatte, starb William Lloyd Webber im Alter von 68 Jahren.

Dieser Mann, der sein Leben der Musik gewidmet, der sein Haus mit den Klängen der klassischen Komponisten erfüllt, der seine Söhne zum Spielen und Komponieren ermutigt und der die Klaviernoten für *Joseph and the Amazing Technicolor Dreamcoat* niedergeschrieben hatte, hatte es noch erlebt, wie Andrew der Liebling des West Ends und des Broadways geworden war.

Nach seinem Rückflug aus Amerika spielte Bill am 11. Oktober die Orgel bei einem Gedenkgottesdienst und ging dann ins Krankenhaus. Zunächst sah es so aus, als wäre die Operation erfolgreich verlaufen, doch dann versagten seine Nieren und sein Herz. Die Ärzte baten Jean telefonisch, dringend ins Krankenhaus zu kommen, wohin Julian sie fuhr, und Andrew eilte aus Sydmonton herbei. Als sie im Krankenhaus ankamen, war er tot.

Andrew traf der Tod seines Vaters tief. Wie viele Menschen war er sich immer bewußt, daß seine Eltern eines Tages sterben würden, und wie viele andere auch traf es ihn völlig unvorbereitet. Es war das erste Mal, daß jemand, der ihm so nahestand, gestorben war, und dies brachte ihn dazu, einen Augenblick über seine eigene Vergänglichkeit nachzudenken.

Bill war auf seinen Sohn ungeheuer stolz gewesen. Sollte er einen Rest von Bitterkeit darüber verspürt haben, daß sein eigener Traum von einer Karriere als Komponist bereits am Anfang geplatzt war, weil er für seine Frau und seine junge Familie Geld verdienen mußte, so hat er dies nicht gezeigt. Wie dem auch sei, Dr. William Lloyd Webber galt als angesehener Akademiker. Er war ab 1946 als Professor für Musiktheorie und Komposition am Royal College of Music tätig, bevor man ihn 1964 zum Direktor des London College of Music machte. Er wurde in Anerkennung seiner Verdienste um die Musik auch zum Commander of the Order of the British Empire (eine königliche Anerkennung für besondere Leistungen) ernannt.

Andrew war seinerseits seinem Vater immer dankbar für die Liebe, die Unterstützung und die Ermutigung. Er wollte das Gedenken an seinen Vater mit etwas Bleibendem ehren. Und was eignete sich besser dafür als ein Musikstück?

Der Tod seines Vaters war die Inspiration für das *Requiem*, seine Vertonung einer lateinischen Requiemmesse. »Ich

---

Musik
Andrew Lloyd Webber

◆

Premiere

St. Thomas Episcopal Church, New York, 24. Februar 1985

Tenor **Placido Domingo**

Sopran **Sarah Brightman**

Knabensopran **Paul Miles-Kingston**

Winchester Cathedral Choir

St. Luke's Orchestra

Dirigent **Lorin Maazel**

◆

Londoner Premiere

Westminster Abbey, 21. April 1985

Tenor **Placido Domingo**

Sopran **Sarah Brightman**

Knabensopran **Paul Miles-Kingston**

Winchester Cathedral Choir

English Chamber Orchestra

Dirigent **Lorin Maazel**

Gegenüber · Lorin Maazel und Placido Domingo im April 1985 vor ihrer Aufführung in der Westminster Abbey hinter Sarah Brightman, Paul Miles-Kingston und dem Komponisten. Die Premiere fand zwei Monate zuvor in New York statt (*vorherige Seiten* und *folgende Seite*).

Rechts · Lloyd Webber wählte selbstverständlich Sarah Brightman als Sopranstimme, aber er wies alle Vorwürfe der Vetternwirtschaft von sich. »Ich wäre verrückt, wenn ich meine berufliche Reputation nur wegen meiner Frau aufs Spiel setzen würde. Verrückt!«

hätte dies vor zehn Jahren noch nicht schreiben können«, gab er zu, »doch wenn man 36 Jahre alt ist und allmählich immer mehr Menschen, die man kennt, sterben, wird man sich der Sterblichkeit eher bewußt. Mein Vater hatte im Verborgenen einen großen Einfluß auf mich gehabt. Er glaubte fest daran, daß meine Art zu komponieren der Spontaneität entsprang. Ich lernte durch das Hören, und mein Vater bestand nicht darauf, daß ich das Komponieren auf akademische Weise lernen sollte. Und dies kam von einem Mann, der einstmals Professor für Komposition gewesen war. Dies finde ich ganz außergewöhnlich.«

Drei Jahre vor Bills Tod hatte Humphrey Burton, der Moderator und Produzent von Kunstsendungen für das Fernsehen, Andrew Lloyd Webber aufgefordert, ein Requiem für die Opfer des Bürgerkrieges in Nordirland zu schreiben. »Ich hielt das für eine phantastische Idee, und ursprünglich plante ich, Zitate aus Zeitungen über Ulster mit dem traditionell lateinischen Text zu verweben. Doch dann wurde *Evita* auf dem Broadway eröffnet, und *Cats* war im Entstehen begriffen, so daß daraus nicht wurde.«

Ich weiß nicht, welchen Platz es in der heutigen Musik einnehmen wird, aber für mich ist dies die persönlichste meiner Kompositionen.

Andrew Lloyd Webber

Der Tod seines Vaters brachte ihn dazu, sich ernsthaft mit dem Gedanken, ein Requiem zu komponieren, zu befassen. »Aber dann wurde *Cats* für New York umgearbeitet, und *Starlight Express* nahm meine Zeit in Anspruch. So kam ich erst 1984 richtig dazu.«

Während Lloyd Webber über die Gestalt des Stückes nachdachte, wurde er von zwei grauenhaften Ereignissen tief erschüttert. Phil Geddes, ein Reporter des *Daily Express*, der ihn gerade interviewt hatte, wurde in Harrods bei einer Bombenexplosion der IRA in die Luft gejagt, und in einem kleinen Artikel der *New York Times* las er über einen kambodschanischen Waisenjungen, der die Wahl hatte, entweder seine verkrüppelte Schwester zu ermorden oder selbst zu sterben, und der sich für ersteres entschieden hatte.

Kirchenmusik hatte eine wichtige Rolle in Lloyd Webbers musikalischer Entwicklung gespielt. Er hatte dem Orgelspiel seines Vaters in All Saints und Central Hall aufmerksam zugehört, und aufgrund der historisch bedingten Bezüge zur Westminster Abbey war in Westminster School der Besuch bestimmter Gottesdienste Pflicht gewesen. Selbst wenn er es nicht mußte, ging er in die Gottesdienste und war von der großartigen Architektur, der besonderen Atmosphäre und der schönen, schwermütigen Musik beeindruckt.

Als Zehnjähriger besuchte er den Gedenkgottesdienst für Ralph Vaughan-Williams, und mit 13 Jahren überquerte er bei dichtem Nebel den Hof der Abbey, um der ersten Londoner Aufführung von Benjamin Brittens *War Requiem* zuzuhören.

Die Architektur war neben der Musik seine einzige Leidenschaft, insbesondere die Kirchenarchitektur. Er genoß es, »auf einen Sprung zum Abendgottesdienst vorbeizukommen«, und zu seinem jährlichen Sydmonton Festival gehörte immer auch ein Gottesdienst, für den er die Musik schrieb. »Ich bin religiös, aber ich bin kein Mitglied einer bestimmten Kirche«, sagte er, als er im Mai 1984 am *Requiem* zu arbeiten begann. »Es ist etwas völlig anderes als all das, was ich zuvor getan habe.

Wahrscheinlich werde ich nur neun Platten verkaufen. Ich trage diese Idee seit drei Jahren mit mir herum, aber hatte nie Zeit, sie zu realisieren.«

Als Text verwendete er die in Latein abgefaßte römisch-katholische Liturgie, die seit 1.000 Jahren zelebriert wurde – St. Odo, ein Abt in Cluny, führte Allerseelen zum Gedenken der Toten 998 ein – und die seit Jahrhunderten so viele Komponisten inspiriert hatte. Die Komposition für den Chor, für einen Jungen, ein Mädchen und einen Mann – Knabensopran, Sopran und Tenor – entsprach der Kirchentradition.

»Der Tenor repräsentiert uns alle, wie wir nach dem Strohhalm des Optimismus' inmitten der Schrecken der modernen Welt greifen«, erklärte er. »Die Sopranstimme ist naiver, aber auch nicht völlig naiv. Sie ist wie eine ältere Schwester für den Jungen, der von den dreien der widerstandsfähigste ist, zu jung, um sich des Todes bewußt zu sein, am wenigsten seines eigenen.« Dies ist der Grund, warum er beim Höhepunkt des *Requiems* ausnahmsweise schweigend dasteht.

Lloyd Webber verbrachte die meiste Zeit des Jahres damit, das Requiem zu schreiben. Im Sommer führte er es erstmals versuchsweise mit Sarah Brightman als Sopran, William Kendall als Tenor und Paul Miles-Kingston, dem ersten Chornaben in Winchester, als jungenhaftem Alt in Sydmonton auf. Der Chor wurde von dem Winchester Cathedral Choir unter der Leitung von Martin Neary gesungen. Durch die Reaktionen ermutigt, machte Lloyd Webber sich wieder an die Arbeit und beendete die Überarbeitung kurz vor Weihnachten.

Lloyd Webbers Requiem ist ein äußerst persönliches Stück, das einige seiner intimsten

Das Requiem *ist kein herausragendes Musikstück, aber es ist ein »erfühltes« Werk und ein ehrliches dazu. Die Wirkungen sind voraussehbar, aber sie sind effektvoll. Lloyd Webber hat – wie der Erfolg seiner Theaterstücke zeigt – ein Gespür für lyrische Phantasie, für Melodien, die gefallen.*

Andrew Porter, *The New Yorker*, 11. März 1985

Gefühle für seinen verstorbenen Vater ausdrückte. Es ist aber auch ein Werk mit universalem Appell gegen das inhumane Verhalten der Menschen, eine Betrachtung des Sterbens im 20. Jahrhundert. »Ich spüre große Wut über das, was Menschen sich im 20. Jahrhundert angetan haben«, sagte er, »und ich hoffe, daß dies vermittelt wird.«

Vom 20. bis 22. Dezember nahm er in den EMI's Abbey Road Studios das 45minütige *Requiem* mit dem Superstar Placido Domingo, Sarah Brightman und Paul Miles-Kingston, dem Winchester Cathedral Choir und dem English Chamber Orchestra unter der Leitung des Amerikaners Lorin Maazel auf.

Das Stück folgt dem lateinischen Text, wobei es Lloyd Webber gelingt, die englische Chortradition mit der kontinentalen Operntradition zu kombinieren. Die Mitwirkung von Domingo stellte dies sicher. »Ich bin von den Möglichkeiten einer Opernstimme begeistert«,

gab Lloyd Webber am Tag vor der New Yorker Premiere zu. Opern wurden mit Sängern wie Pavarotti, Domingo und Carreras plötzlich ein großes Geschäft, verließen die Konzertsäle und kamen in die Charts. »Vor drei Jahren hätte ich keine Oper in Betracht gezogen, aber nun scheint die gesamte Popwelt davon fasziniert zu sein. Vielleicht nimmt sie bei den jungen Menschen die Stelle ein, die der Tanz, sagen wir, 1979 inne hatte, der damals durch Gruppen wie der von Wayne Sleep und Hot Gossip plötzlich ein Riesenerfolg wurde. Und dies war es natürlich, was mich zu *Cats* führte.«

Einige Kommentatoren übten bereits Kritik, bevor sie auch nur eine Note des Gesangs gehört hatten. Die Kritiker, die jede neue Produktion von Lloyd Webber als eine Möglichkeit ansahen, ihn für seine Popularität zu verhöhnen, machten ihn nach allen Regeln der Kunst fertig, als sie hörten, daß

Mr. Lloyd Webbers Requiem ist leider nichts Neues. Er bringt in seinen sanften gefälligen Melodien und in seinen bekannten Requisiten die Ideen vieler Komponisten auf sehr huldvolle Art unter. So gesehen kommen Ravel und Fauré, Orff und Prokofjew in einer vornehmen Homogenität in der Tradition eines Filmkomponisten zusammen, und eingängige Hörarrangements ziehen an uns mit anmutigem Gruß vorüber.

Bernhard Holland, *The New York Times*, 25. Februar 1985

er seine Frau, die »ehemalige Hot-Gossip-Tänzerin«, wie sie ständig beschrieben wurde, für eine Hauptrolle in einem ernsthaften klassischen Werk einsetzte. Sie sagten, daß sie dem nicht gerecht werden würde und, wäre sie nicht Mrs. Lloyd Webber, die Rolle nie bekommen hätte.

»Sehen Sie«, sagte der verärgerte Komponist, »Menschen vom Kaliber wie Maazel und Domingo würden, das können Sie mir glauben, keine Aufnahme mit jemandem namens Sarah Brightman, der Frau des Komponisten, machen, wenn sie nicht von ihr überzeugt wären. Wenn Sarah dem nicht gewachsen wäre, wäre es für die beiden doch imageschädigend. Aber sie ist es.«

Lorin Maazel, der angesehene Dirigent, verteidigte sie auch. Er sagte: »Sarah ist sehr diszipliniert, arbeitet sehr hart und hat eine äußerst reine Stimme mit zweieinhalb Oktaven Stimmumfang. Sie singt die Rolle eines jungen Mädchens, und ich wäre, ganz ehrlich, nicht mit einem drei Zentner schweren Opernstar glücklich gewesen, der, mit Fett und übertriebenen Opernvorurteilen beladen, das Dach weggeblasen hätte. Ich denke, sie ist perfekt für diese Rolle.«

Lloyd Webber dachte zunächst an die Metropolitan Opera als Aufführungsort für die Premiere des *Requiem*s, entschied sich letztlich jedoch für die St. Thomas Episcopal Church auf der Fifth Avenue im Herzen von Manhattan. Am Sonntag, den 24. Februar 1985 saßen 1.000 geladene, £ 35 zahlende Gäste – das Geld war für die Suppenküche, für Obdachlose und Arme der Holy Apostles Church New York bestimmt – erwartungsvoll in den Kirchenbänken. Unter ihnen Edward Heath, Kurt Vonnegut, Robert Stigwood und Lloyd Webbers Mutter Jean. Auf dem Podium befanden sich Lorin Maazel und neben ihm die drei Solisten: Domingo, Brightman und der 12jährige Paul Miles-Kingston. Hinter ihnen standen in ihren glänzenden roten Talaren die feierlichen Reihen des St. Thomas Choir gemeinsam mit dem Chor der Winchester Cathedral und dem Orchester von St. Luke.

Lloyd Webbers Interpretation dieser alten und feierlichen Musikform wurde von einem distinguierten Publikum mit langem Applaus bedacht. Die Form des Requiems ist groß und verwegen, es hat eine emotionale Tiefe und Reichweite, die kaum von zeitgenössischen Komponisten angegangen wird. Die Höhepunkte waren Domingos berauschende Wiedergabe eines fröhlichen, freudigen »Hosannas« und eine schöne, fehlerlose Darbietung des »Pie Jesu« von Brightman und Miles-Kingston.

Links · Der 12jährige Paul Miles-Kingston, erster Chorknabe in Winchester Cathedral, gab mit Sarah Brightman eine makellose Darbietung des unvergeßlichen »Pie Jesu«.

Das »Pie Jesu« könnte eines der großartigsten Dinge in meiner Karriere sein. Innerhalb dieser Karriere muß ich im Hinblick auf wen oder was ich nutze völlig rücksichtslos und professionell sein. Es war die erste Sopranrolle, die ich geschrieben hatte, und sicherlich hatte ich dabei an Sarah gedacht, da sie die einzige mir bekannte Sopranstimme war. Alle Beteiligten hielten Sarah für geeignet. Hätte das Publikum dies als Fehler betrachtet, dann hätte es das Stück nicht so angenommen. Ich wäre verrückt, wenn ich meine berufliche Reputation aufs Spiel setzten würde, nur um meiner Frau eine Rolle zu ermöglichen.

Andrew Lloyd Webber

Die Kritiker waren, was vielleicht schon vorher absehbar war, weniger freundlich. Martin Bernheimer schrieb in der *Los Angeles Times*: »Das Requiem strebt nach reinem, wohlriechendem Weihrauch, aber letztlich stinkt es nur nach billigem Parfüm. Keiner kann Lloyd Webber nachsagen, daß er Musik schreibt, die häßlich, eintönig, schlecht, nicht ernsthaft oder unzugänglich ist. Man kann ihn jedoch bezichtigen, Musik zu schreiben, die den Eklektizismus in Verruf bringt.« Michael Kimmelman schrieb im *Philadelphia Inquirer*, es sei »so bemüht konzertant, daß es eher wie eine Parodie wirkte, so, als ob dem Komponisten für diese Form der kompositorische Tiefgang fehlte.« Und Peter Davis verkündete im *New York* Magazin: »Es ist deprimierend, daß so viel Geld verschenkt und ein solcher Medienrummel veranstaltet wird für solch ein anmaßendes, niederschmetternd triviales Stück Kitsch.« Doch Edward Heath, der ehemalige

Premierminister, selbst ein angesehener Organist, schrieb in der *Financial Times* über das *Requiem*: »... es hatte eine tiefgreifende Wirkung auf die Anwesenden.« Er fügte hinzu: »Das *Requiem* erzeugt seine Wirkung ebensosehr durch seine Einfachheit wie auch durch seinen technischen Einfallsreichtum. Es gibt Momente von reiner Schönheit, die in der Erinnerung lange nachklingen werden.« Tatsache war, daß Lloyd Webbers Werke zwar populär waren, er selbst jedoch nie ein Liebling der Kritiker gewesen war.

Die New Yorker Aufführung des *Requiems* wurde von dem nicht-kommerziellen Sender Public Broadcasting Service mitgeschnitten und in Großbritannien am 3. April von der BBC und (noch passender) am 5. April, einem Karfreitag, von PBS ausgestrahlt. Die Übertragungen kurbelten die Verkäufe sowohl des Albums, das am 1. März veröffentlicht wurde, wie auch der Single »Pie Jesu« an. Plötzlich befand sich lateinisch gesungene Kirchenmusik in den Charts, den Pop-Charts wohlgemerkt, ganz oben neben Madonnas »Material Girl«.

Stephen Frears, der Regisseur von *Gumshoe*, drehte ein Werbevideo von »Pie Jesu« mit Sarah Brightman und Paul Miles-Kingston vor dem Hintergrund sich raufender Slumkinder in einer heruntergekommenen Stadtlandschaft, die auch Belfast hätte sein können. Als es in der populären amerikanischen TV-Show *Entertainment* gezeigt wurde, war das Ergebnis außergewöhnlich. »Sie gehört zu den Shows«, sagte Lloyd Webber, »bei denen man darauf wetten könnte, daß das Unwahrscheinlichste, was in ihnen jemals gezeigt würde, ein Auszug aus einem lateinischen Requiem wäre.« Doch kaum war die Übertragung zu Ende, gingen die Anrufe Tausender von Zuschauern in der Telefonzentrale ein.

Ende März wurden Lloyd Webber, Sarah Brightman und Paul Miles-Kingston im Lambeth Palace goldene Schallplatten als Auszeichnung für den Verkauf des *Requiem*-Albums vom Erzbischof von Canterbury, Dr. Robert Runcie, verliehen. »Die starken Aussagen des *Requiems*«, sagte dieser, »überwinden jede Sprachbarriere.«

»Pie Jesu« erreichte im April hinter Phil Collins und Frankie Goes To Hollywood den dritten Platz in den britischen Single-Charts. Das Album verdrängte in Amerika »Amadeus« vom ersten Platz in den Billboard-Charts und gewann einen Grammy für die beste zeitgenössische klassische Komposition. Noch bevor es am 21. April zum ersten Mal in Großbritannien in

der Westminster Abbey aufgeführt wurde, war es zum populärsten religiösen, in diesem Jahrhundert geschriebenen Musikstück avanciert.

Die Premierministerin Margaret Thatcher und Mitglieder ihres Kabinetts, unter ihnen auch der konservative Parteivorsitzende John Gummer, ein enger Freund des Komponisten, befanden sich unter den 2.000 Menschen, die am Ende lange und heftig applaudierten. Lloyd Webber hatte den Erlös aus den Singleverkäufen an »Save The Children« und den Gewinn aus der britischen Premiere den karitativen Organisationen gespendet, die den Rettungsdiensten für die Opfer des IRA-Bombenanschlags auf der Parteiversammlung der Konservativen im Grand Hotel in Brighton im vorangegangenen Jahr verbunden waren.

Als Lloyd Webber schweigsam Westminster Abbey verließ, schweiften seine Gedanken zu der Nacht vor 25 Jahren zurück, in der er dieses Kopfsteinpflaster überquert hatte, um ent-

zückt Benjamin Brittens *War Requiem* zuzuhören. Er wußte, daß er nun auch zu den großen britischen Komponisten wie Britten, Vaughan-Williams, Walton und Elgar gehörte.

Was er als ein persönliches Stück in Erinnerung an seinen Vater gedacht hatte – die einfache, bewegende Widmung auf dem Konzertprogramm und der Schallplatte lautete »Die Messe ist meinem Vater Bill gewidmet« –, hatte die Musikwelt im Sturm erobert. Aber Lloyd Webber war von diesem Erfolg tatsächlich überrascht.

»Das letzte, was ich angenommen hatte, war, daß es großen Anklang finden würde. Als ich *Starlight Express* schrieb, arbeitete ich wirklich hart, um etwas zu verfassen, was eine Sammlung von Pop-Singles beinhalten sollte, und alle fielen durch. Dieses Ding erscheint in Latein, und zehn Tage später ist es auf dem dritten Platz ...«

Seinem Vater, dachte er, hätte dies gefallen.

Oben · Der Erzbischof von Canterbury Robert Runcie überreichte im März 1985 göldene Schallplatten für das *Requiem* im Lambeth Palace.

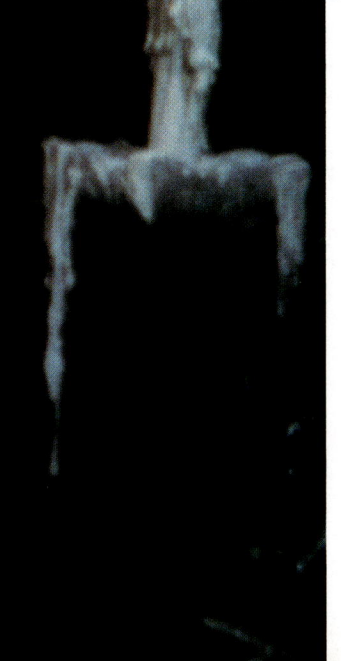

Musik
Andrew Lloyd Webber

Text
Charles Hart

◆

West-End-Premiere
Her Majesty's Theatre
9. Oktober 1986

Das Phantom **Michael Crawford**

Christine **Sarah Brightman**

Raoul **Steve Barton**

Charlotta **Rosemary Ashe**

Regisseur **Hal Prince**

◆

Broadway-Premiere
Majestic Theater, 26. Januar 1988

Das Phantom **Michael Crawford**

Christine **Sarah Brightman**

Raoul **Steve Barton**

Charlotta **Judy Kaye**

Regisseur **Hal Prince**

Phantom
der
Oper

Cameron Mackintosh nahm an einem kalten Morgen im Februar ein ausgedehntes heißes Bad, als das Telefon klingelte. Der Anrufer war Andrew Lloyd Webber.

»Wie zufällig ließ er in das Gespräch die Idee einfließen, aus der Geschichte *Das Phantom der Oper* ein Musical zu machen. Selbst in meinem aufgeweichten Zustand erkannte ich, daß Andrew wieder einmal eine brillante Idee hatte.«

Dieses alte melodramatische Stück über ein maskiertes und schrecklich entstelltes Phantom, das im Pariser Opernhaus spukt und wundervolle Musik für eine junge Sopranistin schreibt, in die es sich verliebt, mußte einem Komponisten wie Lloyd Webber auffallen. Es war ein großes emotionales Thema, das einen Rahmen für große gefühlvolle Musik bot. »Für mich ist es eine tragische Liebesgeschichte«, sagte Lloyd Webber. Und das wurde es unter seinen Händen auch: ein ausschweifender und offener Liebesbrief an Sarah Brightman.

»Ich wußte, ich wollte große romantische Musik schreiben, etwas in der Art wie Rodgers und Hammerstein, und das *Phantom* beinhaltete das Potential für eine große opernhafte Liebesgeschichte. Ich wußte, dies war das einzige Thema, das meinen Absichten gerecht wurde. Ich spürte, daß nach einigen ausgefallenen Theaterexperimenten meine Hinwendung zu einer harmonischeren Musik das Richtige für mich war und ich meine musikalische Heimat gefunden hatte.«

Ein Problem war, daß die Geschichte bereits durch mehrere Filme bekannt war und daß Lon Chaney, der mit Mary Philbin und Norman Kerry in dem Stummfilmklassiker aus dem Jahre 1925 die Hauptrolle spielte, jeden, der in seine Fußstapfen treten wollte, verblassen ließ.

Lloyd Webber hielt nicht viel von den Filmen, aber er liebte die wunderbar melodramatische Geschichte des frustrierten Komponisten, der von der schönen, jungen Opernsängerin besessen war, er liebte die großartige theatralische Ausstattung, und vor allem liebte er die großen Gefühle. »Wenn er nicht dieses Gesicht gehabt hätte, wer weiß, was dann geschehen wäre?«

Am Jahresende fand er beim Stöbern in einem New Yorker Buchladen ein Originalexemplar des Romans *Le Fantome de l'Opera* von Gaston Leroux aus dem Jahr 1911. Er erkannte sofort, daß dieses Buch mehr als nur eine flüchtige Ähnlichkeit mit den erotischen viktorianischen Horrorgeschichten wie Robert Louis Stevensons *Dr. Jekyll und Mr. Hyde,* Mary Shelleys *Frankenstein* und Bram Stokers *Dracula* verband. Geschichten, deren Wurzeln in den heimlichen Ängsten und sexuellen Repressionen der prüden Gesellschaft des 19. Jahrhunderts lagen.

Unten · Claude Rains und Susanna Foster in dem Remake von 1943
Vorherige Seiten · Sarah Brightman als Christine und Michael Crawford als das Phantom

»Viele Leute hatten die Idee, die Geschichte als Grundlage für ein Musical zu nehmen, aber alle Versionen, die ich gesehen habe, waren lustige, manierierte, groschenheftartige Melodramen. Dann stieß ich auf ein Exemplar von Gaston Leroux' Buch, das seit vielen Jahren vergriffen war. Ich las es und stellte fest, daß sich die Geschichte nicht einfach um einen Mann drehte, dem Drucksäure ins Gesicht geschüttet worden war, sondern um ein Mädchen und einen von Geburt an häßlichen Mann, der verzweifelt irgendeinen Kontakt herzustellen versuchte. Es handelt wirklich von einem Mann, der seit seiner Geburt grauenvoll häßlich, aber ein Genie ist, und der sich hoffnungslos in ein Mädchen verliebt, wobei er sich nur durch Musik auszudrücken vermag. Es war ein großes Opernthema.«

Er sprach wegen des Librettos mit Alan Jay Lerner, dem brillanten Autor von *Brigadoon, Paint Your Wagon (Westwärts zieht der Wind),* *My Fair Lady, Gigi* und *Camelot.* Lerner war hellauf begeistert. »Frag nicht warum, mein Lieber«, sagte er zu Lloyd Webber. »Es wird klappen.« Da er mit Lungenkrebs im Sterben lag, mußte er nach ein paar Zeilen aufgeben. Lloyd Webber wandte sich an Richard Stilgoe, mit dem er bei *Cats* und *Starlight Express* zusammengearbeitet hatte. Gemeinsam fertigten sie den ersten Akt für Sydmonton im Sommer 1985. C. T. Wilkinson, der die Rolle des Che auf dem Originalalbum von *Evita* gesungen hatte, spielte das Phantom, und Sarah Brightman bekam die Rolle der Christine Daaé, eine Rolle, die für sie geschrieben worden war. »Wir wußten, daß wir etwas theatralisch sehr Aufregendes hatten«, sagte Mackintosh.

Mit seinen Melodien konnte Lloyd Webber zwar tun, was er wollte, aber Trevor Nunn, der Texter, war nicht erfreut, daß er von diesem Projekt ausgeschlossen und die Musik für ein anderes verwendet wurde. Nunn war enttäuscht, als er Melodien aus der ersten, 1983 entstandenen Fassung von *Aspects of Love,* für die er die Texte verfaßt hatte, nun für das Phantom wiederaufbereitet hörte. »The Music Of The Night« war nur eines der vielen Lieder, die er erkannte. Zwei Jahre zuvor trug es den Titel »Married Man« (nicht zu verwechseln mit einem anderen Lied mit demselben Titel in *Tell Me on a Sunday*) und war eher für eine weibliche als für eine männliche Stimme geschrieben worden. Die Stimme gehörte Sarah Brightman, und sie hatte das Lied mit dem London Philharmonic Orchestra aufgenommen. Lloyd Webbers Ehe mit Sarah Hugill war damals wegen seiner Affäre mit der jungen Sängerin zerbrochen, und er war so vernünftig gewesen, seiner Geliebten die Veröffentlichung dieses Plattenprojektes nicht zu gestatten.

Um das öffentliche Interesse anzufachen, wollte Lloyd Webber eine Single veröffentlichen, und am besten eignete sich dafür »The Phantom Of The Opera«. Sarah Brightman sollte den Part der Christine singen, aber Lloyd Webber hatte niemanden für den Part des Phantoms, bis der Schallplattenproduzent Mike Batt den Rocksänger Steve Harley vorschlug. »Ich lernte das Lied in ein paar Tagen«, sagte Harley, der in den 70er Jahren mit seiner glamourösen Rockband Cockney Rebel mit Hits wie »Judy Teen«, »Mr. Soft« und »Make Me Smile (Come Up And See Me)« in den Top Ten vertreten war. »Ich ging mit Mike zu Andrew, und wir verbrachten eine halbe Stunde entspannt bei einer Tasse Tee, sprachen über alles, abgesehen von der neuen Show. Dann stand Mike auf und spielte das Lied, ich sang eine Strophe, und Andrew sagte, ›Ich habe genug gehört, das ist großartig‹«. Das Titellied, das mit einem Video (Ken

Russel führte die Regie) heftig beworben wurde, erreichte im Februar 1986 den siebten Platz in den britischen Charts.

Nach einigen Wochen Arbeit mußte Lloyd Webber sich einer bitteren Wahrheit stellen: Ihm gefielen die Texte von Richard Stilgoe nicht. Sie waren witzig, aber es fehlte ihnen die Poesie und die Leidenschaft, die sein Musical brauchte. Deshalb bat er den Autor, sich statt dessen auf das Buch zu konzentrieren, ihm beim Abfassen der Handlung für die Bühne und bei der Suche nach einem neuen Texter zu helfen. Stilgoe wurde am Ende als Verantwortlicher für das »Buch« und für »zusätzliche Texte« genannt.

Es war April. Das *Phantom* sollte im Oktober Premiere haben, und er hatte nicht mehr viel Zeit. Doch er hatte niemanden, auf den er zurückgreifen konnte, und in Wahrheit kam er nicht weiter. Dann erinnerte sich Cameron Mackintosh daran, wie ihn ein 25jähriger Guildhall-Absolvent mit einigen für den Vivian-Ellis-Preis eingereichten Liedern einer nicht produzierten Show namens *Moll Flanders* beeindruckt hatte. Sein Name war Charles Hart. Mackintosh gab ihm ein Tonband mit einer Melodie und bat ihn, einen Text dazu zu schreiben. Hart war so begeistert, daß er ihn mit drei unterschiedlichen Fassungen überraschte: »Look At Us«, »Knowing Him« und dem Titel, der das Rennen machte, »Think Of Me«. Dann schickte ihm Lloyd Webber ein anderes Band mit weiteren Melodien. »Ich schickte einige Texte zurück. Ich denke, was Andrew tatsächlich zusagte war, daß ich zufälligerweise die gleiche Schreibmaschine wie Tim Rice benutzte!« witzelte Hart. Der Komponist und der Produzent freuten sich sehr. Charles Hart reihte sich neben Tim Rice, Alan Ayckbourn, Don Black, Richard Stilgoe und T. S. Eliot in die immer länger werdende Liste der Autoren ein, die Verse zu der Musik von Andrew Lloyd Webber verfaßt hatten.

»Die Schatten von Andrews anderen Partnern lasteten nicht allzu schwer auf mir. Tim Rice öffnete für englische Texter viele Türen, indem er bewies, daß ein Text nicht vierzeilig sein und banal klingen muß, sondern wortreich, witzig und zeitgemäß sein kann, allerdings suchten wir für das *Phantom* eher nach großen, gefühlvollen Sequenzen. Es gibt hier Anklänge an *Rigoletto*, *Beauty and the Beast* (Die Schöne und das Biest) und *The Hunchback of Notre Dame* (*Der Glöckner von Notre Dame*), die voller Metaphern aus den Bereichen Licht und Dunkel, Himmel und Hölle und Gut und Böse sind.«

Lloyd Webber schätzte Harts Texte und war glücklich, für seinen neuen Partner werben zu können. »Das Allerschwierigste auf der Welt ist es, ein Liebeslied zu schreiben«, sagte er. »Charles Hart hat eine originelle Ausdrucksweise und ist die seit langem aufregendste Entdeckung.«

Er war auch mit seiner Partitur überglücklich, die opulent, hinreißend und romantisch war, seine erste so offenkundig für die Oper bestimmte Musik. Lieder wie »Think of Me«, »The Music Of The Night«, »All I Ask Of You« und »The Point Of No Return« sind so unvergeßlich und bewegend, daß sie mit den besten von Jerome Kern und Richard Rodgers in das Pantheon des Broadways gehören.

»Ich spielte die erste Fassung der Partitur einem alten Theaterfreund vor, der daraufhin sagte, ›Du hast einen großen Schritt zurück in die Richtung von Rodgers und Hammerstein gemacht.‹ Ich war hoch erfreut, denn ich wollte schon immer für ein konventionelles Orchester komponieren, Liebeslieder und mein eigenes ›Some Enchanted Evening‹ schreiben«.

Nun, nachdem er die Worte und die Musik der Nacht in Form gebracht hatte, brauchte er zur Umsetzung für die Bühne ein Produktionsteam. Trevor Nunn dachte, daß dies aufgrund der Erfolge von *Cats* und *Starlight Express* seine Aufgabe werden würde. Doch er täuschte sich. Lloyd Webber wollte jemanden, der große Ideen und große Gefühle umsetzen und spektakuläre theatralische Bilder entstehen lassen konnte. Jemanden wie Hal Prince, der an dem großen Erfolg von *Evita* beteiligt gewesen war. Auf der Hinterbühne der Tony-Award-Verleihung lud ihn Lloyd Webber auf einen Drink ein. »Was machst Du als nächstes?« fragte er. »Ich suche nach einer romantischen Handlung«, antwortete Prince müde. »Die habe ich schon«, sagte Lloyd Webber. »Ich mache das *Phantom der Oper*«. Prince grinste. »Partner«, sagte er, »du bist dabei.«

Lloyd Webber ließ alle wissen, daß es dieses Mal keine haarigen Katzen oder Rollerskates gab. Diese großzügige £ 2 Mio. Show war das Zeichen für seine Rückkehr zu den »altmodischen Musicals«. Cameron Mackintosh versprach: »Statt einer technischen wird dies eine theatralische Sensation.«

Für die Show engagierten sie Gillian Lynne, der sich den Tanz für *Cats* ausgedacht hatte, als Choreographen und verpflichteten den Zauberer Paul Daniels als Ratgeber, um das Phantom im selben Augenblick erscheinen und wieder verschwinden lassen zu können. Sie baten die Operndesignerin Maria Bjornson, die am Royal Opera House in Covent Garden und der English National Opera am Coliseum gearbeitet hatte, das Pariser Opernhaus mit seinen vergoldeten gotischen Engeln, goldenen Wasserspeiern und herrlich geschmückten Statuen nachzubilden.

Das von Charles Garnier entworfene Opernhaus ist ein ungewöhnlicher Musikpalast. Als Lloyd Webber die scheinbar endlosen Gänge entlangging, verstand er, warum dieses enorme siebzehnstöckige Gebäude, das von 1861 bis 1875 gebaut wurde, eine Brutstätte für politische Intrigen geworden war, in der jeder, von der Primadonna bis hin zum bescheidensten Bühnenarbeiter, um Positionen und Macht kämpften. Als das *Phantom* geschrieben wurde, gab es 1.500 Mitarbeiter auf dem drei Morgen umfassenden Gelände, das sogar über eigene Ställe für seine Truppe weißer Pferde verfügte. Es ist das größte Opernhaus der Welt, und es befindet sich darunter tatsächlich ein See. Dieser ist ein wesentlicher Teil in Garniers Konstruktion, in der der Wasserstand als Ballast dient, der entsprechend dem Gewicht der sieben Stockwerke höheren Bühne angehoben oder abgesenkt wird.

Es überraschte niemanden, daß Sarah Brightman die Rolle der Christine spielen würde. Sie hatte gute Kritiken für das *Requiem* be-

kommen, und sie war mit dem Komponisten verheiratet, der das Stück im Grunde für sie schrieb. »Sarah ist außergewöhnlich, da sie über die Fähigkeit verfügt, das Ding sowohl zu singen wie auch zu tanzen«, sagte er und fügte verteidigend hinzu, »da sie in New York in der Met gesungen und in *Cats* getanzt hat, kann sie so schlecht nicht sein. Aber sie mußte Hal, der ihre Arbeit nicht kannte, davon überzeugen, daß sie die Richtige war.«

Brightman begann mit 25 Jahren, ihr Hot-Gossip-Image abzulegen. Außer in *Cats,* in einer Fernsehproduktion von *Song & Dance* und dem *Requiem* war sie auch in Rod Argent und Rank Dunlops Bearbeitung von Kit Williams Buch *Masquerade* im Young Vic, in Charles Strouses Fassung von Hans Christian Andersens Märchen *Die Nachtigall* im Lyric Hammersmith und Franz Lehars *Die lustige Witwe* im Sadler's Wells aufgetreten.

»Selbstverständlich höre ich ihn arbeiten, aber man weiß nie, ob es ein Stück ist, an dem man auch beteiligt sein würde. Dann

Unten · Maria Bjornsons überwältigendes, £ 900.000 teures Bühnenbild

hört man ein paar Takte von etwas Zauberhaftem, das man für sein Leben gern machen würde. Aber ich bin mit mir sehr streng. Ich mache nichts, von dem ich nicht überzeugt bin, daß ich es gut machen kann.«

Weder C. T. Wilkinson noch Steve Harley bekamen die Traumrolle des Phantoms. Wilkinson wollte sie nicht – obwohl er später seine Meinung änderte und glänzende Kritiken für diese Rolle in Kanada bekam –, aber Harley war bitter enttäuscht. Seine Stimme war dafür nicht geeignet, doch er machte sich Hoffnungen, da andere Rocksänger – wie David Essex in *Evita* – Rollen in Lloyd-Webber-Musicals bekommen hatten. »Wir beide, Steve und ich, waren der Meinung, daß so wie meine Partitur angelegt ist, er nicht der Richtige dafür wäre«, sagte Lloyd Webber. »Aber ich denke ernsthaft darüber nach, ein großes Musical für ihn zu schreiben.« Was nie ge-

Aufgrund ihrer Geschichte fühlte ich mich immer wie Christine. Schließlich hatte sie auch in der Revue begonnen und sich von dort zur Sängerin entwickelt, nicht zu einer großen Opernsängerin, aber einer Sängerin mit einer reinen und vielseitigen Stimme, die klassisch war.

Sarah Brightman

schah. Dies war einfach Lloyd Webbers Art, ihn mit der Ankündigung, daß Michael Crawford die Rolle bekommen hatte, sanft fallen zu lassen.

Der 44jährige Crawford wurde als Michael Dumble-Smith geboren, aber er legte seinen alten Namen ab, als er einen Namen, den er schöner fand, auf einer Kekspackung sah. Er war in *Billy*, *Barnum* und *No Sex Please We're British* aufgetreten, wurde jedoch als der inkompetente, vom Pech verfolgte Frank Spencer aus der populären Fernsehkomödie *Some Mothers Do ›Ave‹ Em* in Großbritannien bekannt. »Es war Sarah, die mir den Tip mit Michael gab«, sagte Lloyd Webber. »Sie haben beide denselben Gesangslehrer. Wir aßen gemeinsam zu Abend und skizzierten die Show für Michael. Als sie dann gemeinsam sangen, wußte ich, daß sie die Richtigen waren.«

Steve Barton wurde als Hauptdarsteller für die Rolle als Christines Liebhaber Raoul ausge-

wählt. Er war in Arkansas geboren und in Texas aufgewachsen, beschloß jedoch, in Europa Karriere zu machen. Er hatte acht Jahre in Deutschland in Shows wie *Jesus Christ Superstar*, *Evita* und *Cats* gearbeitet und wurde wärmstens von Gillian Lynne empfohlen.

Das Palace Theatre, das Lloyd Webber nun besaß, war wie für das *Phantom* geschaffen, doch *Les Misérables*, die von Cameron Mack-

Oben · Andrew Lloyd Webber schrieb die Rolle der Christine Daaé für seine Frau Sarah Brightman.

Unten · Michael Crawford ohne Maske!

intosh produzierte und unter der Regie von Trevor Nunn entstandene Produktion der Royal Shakespeare Company, war gerade erst aus dem Barbican hierher gezogen. Da *Evita* abgesetzt werden sollte, wäre das Prince Edward Theatre in Betracht gekommen, aber Tim Rice kam ihm mit *Chess* zuvor. Statt dessen begab sich Lloyd Webber in Her Majesty's Theatre im Haymarket, das nicht als glücksbringender Aufführungsort galt – dort war auch *Jeeves* aufgeführt worden –, aber Lloyd Webber war nie besonders abergläubisch gewesen und, völlig gleichgültig, wie nervös er einige Wochen vor der Premiere war, er wußte bereits, daß er einen weiteren Erfolg in Händen hielt. Das Phantom wurde am 9. Oktober 1986 uraufgeführt und begeistert aufgenommen. Die Musik war bemerkenswert, voller schöner Melodien und großer Lieder für großartige Anlässe. Die überreiche romantische Musik, die spektakulären Bühnenbilder – Bjornson hatte ein Budget von £ 900.000 zur Verfügung und setzte jeden Penny sichtbar in das Bühnenbild um – und die Spezialeffekte waren Theater von seiner reinsten Sorte. Das Publikum, dem Feuer- und Wasserwunder sowie das geheimnisvolle Erscheinen und Verschwinden von Personen vorgeführt wurde, war begeistert.

Lloyd Webber hatte sich an populären Opernarien der Zeit orientiert und eine originelle Musik komponiert, die das Paris der Jahrhundertwende perfekt heraufbeschwört.

Er perfektionierte die raffinierte Art, musikalische Echos in die Gespräche der Charaktere einzubauen, und ersetzte somit das traditionelle Rezitativ durch Ausschnitte aus bereits gesungenen Liedern.

Nicht die der Komposition innewohnende Raffinesse begeisterte die aus dem Theater und in den Haymarket strömenden Menschen, sondern die Tatsache, daß diese Geschichte eines Mannes, der in dem labyrinthartigen Bau unter dem Opernhaus wie in einer Falle gefangen lebt und sich in eine schöne Opernsängerin verliebt, deren Herz einem anderen

Menschen schrecken üblicherweise vor mißgebildeten Menschen zurück. Aber diese sind wie Du und ich. Hinter seiner Maske ist unser Phantom ein Mann, der zu lieben fähig ist, der aber nie Liebe erhalten wird.

Andrew Lloyd Webber

gehört, wirkliche Gefühle vermittelt. Wenn Christine am Schluß leidenschaftlich und ohne ein Zeichen von Abscheu das Phantom küßt, und er sie dann unverletzt in die Arme ihres Liebhabers, des Hauptdarstellers Raoul entläßt, ist dies unerträglich herzzerreißend. Es gibt keine rollschuhlaufenden Züge im *Phantom*, aber es gibt sowohl Tränen wie auch Melodien.

Zu Lloyd Webbers großartiger romantischer Musik und Bjornsons aufwendigem Bühnenbild gesellte sich Princes wunderbare Regie. Er gestaltete eine Reihe von eindringlich schönen, atemberaubenden Szenenbildern. In einem wird der Kronleuchter über das Publikum geschwenkt, bevor er in die Galerie gezogen wird, von wo er dramatisch inszeniert auf die Bühne herabstürzt. In einer anderen führt das Phantom eine schreckensstarre Christine die Stufen in die düstere Atmosphäre seiner unterirdischen Welt hinab und rudert sie wie Charon über den unterirdischen See, der von Tausenden von Kerzen erleuchtet ist. »Singe! Singe!« schreit er, wie verrückt auf seiner Orgel spielend. In der üppigen Kostümszene für »Masquerade« verschwindet das Phantom am Fuß der Treppe und tritt im gleichen Augenblick auf der Galerie hinter einem von Bjornsons phantastisch gestalteten Engeln hervor. Beeindruckend war der blendende Feuer-

Unten · Prinzessin Diana hinter den Kulissen bei der Royal-Gala-Aufführung des Phantoms

schein während »Wishing You Were Somehow Here Again« und natürlich das allerletzte Verschwinden des Phantoms von seinem Thron, wobei das Publikum jedesmal hörbar den Atem anhielt.

Michael Crawford, der zwei Stunden damit verbrachte, die von Chris Tucker – dem Künstler, der für John Hurts monströses Make-up in *The Elephant Man (Der Elefantenmensch)* verantwortlich war - kreierten Schichten Latexgummi aufzutragen, war hervorragend.

Er hypnotisierte das Publikum mit einer charismatischen Darstellung einer gequälten, rachsüchtigen Seele, die für immer dazu verdammt war, in diesem Theater zu spuken. Sarah Brightman war ebenfalls brillant. Die Rolle war für ihren reinen Sopran maßgeschneidert, aber darüber hinaus gab sie der Rolle eine Verletzlichkeit, die fast alle Kritiker überzeugte. Steve Barton gab einen gutaussehenden Raoul ab, John Savident und David Firth waren in der Rolle der belagerten Theatermanager trocken amüsant, und Rosemary Ashe blendete als entthronte Primadonna Charlotta jeden mit ihrer untadeligen, akrobatischen Opernaufführung.

Die Produktion wurde mit zehnminütigen Standing ovations aufgenommen, und in diesem Moment wußte Lloyd Webber, daß dies nicht nur sein bislang bestes Stück war, sondern daß seine Meinung auch vom zahlenden Publikum geteilt wurde. Das *Phantom* würde laufen und laufen. Bei der anschließenden Premierenfeier standen die Leute Schlange, um ihm zu gratulieren, und Steve Harley zeigte, daß er keinen Groll hegte, da er Crawford für seine hervorragende Darstellung überschwenglich lobte.

»All I Ask Of You« erreichte mit Cliff Richard und Sarah Brightman den dritten Platz, und nach nur acht Verkaufstagen startete das Album mit der Originalbesetzung auf den ersten Platz durch. Michael Crawfords Fassung von »The Music Of The Night«, mit »Wishing You Were Somehow Here Again«, gesungen von Sarah Brightman, auf der B-Seite, erreichte im folgenden Februar den siebten Platz und wurde somit innerhalb eines Jahres zur dritten Top-Ten-Single aus der Show. Mit acht Vorstellungen in der Woche, einschließlich der Matinees, war die Rolle der Christine aufreibend, und deshalb wurde Claire Moore für zwei dieser Vorstellungen engagiert. Im März 1987 trat sie dann völlig an Sarah Brightmans Stelle.

David Willetts, der jahrelang als Entertainer durch Clubs tingeln mußte, bevor er für seine Rolle in *Annie* am Belgrade Theatre Coventry späte Anerkennung erhielt, trat im Oktober 1987 an Crawfords Stelle. Zwei Jahre später

folgte ihm in dieser Rolle Martin Smith, der den Mickey Doyle in der seit langem auf ITV laufenden Seifenoper *Crossroads* gespielt hatte. Er wiederum wurde von Peter Karrie und Ethan Freeman abgelöst.

Oben · Eine Szene aus »Hannibal«, der Oper-in-der-Oper

Originalshow für andere Teile der Welt kopieren. Das war der Grund, warum Lloyd Webber wollte, daß Crawford, Brightman und Barton auf dem Broadway erneut in ihre Rollen schlüpften. Dies war problemlos möglich für Michael Crawford, der bei den Amerikanern ein Star, oder für Steve Barton, der amerikanischer Staatsbürger war. Aber Sarah Brightman war, trotz ihres Ruhms in Großbritannien, keine bekannte Größe auf der anderen Seite des Atlantiks.

Im Juni 1987 entschied die amerikanische Schauspielergewerkschaft, daß sie kein »Star von internationalem Rang« wäre, und verweigerte ihr, in der Broadway Show aufzutreten. »In einfachen Worten, wir betrachten sie nicht als Star«, sagte Alan Eisenberg, geschäftsführender Sekretär der Schauspielergewerkschaft. »Warum sollten wir sie hier arbeiten lassen, wenn es hier viele kompetente amerikanische Schauspielerinnen gibt, die diese Rolle spielen könnten?« Aber Prince blieb standhaft: »Ich möchte die Show mit keiner anderen Schauspielerin eröffnen.« Lloyd Webber führte aus, daß die Rolle im Hinblick auf seine Frau geschrieben worden war, die diese am besten verkörpern könnte. »Wenn Sarah nicht nach Amerika geht«, drohte er, »geht die Show auch nicht.« Einen Monat später gab die Gewerkschaft aufgrund eines Übereinkommens nach, in welchem sich Lloyd Webber verpflichtete, innerhalb von drei Jahren die Hauptrolle in einer großen Londoner Produktion an einen Amerikaner mit »Non-Star-Status« zu vergeben.

Als das *Phantom* im Majestic Theater in New York am 26. Januar 1988 Premiere hatte, waren durch einen erstaunlichen Vorverkauf bereits $ 16 Mio. eingenommen worden, was alle Kassenschlager des Broadways in den Schatten stellte. »Das *Phantom*«, sagte Clive Barnes, »ist seit der Erfindung der Klappstühle der größte Knüller auf dem Broadway.« Die sensationelle Eröffnungsvorstellung wurde mit Standing ovations für die ganze Besetzung gefeiert. Aber ein Schatten fiel auf die anschließend stattfindende $ 250.000 teure Party im alten Beacon Theater, als die ersten Ausgaben der Tageszeitungen ausgeliefert wurden.

Barnes beschrieb das Musical in der *New York Post* als »den größten Supermegahit des Broadways«, und Howard Kissel schrieb in der *New York Daily News*: »Es ist ein spektakuläres Entertainment, optisch das beeindruckendste britische Musical.« Doch andere Kritiker waren weniger freundlich.

»Es ist nicht etwa so, daß Lloyd Webber kein Ohr für Melodien hätte,« schrieb John Simon im *New York* Magazine, »es ist eher so,

Oben · Das Phantom und Christine am »Point of No Return«

Lloyd Webber hatte bereits bei *Jesus Christ Superstar* festgestellt, daß das Niveau seiner Produktionen und die Vorstellungskraft der Regisseure rund um den Erdball sehr unterschiedlich sein konnten. Er wollte mit der Tradition, daß die Produktionen in anderen Ländern sich oftmals deutlich von der englischen unterschieden, brechen und statt dessen die

Manchmal, einmal in einem Leben, wird einem ein Theaterschmaus angerichtet, und für mich ist es das Phantom *gewesen.*

Michael Crawford

daß er ein viel zu großes Ohr für die Melodien anderer hat.«

Wie üblich war Frank Rich in der *New York Times* schlecht gelaunt. Er gab widerwillig zu, daß nichts den Erfolg des *Phantoms* an den Theaterkassen schmälern könne, aber lehnte Lloyd Webbers »erste durchgehaltene Bemühung, eine altmodische Liebesgeschichte zwischen Menschen (statt Katzen oder Zügen) zu vertonen«, kühl ab. Rich hielt die Texte für dumm, die Choreographie für eintönig und die Show für »einen Sieg sowohl des technisch dramaturgischen Könnens über den musikalischen Kitsch wie auch der Verkaufspolitik *über alles.*«

Lloyd Webber war der Meinung, daß insbesondere die Rezension von Rich nicht nur brutal, sondern auch unfair war. Und er hatte recht. Die Rezension gab vor, die Premiere zu besprechen, aber Rich hatte nicht über diese dynamische Aufführung geschrieben. Er war die Woche zuvor bei einer Voraufführung gewesen, die nicht mehr als eine öffentliche Kostümprobe gewesen war. Auf dieser basierte sein Artikel.

Doch die Kritiker sollten sich noch mehr ärgern. Das *Phantom* war jede Nacht ausverkauft, und im Juni 1988 bekam die Show sieben Tonys, einschließlich der Auszeichnung für das beste Musical, und Crawford erhielt die Auszeichnung als bester Darsteller. Er ging nach Los Angeles, wo er das Phantom spielte und im Mai 1990 von Robert Guillaume, der aufgrund seiner TV-Rollen in *Benson* und *Soap* bestens bekannt war, ersetzt wurde. Guillaume war der erste schwarze Schauspieler, der die berühmte Maske aufsetzte.

Im Grunde ist es eine einfache Geschichte um unerwiderte Liebe. In dem Moment jedoch, wo Christine Daaé ihm seine Maske abreißt, um den abgeschälten Schädel und das verrottende Fleisch bloßzulegen, wird das Phantom der Oper zum tragischen Helden des modernen Theaters. Ein Mann mit Musik in der Seele, dessen einziger Fehler es ist, mißgebildet geboren worden zu sein. Deshalb ist es nicht verwunderlich, daß dieses sehr romantische Musical, unter und über dem Pariser

Opernhaus, bis heute Lloyd Webbers anerkannteste Produktion ist. Sie ist abwechselnd extravagant, sentimental und großartig tragisch, ein ausdrucksvolles und leidenschaftliches Stück, das sich zu einer Woge des Klangs steigert, das Publikum freudig erregt und mit einem Lächeln im Gesicht und einem Lied im Herzen nach Hause entläßt.

Oben · »Die Vorstellung, daß jemand sich nur mittels seiner Musik auszudrücken vermag, ist gar nicht so befremdlich«, sagte Andrew Lloyd Webber.

Really Useful Days

Nach den Qualen der 60er Jahre, den vielen mit dem Schreiben von Shows, die keiner aufführen wollte, und Songs, die es nicht in die Charts schafften, verbrachten Tagen, waren die 70er Jahre für Andrew Lloyd Webber goldene Jahre.

Zuerst kam der Erfolg mit dem Album, dann die Theaterproduktion von *Jesus Christ Superstar*, anschließend die Revivals und kontinuierlichen Erweiterungen von *Joseph and the Amazing Technicolor Dreamcoat*, danach das transatlantische Phänomen *Evita* und schließlich der erstaunliche Verkaufserfolg der *Variations*. Mit den Augen der Kritiker und wirtschaftlich betrachtet war er riesig. Die Kritiker bejubelten Lloyd Webber als den Retter des modernen Broadway-Musicals, und wirtschaftlich konnte er, abgesehen von *Jeeves*, offenbar nichts falsch machen.

Als das Jahrzehnt sich dem Ende zuneigte und er eine Karriere im Musicaltheater ohne Tim Rice vor sich sah, beschäftigte ihn eines: sein Anteil am Gewinn. Aufgrund der Bedingungen seines Zehnjahresvertrags mit Robert Stigwood, der von Sefton Myers und David Land 1969, als er noch jung und unbekannt war, ausgehandelt worden war, verloren Lloyd Webber und Rice einen großen Teil der 10% von den Lizenzeinnahmen an ihren Werken. Sie zahlten ein Viertel ihres Einkommens als Managementgebühr an Stigwood und, bei *Joseph*, ein weiteres Fünftel an den Musikverleger Novello. »Robert hat Rice und Lloyd Webber buchstäblich für acht Jahre gekauft«, sagte der Komponist. »Er fuhr gut dabei, und uns ging es auch gut. Es wäre viel zu einfach, jetzt rückblickend zu sagen, daß er sich Freiheiten bei uns herausgenommen hätte. Das Traurige ist nicht, daß Robert die Leitung übernahm, sondern daß Sefton den Erfolg nicht mehr erlebt hat. Ich verlängerte den Vertrag mit Robert deshalb nicht, weil ich das Gefühl hatte, daß es für mich wichtig wäre,

Vorherige Seiten · Das Zuhause eines Engländers ... Sir Andrew Lloyd Webber in seinem Herrenhaus und (*oben*) in Royal Ascot

eine eigene Organisation zu haben, vielleicht mit jüngeren Leuten, die noch mehr Biß haben.«

Mit der Gründung seiner eigenen Firma bekam er einen größeren Anteil am Gewinn, schützte einen Teil seines Einkommens vor der Steuer und hatte alles mehr unter Kontrolle. Er war nun nicht länger nur der Komponist, sondern auch der Produzent. Theater, so stellte er fest, war immer schon eine Gemeinschaftskunst gewesen. Dichter und Maler waren womöglich in der Lage ihre Arbeit in einer reinen, unverfälschten Form dem Publikum zu vermitteln, während Komponisten von Textern, Produzenten, Regisseuren, Choreographen, Schauspielern, Sängern und Tänzern abhängig waren. Er wußte und akzeptierte dies. Als er nun ein Leben ohne seinen alten, schreibenden Partner vor sich sah, wollte er ein größeres Mitspracherecht bei der Präsentation seiner Shows. Als Boss würde er dies auch bekommen.

Das war der Grund, warum er 1978 die Really Useful Company gründete, deren Namen aus Rev. W. Awdrys *Thomas-the-Tank-Engine*-Geschichten stammte. Als Geschäftsführer en-

gagierte er Brian Brolly, den Manager der Plattenfirma, der für *Jesus Christ Superstar* grünes Licht gegeben und der, nachdem er von MCA weggegangen war, Paul McCartneys MPL-Imperium aufgebaut hatte. Brolly kannte die geschäftliche Seite des Showbusiness in- und auswendig.

Really Useful produzierte *Starlight Express*, *Aspects of Love*, *Sunset Boulevard* und das erfolgreiche Revival von *Joseph* im Londoner Palladium und koproduzierte gemeinsam mit Cameron Mackintosh *Cats*, *Song & Dance* und *Das Phantom der Oper*.

Seitdem er mit elf Jahren sein kleines Spielzeugtheater gebaut hatte, träumte Lloyd Webber davon, ein richtig großes West-End-Theater zu besitzen. Ein solches Vorhaben bewies einen gesunden Geschäftssinn. Der Kauf eines Theaters würde ihm zu einem Aufführungsort für die Shows verhelfen, die er jetzt produzierte und schrieb. Während manche Produktionen einen ansehnlichen Profit erzielen, machen andere große Verluste. Doch Bolly machte darauf aufmerksam, daß Theaterbesitzer selten Pleite machen. Sollte eine Show ein Flop werden, gibt es immer einen Produzenten, der bereits mit einer anderen Show in den Kulissen wartet.

Im November 1981 kam der amerikanische Produzent James Nederlander mit einem Gebot von £ 1,2 Mio. Lloyd Webber beim Kauf des Aldwych Theatres um Haaresbreite zuvor. »Natürlich war ich enttäuscht, daß ich das Aldwych nicht bekam. Es befindet sich in einer guten Lage und besitzt eine gute Reputation. Doch im Old Vic steht viel mehr Raum zur Verfügung, um Neues zu entwickeln.«

Er plante das Vic, eines der ältesten und prestigeträchtigsten Londoner Theater, in ein Zentrum für Musicals in Großbritannien umzuwandeln. Er wollte vier Musicals in einer Saison aufführen, einschließlich mindestens eines neuen Werkes und eines etablierten Klassikers, und er wollte die Nebengebäude in Übungsräume umwandeln, in denen die Darsteller ihre Kunst als Sänger, Tänzer und Schauspieler perfektionieren könnten. »Es gibt Schulen in diesem Land, die behaupten, sie würden alle drei Disziplinen unterrichten«, sagte er. »Doch meist ist es unmöglich, Schauspieler zu finden, die den Anforderungen gewachsen sind, und die ersten Wochen der Probenzeit für eine Show müssen der Grundausbildung gewidmet werden.« Doch im Juni 1982 verlor er auch den Kampf um das Old Vic. »Ich belastete fast alles, was ich auf der Welt besaß, mit Hypotheken. Dann verlor ich wegen ein paar lumpiger Pfund.« Sein versiegeltes Gebot von £ 500.000 lag £ 50.000 unter dem des kanadischen Unternehmers Ed Mirvish.

Beim dritten Mal hatte er Glück und erwarb im August 1983 das Palace Theatre im Cambridge Circus für £ 1,3 Mio. »Dies ist der stolzeste Tag in meinem Leben«, sagte er, nachdem der Papierkram erledigt war. Das mit 1.450 Sitzen ausgestattete, aus roten Ziegeln und Terrakotta für Richard D'Oyly Carte 1891 als Royal English Opera House gebaute Theater blickte auf eine lange Musicaltradition zurück. *Cabaret, The Sound of Music* und *Anything Goes* wurden hier aufgeführt. Das Palace hatte für Lloyd Webber zudem eine besondere Bedeutung. Hier hatte man *Jesus Christ Superstar* und *Song & Dance* gespielt, und darüber hinaus war Lloyd Webber hier im Alter von zwölf Jahren Rodgers und Hammersteins *Flower Drum Song* verfallen. Es war ein außergewöhnlich schönes Theater. »Mein Hobby ist die Architektur, und das ist der Grund, warum ich das Palace gekauft habe«, sagte er lächelnd. »Es ist das schönste Beispiel für ein viktorianisches Theater.«

Acht Jahre später, im August 1991, kaufte er das New London Theatre in Drury Lane, wo *Cats* seit nunmehr zehn Jahren lief. Gemeinsam mit Nederlander wurde er 1993 Besitzer des Adelphi Theatre am Strand und gab ein Vermögen für die rechtzeitige Renovierung zur Premiere von *Sunset Boulevard* aus.

Der Erfolg von Really Useful und Lloyd Webbers wachsendes Vertrauen in seine neue Rolle als Theaterproduzent, Agent und Manager seiner eigenen Karriere bedeuteten das Ende seiner erfolgreichen Geschäftsbeziehung mit Cameron Mackintosh. »Als Andrew und ich gemeinsam an *Cats, Song & Dance* und dem *Phantom* arbeiteten, war er der Komponist, und ich war der Produzent«, sagte Makkintosh. »Viele Dinge, die Andrew zu mir sagte, betrafen die Arbeit des Produzenten, und viele Dinge, die ich zu ihm sagte, betrafen den Aufbau und die Komposition der Show. Wir arbeiteten eng zusammen und sprachen über alles. Das war einer der Gründe, warum wir das erfolgreichste Team aller Zeiten waren. Wir inspirierten uns gegenseitig. Es war eine gute, fruchtbare Ehe. Ich glaube nicht, daß wir noch einmal zusammenarbeiten könnten, es sei denn, Andrew würde sich wieder auf das Komponieren beschränken. Nun besitzt er seine eigene große Produktionsfirma, und ich möchte wirklich nicht mit einem Konglomerat, denn das ist Andrew jetzt, zusammenarbeiten. Seine Organisation ist riesig.«

Im Januar 1988 engagierten sie einen enthusiastischen, jungen Mann, der deshalb aus den Royal Marines ausschied, weil ihm ein Leben im Theater reizvoller erschien, als jahrelang durch das Bodmin Moor zu marschieren. Er unterschrieb mit dem Namen Edward Windsor, war aber bekannter als »His Royal Highness the Prince Edward«, der jüngste Sohn der Königin und der fünfte, nach Prinz Charles, Prinz William, Prinz Henry und Prinz Andrew, in der Anwartschaft auf den Thron im Vereinigten Königreich.

Really Useful ist nicht nur an Theaterproduktionen, sondern auch an verwandten Bereichen wie der Musikindustrie, dem Verlagsgeschäft, der Film- und Fernsehbranche beteiligt. Im Januar 1995 gründete die Firma im europäischen Ausland Büros, um dort ihre Produktionen selbst zu organisieren und zu vermarkten. »Die Nachfrage läßt einen auf Hochtouren arbeiten«, sagte James Thane, den Lloyd Webber aus Australien als Leiter für die europäische Initiative geholt hatte. »Wir nehmen unser Schicksal lieber selbst in die Hand, als daß wir Lizenzen für unsere Shows an andere Produzenten vergeben. Wir haben großartige Produktionen und ein großartiges, kreatives Team. Es wäre dumm, daraus kein Kapital zu schlagen.«

Lloyd Webbers Musicals erwirtschaften ein weltweites Bruttoeinkommen von £ 250 Mio. und haben bislang über die Jahre £ 1,5 Billionen eingebracht. Das Policy Studies Institute stellt in einem Bericht fest, daß in den letzten Jahren eine von fünf im West End verkauften Eintrittskarten für eine Andrew-Lloyd-Webber-Show gewesen war.

Schätzungen seines persönlichen Vermögens sind sicherlich übertrieben, aber es ist unbestreitbar, daß er zu den Reichen gehört. Doch reich wurde er nicht durch Geldheirat, durch Erbschaft oder durch zweifelhafte Geschäfte. Er hat jeden Penny mit der Erfindung des modernen Musicals, mit der Freude, die er Millionen mit *Joseph, Jesus* und *Evita* gemacht hat, verdient.

Unten · Sydmonton Court, Lloyd Webbers Haus im Herzen von Watership Down.

Oben · Prinz Edward erweist sich als wirklich nützlicher Angestellter.

Ich erwarb als junger Teenager für £ 12 mein erstes präraffaelitisches Gemälde. Von Leighton gab es eines für £ 60, das ich mir nicht leisten konnte. Ich wollte einmal einen Rossetti erwerben, aber meine Großmutter wollte ihn nicht im Haus haben. Schade. Das Gemälde brachte später bei Sotheby's £ 300.000.

Andrew Lloyd Webber

»Man hat nicht einfach Erfolg. Man muß verdammt hart dafür arbeiten. Es ist ein großer Fehler, wenn man glaubt, daß einen Glück oder Talent an die Spitze bringen. Man sollte nicht vergessen, daß es großer Entschlossenheit und Hingabe bedarf. Meine Shows nehmen Stunden um Stunden konzentrierter Arbeit, Gedanken, Treffen, Proben und Umarbeitungen in Anspruch, bevor jeder mit der Musik und den Texten zufrieden ist. Das geschieht nicht einfach über Nacht. Viele talentierte Menschen sind auf der Strecke geblieben, weil sie nicht darauf vorbereitet waren, diese Menge an Arbeit hineinzustecken und sich mit der Einsamkeit, dem endlosen Frust und den nächtlichen Arbeitszeiten abzufinden. Sie wollten die Abkürzung zum Ruhm nehmen, aber um erfolgreich zu sein, muß man sich im klaren sein, daß es eine lange, harte Schinderei ist. Wenn man den Ruhm will, muß man die Schinderei in Kauf nehmen.«

Die materiellen Ergebnisse dieser Schufterei schließen ein Haus am Eaton Square, das Landgut in Sydmonton, ein Apartment im Trump Tower in New York und eine Villa in Cap Ferrat ein. Er kaufte seiner dritten Frau Madeleine eine Gruppe Vollblutpferde und legte sich eine der wichtigsten privaten Sammlungen präraffaelitischer und anderer viktorianischer Gemälde des Landes an. Lloyd Webbers Liebe zur Malerei begann, als er noch ein Schuljunge war. »Ich war zwölf Jahre alt, als mir zum ersten Mal ein Gemälde ins Auge stach, doch meine Oma, von der ich die £ 50 für den Kauf haben wollte, ließ mich abblitzen.« Erst als er seine erste Million gemacht hatte, konnte er seiner Sammelleidenschaft richtig frönen. Lloyd Webber hatte schon in den 70er und 80er Jahren kontinuierlich gekauft, doch in den letzten fünf Jahren begann er tüchtiger in seine Taschen zu greifen.

1991 kaufte er *Chill October* von John Everett Millais für £ 407.000, gab £1 Mio. für englische Möbel bei Christie's und weitere £ 750.000 für Porzellan bei Sotheby's aus.

Im April 1992 bezahlte er £ 10 Mio. für Canalettos hervorragende Stadtlandschaft *Old Horse Guards, London, from St James Park* und rettete diese somit für die Nation. »Ich habe mein Geld in Großbritannien verdient, und jetzt möchte ich etwas davon zurückgeben«, sagte er. Das Gemälde ist eine permanente Leihgabe an die Tate Galery. Zwei Monate später bezahlte er £ 1,65 Mio für Richard Dadds *Contradiction: Oberon und Titania*, £ 275.000 für Sir Samuel Fildes *Village Wedding* und £ 159.000 für John Atkinson Grimshaws *Dulce Dominum*.

1993 kaufte er für £ 2 Mio. Dante Gabriel Rossettis *Ansicht von Fiammetta* und zahlte 1995 für Pablo Picassos *Engel Fernandez* 18 Mio. bei Sotheby's in New York. »Es freut mich sehr, daß ich dieses Gemälde nach Großbritannien bringen kann«, sagte er. »Ich war lange hinter einem wichtigen Gemälde aus der blauen Periode her. Es ist tatsächlich bemerkenswert.« Nach der Restauration wanderte es in die Ausstellung des British Museums. Lloyd Webber hofft, daß er eines Tages seine gesamte Gemäldesammlung unter einem Dach zusammenführen und der Öffentlichkeit zugänglich machen kann.

Er spendet großzügig für karitative Organisationen und stiftete 1994 £ 1 Mio. für die Gründung des Open Churches Trust (Stiftung Offene Kirchen), einer Kampagne zur Wiederöffnung der historischen Gebäude, die zum Schutz vor Wandalen und Dieben geschlossen worden waren. Nahezu die Hälfte der 16.000 Kirchen der Church of England und dreiviertel der 4.500 römisch-katholischen Kirchen sind geschlossen. »Als ich ein Kind war, waren die Kirchen, die ich besuchte, immer offen, und ich hatte zu vielen wundervollen Gebäuden Zutritt. Nun sind viel zu viele geschlossen. Ich habe den großen Wunsch, diese geöffnet zu sehen, so daß andere Generationen sich an ihnen genauso erfreuen können, wie ich es tat.«

Die Gründung von Really Useful gab ihm die Kontrolle über seine Karriere. So mußte er sich nicht dem Risiko aussetzen, von irgend jemandem ausgebeutet zu werden. Und ob-

Links · Die größte Anerkennung in Amerika. Lloyd Weber hinterläßt in Hollywood sein Zeichen.

wohl er eine Bilanz ebenso gut wie der Buchhalter im Nebenzimmer der Firma in Tower Street, Covent Garden, verstehen kann, dient die geschäftliche Seite der Dinge letztlich nur einem Zweck, und dieser Zweck ist die Musik: »Ich liebe Musik, und ich liebe die Arbeit. Ich hasse es, herumzusitzen und nichts zu tun. Ich kann mir nicht vorstellen, mich jemals zur Ruhe zu setzen ...«

Die logische Schlußfolgerung aus Lloyd Webbers Idee, die Originalproduktion überall auf der Welt zu zeigen, statt verschiedene Produzenten unterschiedliche Produktionen in unterschiedlichen Ländern durchführen zu lassen, war, daß er auch der Besitzer der Theater werden mußte. Auf diese Art hatte er alles, angefangen von der künstlerischen Konzeption über den Finanzierungsplan bis hin zur Ausführung, unter Kontrolle.

Die Really Useful Invasion des kontinentalen Europas begann mit dem Bau eines £ 25 Mio. teuren Theaters in Niedernhausen, in der Nähe von Wiesbaden, das speziell für *Sunset Boulevard* entworfen worden war, und eines weiteren für das *Phantom der Oper* gleich hinter der Schweizer Grenze in Basel.

Aspects
of Love

Musik
Andrew Lloyd Webber

Text
Don Black und Charles Hart

◆

West-End-Premiere
Prince of Wales Theatre
17. April 1989

Rose Ann Crumb

Alex Michael Ball

George Kevin Colson

Regisseur Trevor Nunn

◆

Broadway-Premiere
Broadhurst Theater, 8. April 1990

Rose Ann Crumb

Alex Michael Ball

George Kevin Colson

Regisseur Trevor Nunn

Nach den schillernden Stücken *Cats* und *Starlight Express* wollte Lloyd Webber ein opernhaftes, reiferes Werk schreiben.

Während des langen heißen Sommers 1980 saßen Tim Rice und Andrew Lloyd Webber an einem lädierten Klavier in einem kleinen Hotelzimmer in Eugénie-les-Bains in Südfrankreich. Mit Hilfe einer oder auch zwei Flaschen des dort heimischen Weins komponierten sie einige Melodien und spielten einige Ideen in Gedanken durch.

Es war das Jahr, nachdem Lloyd Webber gemeinsam mit Don Black *Tell Me on a Sunday* geschrieben hatte und sechs Monate bevor ein Streit über die Texte für »Memory« den Bruch dieser erfolgreichsten Beziehung des Nachkriegs-Musicaltheaters dauerhaft besiegelte. Sie verbrachten eine Woche in dem Hotelzimmer und versuchten, zum letztenmal den Zauber von *Joseph and the Amazing Technicolor Dreamcoat*, *Jesus Christ Superstar* und *Evita* heraufzubeschwören und gemeinsam ein weiteres großartiges Musical zu schreiben. Nur kurz griffen sie auf eine frühere Idee, J. F. Kennedy und die Kubakrise, zurück, bevor sie diese endgültig verwarfen. Rice wollte ein Stück über zwei Schachspieler schreiben, die, getrennt durch die ideologische Barriere des Eisernen Vorhangs, sich in dieselbe Frau verlieben. Darauf wollte Lloyd Webber nicht eingehen und bat ihn, *Aspects of Love* (*Liebe ganz irdisch*) zu lesen, einen romantischen Roman von David Garnett, einem unbedeutenden Mitglied der einflußreichen Bloomsbury Group und einem Freund von Virginia Woolf, E. M. Forster, Vanessa Bell, Lytton Strachey und John Maynard Keynes.

Lloyd Webber vermutete, daß die Phantasie seines einstigen Partners durch diese Geschichte um Liebe, Sex, Versuchung und Betrug entzündet würde. Doch je mehr Rice in dieser dünnen Geschichte über die Betteskapaden eines englischen Aristokraten, dessen französische Frau, italienische Geliebte, Neffen und Tochter las, desto seichter erschien ihm die Geschichte.

Die Woche in Frankreich, in der Nähe von Pau, wo die Handlung des Buches größtenteils angesiedelt ist, war nicht von Erfolg gekrönt. Sie konnten sich auf kein Projekt einigen und genossen die Gesellschaft des anderen nicht mehr wie früher. Deshalb gingen sie ihrer eigenen Wege. Lloyd Webber stellte Garnett ins Bücherregal zurück. *Chess*, mit den Texten von Tim

Rice und der Musik von Benny Andersson und Bjorn Ulvaeus von Abba, wurde im Mai 1986 im Prince Edward Theatre uraufgeführt.

Lloyd Webber hatte fünfzehn Jahre lang das West End und den Broadway dominiert, doch nach den Erfolgen von aufwendigen und teuren Shows wie *Cats, Starlight Express* und *Das Phantom der Oper* gab er offen zu, daß er »unbedingt etwas in kleinerem Stil machen wollte«. Dies war der Grund, daß er sich nach der Londoner Premiere des *Phantoms* im Oktober 1986 wieder *Aspects of Love* zuwandte.

David Garnetts schildert in seinem 1955 veröffentlichten kurzen Roman die miteinander verknüpften Liebesgeschichten von fünf Figuren, die Mitte der 30er Jahre beginnend, 17 Jahre lang bis in die Nachkriegszeit dauern.

Unten · Amor läuft Amok in einer Welt voller Lust und Liebe. Vorherige Seite · Michael Ball und Ann Crumb

Es ist die Geschichte eines idealistischen, jungen Engländers, Alex Dillingham, der sich, während er an der Universität von Montpellier studiert, in eine schöne französische Schauspielerin, Rose Vibert, verliebt. Er fährt mit ihr zur Villa seines Onkels nach Pau. Für sie bedeutet das Ganze nicht mehr als zwei Wochen angenehmen Sex vor ihrer nächsten Produktion. Doch als sein Onkel, ein weltmännischer Maler mit seiner Geliebten auftaucht, tauscht Rose sofort Alex' Bett gegen das des Onkels ein, was die romantischen Illusionen des jungen Mannes tief erschüttert.

Die sexuelle Moral in der Show ist eher locker, was sich vielleicht auf *Les Liaisons Dangereuses (Gefährliche Liebschaften)* zurückführen läßt. Rose lebt mit ihrem alternden Aristokraten, den sie später heiratet und von dem sie ihre Tochter Jenny bekommt. Aber die flatterhafte

Schauspielerin ist nicht zufrieden. Zunächst nimmt sie sich einen jungen Liebhaber, dann gibt sie sich einer lesbischen Affäre mit Guilietta hin. 15 Jahre nach ihrer ersten Begegnung treffen Alex und Rose in einem Pariser Theater wieder aufeinander. Alex zieht zu dem ungleichen Paar. In dieser märchenhaften Welt scheint es den Onkel nicht zu stören, daß Alex wieder in Rose vernarrt ist. Diese Besessenheit verblaßt jedoch, als er den attraktiven Reizen der 14jährigen Jenny verfällt ...

Als Lloyd Webber im September 1983 eine kurze Kabarettfassung des sich in Arbeit befindlichen Werks in Sydmonton präsentierte, war die Musik mit Texten von Trevor Nunn unterlegt. Doch als er sich entschied, das Stück als richtige Theaterproduktion weiterzuführen, wandte er sich an Don Black, den Tin-Pan-Alley-Veteran (Zentrum der Schlagerkomponisten), der die Texte für *Tell Me on a Sunday* verfaßt hatte, und an Charles Hart, den jungen Mann mit einem Gespür für romantische Metaphern, der die Texte für *Das Phantom der Oper* geschrieben hatte. Er begab sich mit ihnen im Sommer 1987 in sein Haus nach Cap Ferrat, wo sie am ersten Akt arbeiteten. Den zweiten Akt beendeten sie in den ersten Monaten des folgenden Jahres in England.

Lloyd Webber vergißt niemals eine gute Melodie. *Cricket*, das kleine Stück, das ihn 1986 kurzfristig mit Tim Rice zur Feier des 60. Geburtstags der Königin wieder zusammenbrachte, wurde für *Aspects of Love* ausgeschlachtet. Noch bemerkenswerter ist, daß nach 30 Jahren aus einer der sechs 1959 im Magazin *Music Teacher* veröffentlichten Melodien das »Chanson d'Enfance« wurde.

Das Ergebnis war eine moderne Oper, die auf einer bohemehaften, in den Jahren nach dem Krieg beginnenden Liebesgeschichte beruht. Lloyd Webber versetzte die Geschichte in der Zeit nach vorne, blieb dem Rest des Buches jedoch treu und schrieb sein bislang feinfühligstes, intimstes und technisch kompliziertestes Stück. »Mehr als meine anderen Werke liegt mir dies am Herzen«, sagte er. »*Evita* war eine Oper, das *Phantom* war eine Oper, und *Aspects of Love* ist ganz bestimmt eine Oper. Es ist die opernhafteste Arbeit, die ich je geschrieben habe, aber es wird die Menschen womöglich überraschen, daß es kein ausladend üppiges Werk wie das *Phantom* ist.«

Genau das machte seinen Charme aus. In mancher Hinsicht hatte Tim Rice jedoch recht: An der Geschichte ist nicht viel dran. Die Handlung gibt nicht vor, tiefgründig zu sein, und man kann nicht in jeder Zeile intellektuelle Aussagen finden. Es ist eine liebenswürdige, unrealistische Romanze, eine Phantasiegeschichte, die das Gefühl anspricht.

Am Samstag, den 9. Juli 1988 drängten sich 150 geladene Gäste in die kleine Kapelle in Sydmonton, um die erste vollständige Aufführung von *Aspects of Love* zu sehen. Michael Ball, der sich als Marius in *Les Misérables* einen Namen gemacht und dann die Rolle des Raoul im *Phantom* übernommen hatte, verkörperte den jungen Engländer Alex; Susanne Fellows, die ihr West-End-Debüt als Erstbesetzungsmitglied in *Evita* gegeben und später die Titelrolle übernommen hatte, spielte Rose, Dinsdale Landen sang die Rolle des George und Diana Morrison die der Jenny.

Trevor Nunn führte bei dieser Produktion – die brillanteste, die je in Sydmonton zu sehen gewesen war – Regie. Dies überraschte viele Leute. Lloyd Webber hatte Nunns Arbeit für den *Starlight Express* öffentlich kritisiert, seine Texte für *Aspects* abgelehnt und sich während der Planung für das *Phantom* mit ihm zerstritten. Die Wahrheit war, daß er Nunn überhaupt nicht haben wollte. Lloyd Webber bot den Job Nicholas Hytner an, der jedoch bereits für *Miss Saigon* verpflichtet war. So wandte sich Lloyd Webber wieder dem Mann zu, der ihm dabei geholfen hatte, *Cats* und *Starlight* in Erfolge zu verwandeln.

Lloyd Webber umgibt sich immer gerne mit Menschen, deren Arbeit er kennt und schätzt, Menschen, auf deren Urteil er vertraut. Die Bühnenbilder für *Aspects* – und es gab viele – wurden von Maria Bjornson entworfen, die auch für das *Phantom* gearbeitet hatte, und die Choreographie war von Gillian Lynne, der sowohl für *Cats* wie auch für das *Phantom* verantwortlich gewesen war. Aber wer sollte die fünf Hauptrollen auf der Bühne spielen?

Kurz vor Weihnachten gab Lloyd Webber bekannt, daß Michael Ball die Rolle des Alex spielen und Roger Moore seinen Onkel darstellen sollte. Ball, der hinreißende Kritiken für *Les Misérables* und das *Phantom* bekommen und soeben gemeinsam mit Sarah Brightman eine Tournee mit *The Music of Andrew Lloyd Webber* beendet hatte, war ein ausgezeichneter Tenor und deshalb eine naheliegende Wahl. Das war Roger Moore nicht. Der 61jährige Star hatte eine Karriere als Hauptdarsteller in Fernsehserien wie *Ivanhoe*, *The Saint* (*Simon Templer*) und *The Persuaders* (*Die 2*) hinter sich, bevor er Sean Connery als James Bond in den 007-Filmen ersetzte. Er war über alle Maßen charmant, aber hatte abgesehen von der Zusicherung Lloyd Webbers, daß er tatsächlich über einen anständigen Bariton verfüge, als Sänger nichts vorzuweisen. »Wenn Sie wie ich 61 Jahre alt sind, ist es schon anstrengend, gleichzeitig zu gehen und zu sprechen«, sagte Moore, der immer auf nette Art bescheiden war, »vom Singen einmal

ganz abgesehen. Aber man weist keinen Lloyd Webber ab, besonders dann nicht, wenn einem noch immer die Musik aus dem *Phantom* in den Ohren klingt. Darüber hinaus gefällt es mir, George, den großartigen, lasterhaften alten Kerl zu spielen.« Für die Rolle der Rose wurden unterschiedliche Namen gehandelt. Natürlich Sarah Brightman. Aber auch Claire Moore, die die Christine im *Phantom* spielte, Jacinta Mulcahy, die Cosette in *Les Misérables*, Siobhan McCarthy, die für Elaine Paige in *Chess* einsprang, und Ute Lemper, die die Hauptrolle in *Cats* in Wien spielte. Doch Lloyd Webber hatte eine Vereinbarung mit der amerikanischen Schauspielergewerkschaft. Damit Brightman am Broadway die Hauptrolle im *Phantom* bekommen hatte, hat-

Oben · Roger Moore während einer Probe

te er zugestimmt, in seiner nächsten Show in London eine Hauptrolle mit einem »unbekannten« Amerikaner zu besetzen. Schließlich besetzte er nicht nur eine, sondern sogar zwei Rollen mit Amerikanern: Ann Crumb als Rose und Kathleen Rowe McAllen als Giulietta.

Lloyd Webber war im Hinblick auf *Aspects* sehr zuversichtlich. Damit stand er nicht alleine. »Das Publikum wird die Show mit dem Gefühl verlassen, daß man es in das Leben dieser Menschen einbezogen hat«, sagte Michael Ball, dessen Fassung von »Love Changes Everything« im Februar den zweiten Platz in den britischen Single-Charts erreichte.

Im Gegensatz zu ihm hatte Moore, der sich gegen Albert Finney, George Cole und Christopher Plummer durchgesetzt hatte, Probleme mit den Gesangspartien. Er nahm Gesangsstunden und ließ sich einen Bart wachsen, aber seine Stimme war einfach nicht gut genug. »Es ist eine gewaltige Herausforderung«, witzelte er, »und es könnte eine noch gewaltigere für das Publikum werden.«

Oben · »David Garnett verkörperte im Buch sowohl den alten Mann wie auch den Jungen«, sagte Lloyd Webber. »Dies ist sozusagen eine doppelte Autobiographie.«

Er schied einen Monat vor der Premiere aus. »Als Andrew Lloyd Webber mich fragte, ob ich die Rolle übernehmen würde, war ich mir nicht sicher, ob ich überhaupt die Stimme dafür hätte«, sagte er am 13. März 1989. »Man glaubte, ich könnte es. Wie dem auch sei, ich glaube jetzt nicht mehr, daß ich für die Musicalbühne geschaffen bin. Ich täte den äußerst talentierten Sängern, Musikern und der Musik von Andrew Lloyd Webber einen Bärendienst.« Moore, der, wie er sagte, seine Entscheidung nach »reiflicher Gewissensprüfung« getroffen hatte, fügte hinzu, daß er mit dem »Bewußtsein ginge, daß noch genügend Zeit für die Suche eines musikalisch angemessenen Ersatzes sei.« Seine zweite Besetzung, der australische Schauspieler Kevin Colson, der in *Chess* eine Hauptrolle gehabt hatte, sprang für ihn ein. Moore ging, wie üblich, mit einem Lächeln ab: »Ich zitierte aus der Show: ›Ich hatte eine großartige Zeit, eine wahrhaft großartige Zeit, aber nun muß ich wirklich gehen.‹«

Lloyd Webber gab zu, einen Fehler gemacht zu haben. »Ich vermute, ich unterschätzte die Anforderungen der Rolle, da ich

Ich denke, es war für alle Beteiligten das beste, daß ich gegangen bin. Es dem Ensemble zu erzählen, überließ ich dem Regisseur Trevor Nunn, ich war viel zu feige, dies selbst zu tun.

Roger Moore

mir so sehr wünschte, daß Roger sie spielen würde. Ich muß seine Entscheidung akzeptieren und sein Recht anerkennen, seine eigenen hohen Maßstäbe anzulegen.«

Aber die Probleme waren bei weitem noch nicht gelöst. Der Applaus bei den Voraufführungen war verhalten. Das Publikum sagte, es wäre zu ernst und zu lang. Nunn ging zu Lloyd Webber und sagte ihm, daß er mehr Zeit brauche, um die Show in Form zu bringen, und eine Woche vor dem 12. April verlegten sie die Premiere um fünf Tage nach hinten.

Ich fühlte, daß dies die Show sein würde, die alle meine anderen, abgesehen von Cats, *überdauern würde, denn 50% aller Menschen lieben Katzen und doppelt so viele lieben die Liebe. Sie ist es, worum sich* Aspects *ausschließlich dreht.*

Andrew Lloyd Webber

Am 10. April machten sie, wie geplant, mit einer Royal Gala Performance zur Unterstützung der Families' Welfare Association (Familienfürsorgewerk) weiter. Danach tat Lloyd Webber die Probleme der Produktion mit einem Achselzucken ab. »Wen interessiert es, ob es ein Erfolg wird?« fragte er wenig überzeugend. »Ich habe mich damit selbst verwirklicht. Und was auch geschehen mag, ich bin sehr erfreut über das, was ich erreichen konnte und wollte.«

Sie nutzten die zusätzliche Woche, um komplizierte Szenen zu vereinfachen, die humorvollen Stellen etwas aufzumöbeln und die Show durch umsichtige Beschneidungen der Partitur um 45 Minuten zu kürzen. Am 17. April nahmen Lloyd Webber und Nunn auf ihren Sitzen im Prince Of Wales Theatre Platz, drückten die Daumen und warteten ab.

Die Handlung setzte 1961 auf dem Bahnhof in Pau ein. Michael Ball sang, nur von einem Klavier begleitet »Love Changes Everything«. Er erzählt, daß die Liebe Alex, wie auch alle anderen Personen im Stück, hilflos gemacht habe. Über schnell wechselnde filmähnliche Szenen wird die Geschichte dieses Karussells der Beziehungen vorangetrieben. Sie beginnt in einem kleinen Theater 1947 in Montpellier, zieht sich über einen Rummelplatz in Paris zu Giuliettas Studio in Venedig und 1949 in ein Militärkamp in Malaya, um dann im zweiten Akt 1962 von einem Theater in Paris wieder in die Gärten von Pau zurückzukehren.

Der 26jährige Ball, der sich im Laufe des Abends, von 17 auf 34 Jahre alternd, von einem frühreifen Schuljungen zu einem Mann von Welt entwickeln mußte, war überragend. Ann Crumb gab eine bezwingende Vorstellung als Rose – niemand hätte vermutet, daß sie keine Französin, sondern eine Amerikanerin war –, und Diana Morrison fing überzeugend den entwaffnenden, dennoch nicht völlig unschuldigen Charme des Teenagernymphchens ein.

Es wurde jedem deutlich, warum Roger Moore – der, was für ihn typisch war, dem Ensemble

eine Kiste Champagner mit einer Glückwunschkarte schickte – sich den stimmlichen Anforderungen des alternden Lothario, George Dillingham, nicht gewachsen sah. Die Rolle war nicht einfach, aber Kevin Colson spielte sie perfekt: einen warmherzigen, kultivierten Aristokraten, der keine Schwierigkeiten hat, Rose aus den begierigen Armen seines völlig vernarrten Neffens heraus- und für sich einzunehmen.

Die Texte gehören zu den natürlichsten der Lloyd Webber Musicals, und die Musik ist wun-

Unten · Michael Ball als der idealistische junge Engländer Alex, der der schönen französischen Schauspielerin, Anne Crumb, verfällt.

derbar. Sie umfaßt mehrere formvollendete Stücke, wie z.B. die unvergeßliche Ballade »Seeing Is Believing«, Alex und Georges komödiantisches Duett »She'd Be Far Better Off With You«, die wortgewandte, gefühlvolle Bitte »The First Man You Remember«, Giuliettas Begräbnisrede »Hand Me The Wine And The Dice«, Roses Schaudern erzeugende, von Leidenschaft und Pathos getragene Klage »Anything But Lonely« und das mit der Liebesgeschichte eng verwobene »Love Changes Everything«, die immer wiederkehrende Erfolgsmelodie der Show.

Das Premierenpublikum bedachte *Aspects* mit dreiminütigen Standing ovations, und aus dem Stimmengewirr in der Bar nach der Show war herauszuhören, daß sie es wieder einmal geschafft hatten. Es war ein Triumph, und die Rezensionen waren gut. »Lloyd Webber wagt es und schafft einen neuen Erfolg« lautete die Schlagzeile in der *Daily Mail*; »Lloyd Webber spielt Trümpfe aus – und Herzen«, schrieb der *Daily Mirror*, und »Lloyd Webbers bislang Bestes«, erklärte *der Daily Telegraph*.

Lloyd Webber wußte, daß die Welt voller unheilbarer Romantiker ist. Und er war nicht der einzige, der davon profitieren sollte. Als David Garnett 1981 im Alter von 89 Jahren starb, hinterließ er testamentarisch nur £ 1.000. *Aspects* war jahrelang nicht neu aufgelegt worden. Nun teilten sich seine fünf Kinder ein Prozent des Bruttoumsatzes der Theaterkassen und der Lizenzen für das schnell wiederaufgelegte Buch. »Mein Vater hätte sich wie ein Schneekönig gefreut«, sagte Henrietta Garnett. »Er hinterließ nicht viel, als

er starb. Ich vermute, er hat sein ganzes Geld ausgegeben. Er war ein sehr gastfeundlicher und äußerst großzügiger Mann. Daß er sein ganzes Leben einem bekanntermaßen schlecht bezahlten Beruf wie dem Schreiben nachgegangen ist und seine Kinder dann das ganze Geld dafür bekommen, ist schon merkwürdig. Doch vermutlich würde es ihm nichts ausmachen, denn es gefiel ihm, uns zu verwöhnen.«

Lloyd Webber spürte, daß er mit 41 Jahren, musikalisch gesehen, erwachsen geworden war. *Aspects* war eine ernsthafte, zeitgenössisch impressionistische Oper. »Ich denke, daß *Aspects of Love* alle meine anderen Shows überleben wird«, sagte er bei der Premierenfeier im Waldorf Hotel. »Sie überlebt *Cats*, *Starlight* und das *Phantom*. Mit dieser Show haben wir viele Brücken hinter uns abgebrochen, und ich bin der Meinung, daß wir hier viel mehr Gefühl als in irgendeine andere Show investiert haben.«

Aber er wollte, daß die Kritiker und die Musicaltouristen seine musikalische Weiterentwicklung unterstützten, und fuhr fort: »Man muß mir den Versuch einer Veränderung zugestehen. Ich beabsichtige nicht, mit dieser Komposition alle an mich gerichteten Erwartungen zu erfüllen. Dies ist eine kleine, intime Oper, die davon handelt, das eine Liebesaffäre – wie der Titel des Liedes beschreibt – alles (everything) verändert. Verglichen mit dem *Phantom der Oper* ist sie ein Kammerstück.«

Ein Jahr später kam *Aspects* an den Broadway, wo es am 8. April 1990 am Broadhurst Theater mit Michael Ball, Anne Crumb und Kevin Colson, die auch hier ihre Londoner Rollen spielten, Premiere hatte. Obwohl die Beteiligten aus der Londoner Aufführung gelernt und die Show beträchtlich gekürzt hatten, wurde sie von den Kritikern verrissen. Frank Rich, der »Metzger vom Broadway«, schrieb in der *New York Times*: »Sie erzeugt so viel heiße Leidenschaft wie ein Bankbesuch« und schlug vor, daß der Komponist doch bei Shows über »Katzen, rollschuhfahrende Züge und herabstürzende Kronleuchter« bleiben sollte. Howard Kissel beschwerte sich in der *New York Daily News* über die ständigen Wiederholungen in den Songs, deren Texte er als »deprimierend einfältig« beschrieb. Er fügte hinzu: »Nahezu alles in der Show ist ein Schwindel. *Aspects* scheint kein mißglücktes Stück zu sein, aus dessen Fehlern man lernen könnte. Es ist vielmehr ein schonungsloser, gefühlloser Versuch, einen neuen Erfolg zu landen.«

Warum verabscheuten ihn die amerikanischen Kritiker? »Sie sind eifersüchtig«, sagte Hal Prince. »Und ist dies nicht verdammt schlimm?« Lloyd Webber hatte den Eindruck, daß die New Yorker Kritiker sich für die Erfolge von *Evita*, *Cats*, *Starlight* und dem *Phan-*

tom rächten. Doch *Aspects* hatte $ 14 Mio. im Vorverkauf eingebracht, was es nach dem *Phantom* und *Les Misérables* zur dritterfolgreichsten Broadway-Premiere machte. Ball, der am Broadway sein Debüt gab, schlug zurück: »Was die Kritiker auch sagen, man kann diese Vorverkäufe nicht ignorieren. Die Öffentlichkeit liebt es. Und wir werden nicht nach einer Woche schließen.«

Aspects lief drei Jahre im West End mit Michael Praed, Susannah Fellows, Claire Burt und Sarah Brightman in den Hauptrollen und wurde nach 1.325 Vorstellungen am 20. Juli 1992 abgesetzt. Daß dies als eine Art Mißerfolg gedeutet wurde, lag an dem Maßstab des Erfolges, mit dem Lloyd Webber nun gemessen wurde. Das Publikum nahm an, daß alle seine Shows ebenso wie *Evita*, *Cats* und *Starlight* Jahr für Jahr für Jahr laufen würden.

Während *Aspects* sowohl bei den Kritikern wie auch wirtschaftlich in London erfolgreich war – nur ganz Gierige würden dies anders sehen –, war es in New York ein wirtschaftlicher Flop. Um den Kartenverkauf am Broadhurst Theater anzukurbeln, schloß sich Sarah Brightman kurz vor Weihnachten der Truppe an. Im Februar spielte die Show vor einem halbleeren Haus, und Lloyd Webber wußte, daß dies das Ende war. *Aspects* wurde am Broadway nach 377 Vorstellungen abgesetzt, was die kürzeste Spielzeit eines seiner Musicals dort war.

Ein Jahr später tourte eine weniger opulente Kammermusikfassung unter der Regie von Robin Phillips erfolgreich durch die Vereinigten Staaten, und *Aspects* kehrte 1993 für eine begrenzte Laufzeit mit Kathryn Evans als flatterhafte Rose, Alexander Hanson als idealistischer Alex und Gary Bond als alternder Lebemann George zurück. Unter der Regie von Gale Edwards öffnete es zu Weihnachten am 21. Dezember für eine kurze Spielzeit am Prince of Wales Theatre, bevor es auf Tournee ging. »Von seinem ehemaligen Regie-Ballast befreit«, schrieb Jack Tinker in der *Daily Mail*, »wird es als pikantes mediterranes *La Ronde*, ein Liebeskarussell innerhalb einer Familie, ganz im Sinne von David Garnetts Novelle wieder lebendig.«

Als er dieses bittersüße Musical über Sex und Liebe zu schreiben begann, sagte Lloyd Webber: »Nach langer Zeit sollte dies eines der ersten Musicals über die Liebe für Erwachsene sein.« Das war es. Mit *Aspects of Love* bewies Lloyd Webber, daß er sowohl musikalisch wie auch emotional erwachsen geworden war. Möglicherweise ist es nicht sein glänzendstes Stück – was auch nicht beabsichtigt war –, aber es ist eines seiner reifsten und ergreifendsten Musicals.

Unten · Die am meisten diskutierte Show des Jahres war auch die romantischste – Michael Praed und Diana Morrison in einer intimen Szene.

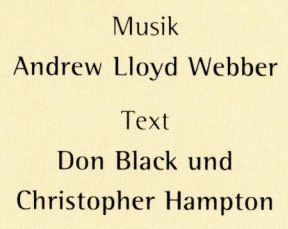

Sunset Boulevard

Musik
Andrew Lloyd Webber

Text
Don Black und
Christopher Hampton

◆

West-End-Premiere

Adelphi Theatre, 12. Juli 1993

Norma Desmond **Patti LuPone**

Joe Gillis **Kevin Anderson**

Max von Mayerling **Daniel Benzali**

Betty Schaefer **Meredith Braun**

Regisseur **Trevor Nunn**

◆

Los-Angeles-Premiere

Shubert Theater, 9. Dezember 1993

Norma Desmond **Glenn Close**

Joe Gillis **Alan Campbell**

Max von Mayerling **George Hearn**

Betty Schaefer **Judy Kuhn**

Regisseur **Trevor Nunn**

◆

Broadway-Premiere

*Minskoff Theater,
17. November 1994*

Norma Desmond **Glenn Close**

Joe Gillis **Alan Campbell**

Max von Mayerling **George Hearn**

Betty Schaefer **Alice Ripley**

Regisseur **Trevor Nunn**

Im Juni 1992 wurde Andrew Lloyd Webber aufgrund seiner Verdienste um die Künste im Rahmen der Geburtstagsehrenliste der Königin geadelt. Ein Jahr später erhielt er einen Stern auf dem Hollywood Walk of Fame. »Es ist eine sehr, sehr große Ehre für mich, und Sie werden erleichtert zur Kenntnis nehmen, daß ich daraus keine Gesangs- und Tanznummer mache!« sagte er.

»Ich freue mich sehr und möchte meinen Freunden und Kollegen innerhalb wie auch außerhalb des Theaters danken, ohne die dies nicht möglich gewesen wäre. Um ganz ehrlich zu sein, ich war sicher, früher oder später etwas verliehen zu bekommen, aber ich habe nicht in diesen jungen Jahren damit gerechnet. Ich bin nicht schrecklich erpicht darauf, Sir Andrew genannt zu werden. Aber ich werde doch ziemlich häufig kritisiert. Und dieser Titel beweist immerhin, daß es eine Person gibt, die weiß, was ich kann.« Er war mit 44 Jahren einfach ein Phänomen: ein musikalisches Genie mit der Midasgabe, das seit 20 Jahren das Musicaltheater in Großbritannien und Amerika dominierte. Er war 1982 der erste Komponist, der gleichzeitig drei Musicals in London und New York laufen hatte – eine Meisterleistung, die er 1988 und 1994 wiederholte –, und 1991 erzielte er mit sechs gleichzeitig laufenden Shows im West End einen neuen Rekord.

Die ihm auf beiden Seiten des Atlantiks verliehenen Ehren und Preise machten seine Feinde noch aggressiver. Der Adelstitel wurde ihm verliehen, wenige Wochen nachdem der Buckingham Palast ihn (und nicht Malcolm Williamson, den Hofkomponisten) ausgewählt hatte, aus Anlaß des 40jährigen Thronjubiläums der Königin ein Musikstück für den Festakt zu schreiben. Williamson war furchtbar gekränkt und beschimpfte Lloyd Webber. Er nannte ihn einen »Komponisten für das Kabarett«, und seine Arbeit bezeichnete er als »albern«. »Warum«, so fragte Richard Stilgoe 1993 in seiner Antrittsvorlesung für Kultur auf Radio Two, »sind alle ihm gegenüber so unverschämt?« »Es gibt dieses Vorurteil, daß ein großer Erfolg und

Vorherige Seiten · »Wir mußten nicht sprechen, wir beherrschten damals die Mimik.«

Qualität sich ausschließen«, sagte Cameron Mackintosh, »was einfach Blödsinn ist.« Don Black tat die Nörgler ab als »hochnäsige Komponisten, die noch nicht einmal acht Takte, die man mitsummen könnte, geschrieben haben«. Tim Rice sagte einfach: »Es ist der Neid. Ehrlich, im gesamten Musicalgeschäft gibt es in punkto Komponisten nur Andrew und sonst niemanden. Es gibt keine Konkurrenz. Die Leute, die ihn abqualifizieren, sagen, daß jeder das könne. Doch sie können es nicht.«

Im Oktober desselben Jahres wurde Lloyd Webber vor dem Abflug in einer Concorde nach Kalifornien am Flughafen Heathrow gesehen, zusammen mit seiner 13jährigen Tochter Imogen, seinem 11jährigen Sohn Nicholas, ihrer Mutter Sarah und deren Ehemann Jeremy Norris. Die Boulevardjournalisten konnten ihr Glück nicht fassen, denn Lloyd Webber war nicht alleine: Er hielt mit seiner neuen Freundin Madeleine Gurdon Händchen. Es war das ganze Jahr über ein offenes Geheimnis gewesen, daß seine zweite Ehe gescheitert war, aber hier stand er nun, sowohl mit seinem neuen Mädchen wie auch mit seiner ersten Frau und deren Familie im Schlepptau auf dem Weg in den Urlaub.

Lloyd Webber wurde von Sarah Brightman am 5. November 1990 um 11 Uhr geschieden. Am selben Tag um 18 Uhr gab er seine Verlobung mit Madeleine, der ehemaligen Turnierreiterin, bekannt, die einen strahlenden £ 10.000 teuren Ring aus Diamanten und Saphiren trug. »Es ist immer ein Schock, wenn man der Tatsache ins Auge sehen muß, daß eine Ehe zu Ende ist und man darüber hinwegkommen muß. Doch wir dachten, daß es letztendlich wohl das beste für uns alle ist.«

Er hatte die jetzt 27jährige Madeleine vor Jahren in Badminton als junge Reiterin gesehen. »Sie war im Interview äußerst witzig, als sie im strömenden Regen stand und sagte: ›Wo ist mein Make-up? Ich kann dies ohne Make-up nicht machen!‹ Daraufhin schrieb ich ihr ein Briefchen, um ihr zu gratulieren, aber ich glaube nicht, daß sie es jemals erhalten hat. Als ich sie einige Zeit später traf, habe ich zwei und zwei nicht zusammengebracht. Ich ging gelegentlich mit ihr aus. Sie war dann meine Begleiterin, wenn ich irgendwohin gehen mußte – irgendwelche Dinnerparties und ähnliches – und Sarah auswärts arbeitete. Ich glaube, keiner von uns hat das beabsichtigt, was schließlich wohl geschehen mußte.«

Madeleine glich mehr seiner ersten Frau Sarah Hugill als Sarah Brightman, und es war für jeden offensichtlich, daß sie miteinander rundum glücklich waren. Sie heirateten am Freitag, den 1. Februar 1991 auf dem Standesamt in Westminster. Es waren nur fünf Menschen anwesend – darunter seine Mutter Jean als Trau-

Rechts · Andrew, Madeleine und ihr erster Sohn Alastair

zeugin –, da sie wegen des Golfkrieges nicht viel Aufhebens machen wollten. Ihre für den 9. Februar geplante kirchliche Trauung in Burgh in Suffolk mit einer anschließenden Feier für 700 Gäste in Sydmonton – bitte keine Geschenke, Spenden zugunsten der karitativen Belange der Armee – mußte auf den darauffolgenden Samstag verlegt werden, da 15 cm Schnee das Reisen unmöglich machte. Julian Lloyd Webber spielte ein neu komponiertes Cellostück namens »Madeleine«, Michael Ball sang »Climb Every Mountain« und Elaine Paige sang die Weltpremiere von »With One Look« aus Andrews nächstem Projekt, dem *Sunset Boulevard*. Sie machten sich sofort daran, eine Familie zu gründen. Ihr erster Sohn, Alastair, wurde am 3. Mai 1992 geboren und ihr zweites Kind, Richard, am 24. August des folgenden Jahres. Am 30. April 1996 folgte auf die beiden Jungen eine Tochter, Isabella.

Der berufliche Druck, der auf Lloyd Webber lastete, war enorm, und er brauchte jemanden, mit dem er die Last teilen konnte. »Ich glaube nicht, daß meine erste Frau dies geschafft hätte. Sie heiratete mich, als sie noch sehr jung war, und erlebte, kaum aus der Schule, direkt die Weltpremiere von *Jesus Christ Superstar*. Auch Sarah, so denke ich, wäre überfordert gewesen. Ich glaube, das war es, was zwischen uns schieflief. Es war nicht so, daß ich sie nicht mehr gern gehabt hätte, ich mochte sie und mag sie immer noch. Sie ist eine Künstlerin, eine Zigeunerin, um es in ihren Worten auszudrücken. Aber die Bandbreite der Dinge, die ich zu tun habe, sind ohne eine Lebenspartnerin schwer zu bewältigen. Ich bin alleine nicht sehr gut. Madeleine hat mir die Freude wiedergegeben, mit jemandem, den ich liebe, die ganze Zeit zusammensein zu können. Wenn ich sie brauche, ist sie immer da. Ich hasse es, allein zu sein, und das war das große Problem mit Sarah. Eine Ehe

kann nicht funktionieren, wenn man meilenweit voneinander getrennt ist, und ein ehrgeiziges, talentiertes Mädchen wie Sarah ist schrecklich viel unterwegs. Als wir uns trennten, befürchtete sie, nicht mich, sondern meine Musik zu verlieren. Sie hatte schreckliche Angst, daß ich sie nicht mehr für Rollen in Betracht ziehen würde, aber ich schwor auf die Bibel, daß dies nicht geschehen würde.«

Er hielt sein Wort. Dies war nur das Ende ihrer persönlichen, aber nicht ihrer professionellen Beziehung. Lloyd Webber schrieb mit Don Black »Amigos Para Siempre« (Friends For Life) als Hymne für die Olympischen Spiele 1992 in Barcelona. Gesungen von José Carreras und Sarah Brightman erreichte das Lied in Großbritannien den elften Platz und wurde von Millionen Menschen auf der Welt gehört. Doch da arbeitete der frisch geadelte Komponist bereits an seinem nächsten Musical.

Sunset Boulevard ist eine ungefähr 43 km lange Straße, die westlich von der Union Station am Echo Park vorbei hinab durch Hollywood und Beverly Hills, das in den 20er Jahren das Zuhause von Filmstars und Kinomogulen war, ins Stadtzentrum führt. *Sunset Boulevard* (Boulevard der Dämmerung) ist auch ein Filmklassiker, eine schöne, brillante Geschichte über Eitelkeit, Verrücktheit und Mord. Lloyd Webber hatte den Film *Sunset Boulevard* zum ersten Mal während des heißen Sommers 1970 in einer Drehpause von *Jesus Christ Superstar* gesehen. Wie so viele Kinogänger vor ihm, war er sowohl von Billy Wilders Tragödie der Illusionen und der Desillusionen, von seinen zynischen Betrachtungen über die erbarmungslosen Grausamkeiten eines Geschäfts, das die Jungen verherrlicht, wie auch von Gloria Swansons alles überragender Darstellung einer Hohepriesterin des Hollywoodschen Babylons fasziniert. Völlig begeistert schrieb er den Titelsong für ein auf dem Kinofilm basierendes Musical. Als er feststellte, daß die Rechte nicht verfügbar waren, verwendete er die Melodie für seine Filmmusik zu Stephen Frears Film-Noir-Parodie *Gumshoe.*

Sunset Boulevard in ein Musical zu verwandeln schien ein Sakrileg zu sein. *Sunset,* so wurde argumentiert, sei untrennbar mit der Leinwand verbunden und könne als der grundlegende Film über Hollywood und den Boulevard der zerbrochenen Träume gelten. Von Billy Wilder, Charles Brackett und D. M. Marshman junior, geschrieben, erzählt es die Geschichte von Norma Desmond, einem ehemaligen Stummfilmstar, der nicht akzeptieren kann, daß er von den Studios ausrangiert und vom Publikum vergessen wurde. Sie spukt gemeinsam mit den Geistern aus ihrer Vergangenheit in ihrer verfallenen Villa in Hollywood, »winkt noch immer einer Parade zu, die schon lange an ihr vorbei-

gezogen ist« und träumt von einem Comeback, von dem wir wissen, daß es nie stattfinden wird. Ihr einziger Gefährte ist der mysteriöse Max, ihr Butler, Chauffeur und Kammerdiener, der, wie sich später herausstellt, einstmals ihr Regisseur und Ehemann gewesen war.

Joe Gillis, ein abgebrannter Hollywood-Schreiberling taucht versehentlich vor ihrer Tür in 10086 Sunset Boulevard auf. Norma bietet dem bettelarmen, arbeitslosen Schreiber an, an ihrem Comeback im Filmgeschäft zu arbeiten, wofür er auch den netten kleinen Nebenjob als ihr zeitweiliger Liebhaber erhält. Sie sieht in ihm den Mann, der das Drehbuch für ihren Wiedereinstieg als ganz große Nummer schreiben wird; er dagegen betrachtet sie als Bratkartoffelverhältnis. Doch ihre mausoleumartige Villa wird schon bald zu seinem Gefängnis.

Norma, die geistig verwirrte Stummfilmgöttin, wurde von Gloria Swanson, die tatsächlich ein Stummfilmstar gewesen war, gespielt. William Holden stand an ihrer Seite in der Rolle des von Norma ausgehaltenen Mannes, ihres Gespielen.

Der Film ruft auf unheimliche Art Erinnerungen an Swansons eigene Vergangenheit hervor. Paramount, das Studio, das den Film produzierte und im Film auch vorkommt, war das Studio, in dem sie in den 20er Jahren unumstrittene Königin war. Cecil B. DeMille spielt sich selbst und spricht Norma so an, wie er Swanson immer angesprochen hatte, als »young fellow«. Erich von Strohheim, der den Kammerdiener Max spielt, war einer der großen Regisseure der Stummfilmära. Und die Gäste, die zu Normas Kartenaben-

Oben · Gloria Swanson und Erich von Strohheim in Billy Wilders Filmklassiker

den kommen, sind Größen wie Buster Keaton, H. B. Warner, der den Christus in DeMilles biblischem Epos *King of Kings* spielte, und die Stummfilmschönheit Anna Q. Nilsson.

Es war ein Film-Noir-Klassiker mit langen, dunklen Schatten, viel Regen, Spannung und Pessimismus, einem glanzlosen Helden, der seinem eigenen Untergang entgegeneilt, einer ungesunden sexuellen Liaison und natürlich einem plötzlichen Tod. All dies wird in Rückblicken erzählt, nachdem Joes Leiche in Normas Pool aufgetaucht ist. Einige von Normas Textzeilen wie »Ich BIN eine Größe, es ist das Kino, das klein geworden ist«, »Wir mußten nicht sprechen, wir beherrschten damals die Mimik« und ihr letzter Vorhang, »In Ordnung, Mr. DeMille, ich bin für die Großaufnahme fertig« wurden unauslöschlich in die Herzen von Generationen von Kinofans eingraviert.

»Ich sah den Kinofilm zum ersten Mal in den frühen 70er Jahren und dachte damals, daß er ein Musical werden könnte«, sagte Lloyd Webber. »Doch ich fand heraus, daß die Rechte verkauft waren.« Ironischerweise waren sie von Harold Prince, dem Regisseur von *Evita*, gekauft worden. Als Prince hörte, daß Lloyd Webber interessiert war, bot er dem Komponisten die Zusammenarbeit bei diesem Projekt an. »Hal wollte, daß die Geschichte von einer Doris-Day-Figur der 50er statt von einem Stummfilmstar handelt, doch ich wollte auf keinen Fall an dem Film herumdoktern.«

Es war nicht der erste Versuch, *Sunset* in ein Musical umzuwandeln. Gloria Swanson selbst wollte die Hauptrolle in einem einfach mit *Boulevard* betitelten Musical spielen. Die von Dickson Hughes und Richard Stapley geschriebene Show sollte 1957 in London inszeniert werden. Doch Paramount änderte plötzlich seine Meinung und entzog ihnen die Rechte. Das war wahrscheinlich gut so, denn Swanson schien das Wesentliche des Kinofilms nicht verstanden zu haben. Sie hatte Norma in eine viel sympathischere Figur verwandelt und dem Stück ein Happy-End verpaßt, in dem Joe und Betty mit Normas Segen gemeinsam weggehen.

Es war auch für Lloyd Webber nicht einfach, die Rechte von dem zögerlichen Hollywoodstudio zu bekommen – Wilder hatte weder die Rechte am Kinofilm noch am Musical, da er 1949, als er das Drehbuch schrieb, bei Paramount angestellt gewesen war –, was den verhältnismäßig langen Reifungsprozeß der Show erklärt. »Das in der Zusammenarbeit umgängliche Studio Paramount erwies sich als schwieriger Gesprächspartner, als wir die Rechte erwerben wollten. Wir treffen die kreativen Entscheidungen, aber letzten Endes arbeiten wir für Paramount. Wir machen es wirklich nur, weil uns das Projekt am Herzen

liegt. Ob sie Billy, der sich damit wenig zu beschäftigen scheint, ein Extrahonorar bezahlen oder auch nicht, ist deren Entscheidung.«

Sunset handelt von Dekadenz und Zynismus, aber auch von menschlichen Beziehungen und Liebesgeschichten. Das Thema ist die unerwiderte Liebe von vier Menschen – Norma, Max, Joe und seiner zeitweiligen Geliebten Betty Schaefer. »*Sunset* ist eine Show, in welcher für die Charaktere nur eines zählt: Filme«, sagte Lloyd Webber. »Und ein bißchen Liebe. Liebe und Film.«

Dies sind große, gefühlvolle Themen, und *Sunset* hat mehr mit dem *Phantom der Oper* und mit *Aspects of Love* gemein als mit den lustigen und etwas seichten *Cats* und dem *Starlight Express*. Nur um zu veranschaulichen, daß dies ein Musical für Erwachsene ist: *Sunset* war das erste Werk Lloyd Webbers und eine der wenigen Broadwayshows, in der ein ordinäres Wort vorkam. Während »Let's Have Lunch« (Laß uns zu Mittag essen) fragt Sheldrake Joe: »What the f*** brings you here?«

Auf der Suche nach einem Texter erinnerte sich der Komponist an den Stückeschreiber Christopher Hampton, der sich 1970 mit *The Philanthropist* einen Namen gemacht, 1985 Choderlos de Laclos' Roman *Les Liaisons Dangereuses* erfolgreich für die Royal Shakespeare Company bearbeitet und drei Jahre zuvor für das National Theatre *Tales From Hollywood*, eine Hommage an *Sunset Boulevard*, geschrieben hatte. Lloyd Webber hatte Hampton durch Tim Rice kennengelernt. Die beiden hatten gemeinsam die Schulbank gedrückt, und er erinnerte sich an ein Gespräch in den späten 70er Jahren, in dem Hampton sagte, daß er versuche, ein Libretto für *Sunset* für die National Opera zu schreiben. Daraus wurde nichts, da Paramount auch ihm die Rechte nicht geben wollte, aber von der Idee war er immer noch fasziniert.

»Ich habe versucht, von Paramount die Erlaubnis für eine Bühnenbearbeitung von *Sunset* zu erhalten«, sagte Hampton. »Sie lehnten ab. Andrew bat sie, es ihn in ein Musical umarbeiten zu lassen, doch auch das lehnten sie ab. So entschieden wir uns, zusammenzuarbeiten, und schließlich willigten sie ein. Natürlich bekommen sie ein beträchtliches Stück vom Kuchen. Leider bekommt Billy Wilder nichts. Er war ein Angestellter, und die Rechte gehören dem Studio. Andrew gab sich viel Mühe, Paramount zu überzeugen, ihm etwas zukommen zu lassen, was sie ablehnten. Wilder dankte uns für unsere Bemühungen in einem Brief und schrieb uns, unsere Zeit nicht weiter damit zu verschwenden. ›Ich kenne Hollywood lange genug‹, sagte er, ›um zu wissen, daß sie Jackettaschen aus Gummi haben, damit sie darin die Suppe stehlen können.‹ Lloyd Webber sorgte dafür, daß

Billy Wilder gewürdigt wurde, indem er auf die Plakate, die Programmhefte und die Alben ›Nach dem Billy-Wilder-Film‹ drucken ließ. ›Das ist zwar kein Geld auf der Bank‹, grummelte Wilder, ›aber es ist besser als nichts. Man ißt sowieso weniger, wenn man älter wird ...‹«

Hampton war begeistert, hatte jedoch noch nie in seinem Leben Liedertexte geschrieben und sagte, daß er gerne mit einem erfahrenen Musicalautor zusammenarbeiten würde. Sie versuchten es mit der amerikanischen Texterin Amy Powers, »aber sie war jung und zu sehr von der ganzen Sache eingeschüchtert«. Deshalb brachte Lloyd Webber Don Black ein, der die Texte für *Tell Me on a Sunday*, das ein Teil von *Song & Dance* wurde, und *Aspects of Love* geschrieben hatte. Black sagte, daß Hampton sich in dem neuen Genre gleich wie ein Fisch im Wasser fühlte. »Er brauchte etwa zehn Minuten, um den richtigen Dreh zu finden. Auf dem Hintergrund meiner 30jährigen Erfahrung als Texter bewunderte ich seine Fähigkeit, die Sprache entsprechend den Vorgaben von Andrews Musik so mühelos zu biegen und zu komprimieren. Eine Fähigkeit, die mich auch verunsicherte.« »Anfängerglück«, sagte Hampton. »Die Tatsache, daß mir das Thema so vertraut war, half

mir dabei. In *Sunset Boulevard* geht es um Zurückweisung. Als ich für das Kino zu schreiben begann, mußte ich selbst sehr viel Ablehnung ertragen, und deshalb weiß ich, wie Norma Desmond sich fühlte.«

Um zu arbeiten, begaben sich die drei nach Cap Ferrat. Das Drehbuch enthält mehr Dialogstellen als die meisten Lloyd Webber Musicals, denn ein Fünftel des Textes wird gesprochen, obwohl durchgängig alles mit Musik unterlegt ist. Dabei wurde sorgfältig darauf geachtet, daß das Original im wesentlichen erhalten blieb. Herausragende Sequenzen des Films wurden als Motive für wichtige Lieder benutzt, wie beispielsweise Normas berühmte Bemerkung »We had faces ...« (Wir beherrschten die Mimik) aus der »With One Look« wurde.

»Andrews Musik ist dunkler, bitterer, rastloser und grüblerischer als alles, was er zuvor geschrieben hat«, sagte Black. »Sie ist wunderbar melodisch und sehr bewegend. Es gab keine einzige Probe, bei der nicht jemand geweint hätte.«

Nachdem Lloyd Webber 1970 den Film zum ersten Mal gesehen hatte, komponierte er eine Melodie, auf die er jetzt zurückgriff. »Ein Lied, das ich bereits verwendet hatte, war der in der Zeit von *Jesus Christ Superstar* entstandene Titelsong, der das Kino zum Thema hatte. Dann wollte ich es als Erkennungsmelodie in Stephen Frears Film *Gumshoe* einsetzen, für den ich die Filmmusik komponierte, was jedoch nicht funktionierte. Spürnasen erkennen womöglich, daß in *Gumshoe* Fragmente des Titelsongs auftauchen.« Christopher Hampton besaß eine solche Nase. »Eines Abends beschloß ich, *Gumshoe* im Fernsehen anzusehen, und dort in der Bahnhofszene, als Albert Finney und Billie Whitelaw sich verabschieden, genau an dieser Stelle ist unser Lied ungefähr 30 Sekunden lang gut erkennbar.«

Nachdem *Aspects* 1989 angelaufen war, begann Lloyd Webber sofort mit seiner Arbeit an der Partitur, aber aus seinem musikalischen Bummel den *Sunset Boulevard* entlang wurde erst nach dem Sydmonton Festival, auf dem die Gäste im August 1991 die ersten Ansätze einer Showfassung zu sehen bekamen, eine ernsthafte Arbeit. Bereits ein Jahr später wurde die ausgereifte Fassung mit Patti LuPone, der Evita am Broadway, in der Rolle der Norma Desmond realisiert. Lloyd Webber schickte eine Videoaufzeichnung der Aufführung an Wilder nach Kalifornien. »Er schwärmte für die Show. Er schrieb zurück: ›Ich bin der Meinung, Sie haben fabelhafte Arbeit geleistet. Ich gratuliere Ihnen zu dieser genialen Idee. Sie haben das Originaldrehbuch bestehen lassen. Sie haben nicht versucht, es zu verbessern!‹«

Lloyd Webber brauchte für seine Show einen Aufführungsort und wurde ironischerweise ein Opfer seines eigenen Erfolges. Seine beiden

Links · Zehn Jahre vor seiner Zusammenarbeit mit Andrew Lloyd Webber hatte Christopher Hampton sich bereits an einem Libretto für Sunset für die ENO versucht.

Theater erwirtschafteten umwerfende Einnahmen: *Les Misérables* spielte vor ausverkauftem Haus im Palace, und *Cats* im New London war ebenfalls immer ausverkauft. Deshalb erwarb er im Dezember 1992 die Hälfte des Adelphi Theatres und kündigte Renovierungsarbeiten in Höhe von £ 1,5 Mio. im Hinblick auf die Eröffnung von *Sunset* an. Schwarze Marmorwände, Chromausstattungen und bemalte Deckenfugen stellten im Foyer das Art-déco-Ambiente der 30er Jahre wieder her. Die Bühne wurde komplett umgebaut, die Größe des Orchestergrabens erweitert, die Garderoben neu gestrichen und der Zuschauerraum völlig renoviert.

Kurz vor Weihnachten kündigte Lloyd Webber an, daß Trevor Nunn in *Sunset* Regie führen würde – nach *Cats*, *Starlight Express* und *Aspects of Love* war dies ihr viertes gemeinsames Projekt – und John Napier, der bei *Cats*, *Starlight*, *Les Misérables*, *Miss Saigon* und *Hook*, einem Film von Steven Spielberg, mitgearbeitet hatte, für das Bühnenbild verantwortlich sein würde. Napiers Aufgabe war es, das Studiogelände, Normas außergewöhnliche Barockvilla und die Garage mit dem Oldtimer zu entwerfen und auszustatten. Auch für die Realisierung der Verfolgungsjagd im Auto war er zuständig.

Im April 1993 begann das Ensemble mit den Proben und bekam Auftrieb, als zwei Monate später Barbra Streisands Fassung von »With One Look« auf beiden Seiten des Atlantiks in die Charts kam. Patti LuPones leidenschaftliche Darstellung in Sydmonton hatte ihr anstelle von Ann-Magret, Shirley MacLaine, Angela Lansbury, Liza Minnelli oder Meryl Streep die begehrte Rolle eingebracht.

LuPone hatte im West End in *Les Misérables* und *The Cradle Will Rock* und in einem sehr gelobten Broadwayrevival von *Anything Goes* die Hauptrolle gespielt. Vor dem Anruf von Lloyd Webber vergeudete sie ihre hervorragende Singstimme als Mutter einer Problemfamilie in der populären amerikanischen Situationskomödie *Life Goes On*. Nun, da sie die Rolle bekommen hatte, hatte sie die wenig beneidenswerte Aufgabe, aus dem Schatten von Gloria Swanson herauszutreten und die Rolle zu ihrer eigenen zu machen.

»Wenn ich nicht aufpasse, dann kippt die ganze Sache in eine tuntenhafte Darstellung«, sagte sie. »Auf der ganzen Welt spielen Transvestiten seit Jahren die Rolle der Norma Desmond, und ich habe nicht die Absicht, ihnen nachzueifern. Können Sie sich vorstellen, wie das über das Ziel hinausschießen könnte? Mein Hauptproblem ist es, die Rolle realistisch darzustellen. Extravagant, aber realistisch. Die Schwierigkeit liegt darin, daß Norma eine weitaus größere Persönlichkeit ist als die meisten zeitgenössischen Schauspielerinnen. Wenn die

Show anfängt, trauere ich um einen lieben Freund – einen Affen –, und diese Szene legt bereits fest, wie ich die Rolle zu spielen habe. Das Problem bei Norma ist, daß sie ein Produkt des furchtbaren Hollywoods ist, das einen Star macht, diesen dann wieder ausspuckt und zerstört. Norma Desmond ist eine große Schauspielerin und eine Kinogöttin, das ist es, was ich mir immer vor Augen halten muß, wenn ich sie spiele. Nicht Gloria Swanson...«

Michael Ball veröffentlichte, nachdem er zuerst in *Aspects of Love* die Hauptrolle gespielt und dann den britischen Beitrag für den Grand Prix Eurovision 1992 gesungen hatte, seine Version des Titelsongs und galt deshalb als Kandidat für die Rolle des Joe Gills. Schließlich entschied sich Lloyd Webber aber für den amerikanischen Schauspieler Kevin Anderson, der gemeinsam mit LuPone in Sydmonton aufgetreten war und Julia Roberts vor einem sicheren Tod in *Sleeping With the Enemy (Der Feind in meinem Bett)* gerettet hatte.

Daniel Benzali, der am Broadway in *Evita* den Perón gespielt und in dem James-Bond-Film *A View to a Kill* (*Im Angesicht des Todes*) mitgewirkt hatte, wurde Max, Normas Faktotum, das einst, so erfahren wir, ein mit D. W. Griffith und Cecil B. DeMille vergleichbarer Regisseur gewesen war. Meredith Braun, die in Neuseeland geborene Schauspielerin, wurde für die Rolle der Betty Schaefer ausgewählt.

Die £ 3 Mio. teure Show sollte am 29. Juni eröffnet werden, aber die Premiere mußte verschoben werden, da es Probleme mit der zehn Tonnen schweren Bühnentechnik gab. Die Bühnenbilder, die mit modernen elektronischen Ventilen zur Kontrolle der Hydraulik ausgestattet waren, bewegten sich völlig willkürlich. Es dauerte drei Tage, bis man das Problem fand. »Zufälligerweise entdeckte ich die Ursache, als ich mit meinem Handy telefonierte und das Bühnenbild sich bewegte«, sagte Lloyd Webber. » Ich tätigte ein weiteres Gespräch, und es bewegte sich wiederum. Unsere neue Elektronik wurde durch Radiowellen von vorbeifahrenden Taxen, Motorradkurieren und so weiter beeinflußt.«

London befand sich im *Sunset*-Taumel. Keine andere Show hatte seit Lerner und Loewes Eröffnung von *My Fair Lady* im Jahre 1958 in der Drury Lane eine solche Erregung verursacht. Am Montag, den 12. Juli herrschte rund um das Theater ein immenser Hochbetrieb, so daß der Verkehr im Viertel zum Erliegen kam. Im Kartenvorverkauf wurden £ 4 Mio. eingenommen.

Patti LuPone blendete das Publikum mit ihren Federn und Pailetten und von Anfang an auch mit ihrem Stimmvolumen, mit dem sie ihre Mißachtung in »Surrender« herausschmetterte. Auch für die große Ballade der Show »With One Look«, für das gemeinsam mit Joe

am Ende des ersten Aktes gesungene bittersüße Duett »The Perfect Year« und für Normas schöne Elegie über Paramount »As If We Never Said Goodbye« erhielt sie vom Publikum spontanen Applaus. Kalt lief es einem über den Rücken, als das Phantom des *Sunset Boulevards* wie ein altes, verrücktes Weib zum letzten Mal die berühmte Treppe hinabstieg.

Kevin Anderson konnte die vernichtende Ironie und die Selbstverachtung eines William Holden in der Rolle des Joes nicht einfangen, aber er sah gut aus, und zwischen ihm und LuPone stimmte die sexuelle Chemie auf der Bühne.

John Napiers prachtvolle Bühnenbilder – das polierte goldene Rokoko-Wohnzimmer, flackernde Kerzen und der riesige vergoldete Treppenaufgang – waren die Abbilder der barocken Exzesse in Normas Haus. Sie spiegelten sowohl die Dekadenz der Ära wie auch Normas Verrücktheit wider und nahmen dem Publikum den Atem.

Gemeinsam mit Trevor Nunn gelang es Napier, die Szenen mit Hilfe der Bühnentechnik ebenso nahtlos und aufregend wechseln zu lassen wie im Originalfilm. Napiers hydraulischer Szenenaufbau schneidet, überblendet und fährt ebenso effektiv wie eine Kameralinse an die Szene heran, was besonders während der atemberaubenden Autojagd, die mit einem platten Reifen in der Nähe von Normas Haus ihr Ende findet, zur Geltung kam.

Am ersten Abend waren Shirley Bassey, Elaine Paige, Cliff Richard, Jason Donovan und Roger Moore zugegen, doch der 87jährige Billy Wilder war der Ehrengast. Das mit Stars dicht besetzte Publikum blickte ihn ehrfurchtsvoll an, als er mit seiner Frau Audrey den Mittelgang im Adelphi hinabschritt. Und sein Urteil? »Es gefällt mir sehr gut. Sie haben großartige Arbeit geleistet und meinem Original großen Respekt gezollt.« Christopher Hampton dagegen berichtete etwas anderes: »Billy Wilder machte während der Pause eine Menge Vorschläge, aber für diese war es wohl etwas zu spät!« Auf der Premierenfeier im gegenüberliegenden Savoy – ein Abendessen mit Tanz für 950 Gäste, das den Komponisten £ 100.000 kostete – sagte Nancy Olson, die Betty Schaefer des Originalfilms: »Die Show heute abend war für mich wie ein Wiedersehen mit meiner Vergangenheit. Ein Remake des Films hätte keinen Sinn gemacht, aber Andrew Lloyd Webber hat die Vorlage noch verbessert.«

Oben · Norma Desmonds mausoleumartiges Herrenhaus in 10086 Sunset Boulevard

Sogar die loyalsten Fans des Komponisten müssen zugeben, daß seine Musicals nach der Trennung von Tim Rice nicht unbedingt vor Witz sprühten, aber hier hat er die Möglichkeit, einen unumstrittenen Klassiker mit seinen unvergeßlichen Melodien zu umhüllen.

Charles Spencer, *The Daily Telegraph,* 13. Juli 1993

Rechts · Nächtlicher Tango – Patti LuPone und Kevin Anderson

Einige Kritiker waren nach dem ersten Abend der Meinung, daß unvergeßliche Melodien fehlten. »*Sunset* schafft es nicht, Feuer zu fangen«

lautete das Urteil des *Daily Telegraph.* »Es ist weniger als die Summe seiner vielen leuchtenden Teile«, schrieb die *Daily Mail.* »An den Titelsong wird man sich nach und nach gewöhnen ... etwa so wie an unerwünschte Gesichtshaare«, beschwerte sich *Today.* »Was mich betrifft«, sagte Lloyd Webber, »ist es die melodischste Musik, die ich bislang geschrieben habe. Sollten sich die Leute an die Lieder nicht erinnern können, liegt das sicherlich daran, daß sie keine Zeit hatten, sich diesen zu öffnen.« Schließlich widerfuhr ihm auch die Genugtuung, zu erleben, wie der Master of the Queen's Musik, der Hofkomponist Malcolm Williamson, seine Worte zurücknahm. »Es ist technisch wunderbar. Es besitzt sowohl geistige wie auch philosophische Tiefe. Diese Musik ist unsterblich. Jedes dieser Teile muß genauso ernst genommen werden wie die herausragenden Entwicklungen von der *Zauberflöte* bis zu Benjamin Britten.«

LuPone wollte im Dezember für die amerikanische Premiere nach Los Angeles gehen, doch dafür wurde Glenn Close, die Hauptdarstellerin in *The Big Chill (Der große Frust)*, *Fatal Attraction (Eine verhängnisvolle Affäre)* und *Dangerous Liaisons (Gefährliche Liebschaften)* ausgewählt – ein Kinostar für eine Kinostadt –, und LuPone wurde statt dessen der Broadway versprochen. Lloyd Webber hatte eine einfache Erklärung dafür, warum er mit seiner Show zuerst an die Westküste ging. »Es ist vor allem eine Los-Angeles-Geschichte.« Damit wurden auch die notorisch feindseligen New Yorker Kritiker weitgehend ausgeschaltet, da deren Meinungen in dem fast 5.000 km entfernten Kalifornien wenig Gewicht hatten.

Vor der Eröffnung von *Sunset* am 9. Dezember in dem mit 1.800 Plätzen bestückten Schubert Theater in Century City überarbeitete Lloyd Webber das Stück. »Von 66 Musicalübergängen sind nur drei unverändert geblieben. Die Show ist nun viel straffer organisiert.« Er hatte auch ein völlig neues Lied, »Every Movie's A Circus«, geschrieben. Doch am stärksten waren die Klangfarbe und der Tenor des Stücks verändert worden. »Es besitzt nun eine stärkere monochrome, eine *Opera-Noir*-Qualität«, sagte er. »Es ist viel dunkler, erschütternder, eher wie eine griechische Tragödie.«

Einige Hollywoodgrößen wie auch Ronald Reagan, Clint Eastwood, Charles Bronson, Michael Eisner, David Geffen, Rod Stewart, Liz Taylor, Daryl Hannah und Joan Collins haben der Musicalfassung des Kinoklassikers einen herzlichen Empfang in der Filmstadt bereitet.

Glenn Close verkörperte die bitter gewordene Einsiedlerin mit außergewöhnlich emotionaler Kraft, rot geschminktem Glamour und einer umwerfenden Unverschämtheit. »Was kann man über Glenn sagen?« sagte Lloyd

von *Sunset* im Alter von 71 Jahren an Krebs, und er flog zwei Tage später zu ihrem Begräbnis. »Das Traurigste für mich war wohl, daß meine Mutter an Krebs starb, als wir mit *Sunset* triumphierten. Noch in der Nacht vor ihrem Tod bestand sie darauf, daß ich sie anrufe, um ihr zu erzählen, wie die Voraufführung gelaufen war ...«.

1994 machte Lloyd Webber etwas, was er noch nie getan hatte: Er schloß die West-End-Fassung für einen Monat, um seine in Los Angeles durchgeführten Verbesserungen in diese zu integrieren. *Sunset* schloß am 12. März und wurde am 19. April mit einer neuen Besetzung wiedereröffnet. In den Hauptrollen: Betty Buckley, die die Rolle der Grizabella in den New Yorker *Cats*, und John Barrowman, der den Raoul im *Phantom* gespielt hatte. »Ich glaube nicht, daß irgend jemand eine Show wie diese jemals geschlossen hat«, gab Lloyd Webber zu. »Es ist tatsächlich eine Frage des künstlerischen Stolzes. Uns gefällt die Londoner Show, aber wir sind sehr stolz auf das, was wir in Los Angeles gemacht haben, und ich will, daß London die beste Show bekommt, die wir bieten können.«

Betty Buckley, größer und gebieterischer als ihre Vorgängerin, war eine fesselnde und ehrfurchtgebietende Person, und Barrowman verlieh der Rolle des Joe Gillis nicht nur eine gute Stimme, sondern erfüllte sie auch mit der ausgebrannten Seele eines Mannes, der die billigen Träume von Babylon feilbietet,

Links · Ein Blick, den Norma nicht gerne gesehen hätte.
Unten · Billy Wilder mit Glenn Close und Andrew Lloyd Webber auf der Premierenparty für Sunset in den Paramount-Studios

Webber lächelnd während der glitzernden Hollywoodparty, die im altem Stil in einem Tonstudio stattfand. »Michael Crawford eroberte die Stadt im Sturm, das tat sie auch. Die Reaktionen, die sie hervorrief, waren großartig.«

The Los Angeles Times erklärte, daß Close »eine Schauspielerin mit vollkommener Klasse und gebieterischem Charisma ist. Sie hat die Stimme, den Schneid und die Haltung für die Rolle.« Robert Osborne schrieb dagegen im *Hollywood Reporter*: »Glenn, ja. Musik, nein. Bühnenbild, groß. Auswirkung, gering.« Clive Barnes von der *New York Post* erklärte: »Lloyd Webber ist ein meisterhafter Theatermann. Er weiß, was ankommt. Als Komponist ist er jedoch weniger genial.« Howard Kissel fügte in der *New York Daily News* hinzu, daß der Star des Abends das Bühnenbild von Napier war – »eine atemberaubende maurische Zusammenstellung, die den Glamour und die Romanzen Hollywoods widerspiegelte.« Letztlich hatte Lloyd Webber gut lachen, als *Sunset* im Januar neun Auszeichnungen beim Los Angeles Dramalogue Awards erhielt.

Seine Freude über den Erfolg in Amerika wurde nur durch ein Ereignis schwer getrübt. Seine Mutter Jean starb in der Nacht vor der Premiere

Oben · Viel zu verliebt, um sich Sorgen zu machen; Betty Buckley und John Barrowman in der aufpolierten Londoner Produktion von *Sunset*

eine wunderbare Schauspielerin und Patti eine große Sängerin«, sagte Lloyd Webber im Dezember 1993. »Patti wird nach New York gehen, das steht außer Frage.« Zwei Monate später verkündete er, daß Close die Rolle bekommen hatte. »Patti fühlt sich gedemütigt, verletzt und ist wütend, daß sie so behandelt wurde«, ließ ein Sprecher des Stars verlauten. Die Really Useful Company erwiderte: »Die Reaktionen auf Glenn waren eindeutig viel positiver als auf Patti. Die Inszenierung der Show in New York kostet $ 12 Mio., und die Investoren fühlen sich sicherer, wenn sie das Geld auf Glenn setzen.«

Doch dies war noch nicht das Ende, sondern erst der Anfang von Lloyd Webbers Ärger mit seinen Hauptdarstellerinnen. Faye Dunaway, eine Schauspielerin, die für ihre schauspielerischen Leistungen in Filmen wie *Bonnie and Clyde (Bonnie und Clyde)*, *Chinatown* und *Network*, aber nicht für ihr Gesangtalent bekannt war, wurde ausgewählt, um Glenn Close, die nach New York ging, zu ersetzen. Es gab ständig dementierte Gerüchte, daß es nicht zum besten stand. Die Sache spitzte sich im Juni zu, als Lloyd Webber beschloß, Faye Dunaway rauszuschmeißen und die Show mit dem Weggang von Glenn Close an den Broadway zu schließen. »Am Montag war ich der wunderbare Darling«, sagte Dunaway. »Am Dienstag war ich der geschaßte Darling. Mich fallenzulassen und die Show zu schließen war eine launische Handlung eines launischen Mannes.«

Das Problem war dasselbe wie mit Steve Harley im *Phantom* und mit Roger Moore in *Aspects of Love* – ihr fehlte die Stimme für den Part. Die Rolle der Norma erforderte mehr als nur die Fähigkeit, einen Text deutlich zu singen. Die musikalischen Schlüsselmomente, wie beispielsweise Normas Schilderung ihres eigenen Talents in »With One Look«, ihre Rückkehr ins Aufnahmestudio mit »As If We Never Said Goodbye« und ihr Höhepunkt, das Hinabsteigen der Treppe, erfordern Gesangsqualitäten. »Die schreckliche Wahrheit ist, daß man harte Entscheidungen treffen muß«, sagte Lloyd Webber. »Und letztlich hat Faye den Erwartungen nicht entsprochen.«

Am 17. November 1994 hatte *Sunset Boulevard* am Minskoff Theater in New York Premiere mit einem Vorverkauf von $ 37,5 Mio. – dem größten Vorverkaufsvolumen in der Geschichte des Broadways –, und die Kritiker lobten ausnahmsweise ein Lloyd-Webber-Musical. »Atemberaubend gut«, war das Urteil der *New York Times*. Als der Applaus für Norma Desmonds musikalischen Abstieg in den Irrsinn verebbte, war der arbeitssüchtige Komponist schon wieder eifrig mit anderen Projekten beschäftigt. Er arbeitete an einem Filmmusical von *Whistle Down the Wind* und gemeinsam mit Tom Stoppard an einer Zeichentrickversion von *Cats*.

wohl wissend, daß diese Norma in den Wahnsinn getrieben haben.

Patti LuPone war die Hauptrolle in *Sunset* auf dem Broadway versprochen worden. Wenn Liebe alles verändern kann, so kann dies der Erfolg allemal, denn der enorme Erfolg von Glenn Close in Los Angeles änderte alles. »Glenn ist

Whistle Down The Wind

Oben · Der Texter Jim Steinmann

Der Flop der Filmfassung von *Jesus Christ Superstar* im Jahr 1973 hielt Andrew Lloyd Webber mehr als zwanzig Jahre davon ab, seine Musicals in Kinofilme umzusetzen. Doch nach dem Erfolg von *Sunset Boulevard* beschloß er, noch einmal den Versuch zu wagen.

Filmmusicals waren aus der Mode gekommen. Die Tage von *South Pacific* und *The Sound of Music (Meine Lieder – meine Träume)* – wohl die Höhepunkte des modernen Kinomusicals – verblaßten in der Erinnerung, und es war mehr als ein Jahrzehnt verstrichen, seitdem *Saturday Night Fever* und *A Chorus Line* die Kinos füllten. Lloyd Webber war jedoch davon überzeugt, daß es für gut gemachte Produktionen noch immer einen Markt gab. »Und dies ist der Grund«, so sagte er, »warum ich es mit Hollywood aufnehme.«

1995 verschaffte sich Really Useful bei den Banken einen Dispositionskredit von £ 100 Mio., um in einem Fünfjahresprogramm die erfolgreichsten Bühnenmusicals auf die Leinwand zu bringen.

Nun gibt es ein halbes Dutzend Projekte in unterschiedlichen Entwicklungsstadien. 1996 wurde mit den Dreharbeiten für den seit langem geplanten Kinofilm *Evita* mit Madonna in der Hauptrolle begonnen, Universal Pictures arbeitet an einer Zeichentrickversion von *Cats* nach einem Drehbuch von Tom Stoppard, Steven Spielberg und 20th-Century-Fox wollen einen Zeichentrickfilm und eine Fernsehserie nach der Vorlage des *Starlight Express* drehen, und die Verfilmung von *Aspects Of Love* und dem *Phantom der Oper* sind im Gespräch. Eine der faszinierendsten Ideen Lloyd Webbers war es, den Kinofilm *Whistle Down the Wind (...woher der Wind weht)* aus dem Jahr 1961 als Musical neu zu verfilmen.

Das Original, ein weniger bekannter Klassiker, ist ein ausschließlich in der trostlosen Landschaft nahe bei Burnley in Lancashire gedrehter Schwarzweißfilm. In den Hauptrollen spielten Hayley Mills als Kathy Bostock, der als M aus den James-Bond-Filmen bekannte Bernard Lee als ihr Vater und Alan Bates als das Publikum fesselnder Arthur Blakey.

Der Film war von Richard Attenborough mit Bryan Forbes als Regisseur nach einem Drehbuch von Keith Waterhouse und Willis Hall gedreht worden. Als Vorlage diente der Roman von Mary Hayley Bell, die mit dem Schauspieler John Mills verheiratet war. Sie hatte beim Schreiben ihre Tochter Hayley vor Augen gehabt.

Kathy stolpert mit ihrem Bruder und ihrer Schwester über einen abgerissenen, unrasierten Mann, der sich in der Scheune auf der Farm ihres Vaters versteckt. Als sie ihn fragt, wer er denn sei, ist dieser so erleichtert, statt der Polizei nur drei Kinder vor sich zu sehen, daß er »Jesus ... Christus« in seinen Bart murmelt. Dies nehmen die ehrfürchtig vor dieser mysteriösen Gestalt stehenden Kinder für bare Münze.

Es ist eine gut gemachte, amüsante und ohne jegliche Sentimentalität angelegte, bezaubernde, mit vielen biblischen Symbolen durchwobene kleine Allegorie über kindliche Unschuld. Ein Rabauke zwingt mit körperlicher Gewalt einen Jungen, den Flüchtigen als Christus dreimal zu verleugnen, schuldlos begeht eines der Kinder auf einer Geburtstagsfeier den endgültigen Verrat. Die Schlußeinstellung zeigt den von der Polizei gestellten Blakey mit erhobenen Armen in einer an die Kreuzigung erinnernden Pose.

Lloyd Webber war von dieser hervorragenden, aber wunderlichen Geschichte schon damals beeindruckt, als er sie in London als Kind sah. Die Begleitmusik des Originalfilms wurde von dem englischen Komponisten Malcolm Arnold geschrieben, doch Lloyd Webber wollte *Whistle Down The Wind* als ausgereiftes modernes Kinomusical neu inszenieren.

Für eine Zusammenarbeit wandte er sich an Jim Steinmann, den Produzenten und Liedertexter, der durch seine epischen Lieder für Meat Loafs *Bat Out Of Hell*, den mit Platin gekrönten Verkaufserfolg des Albums *Neverland* und ein Musical über Peter Pan, das Steinmann 1976 am Kennedy Centre in Washington präsentierte, bekannt war.

Der in New York geborene, aber in Kalifornien aufgewachsene Steinmann schrieb als Mitglied einer Hochschulband namens »Clitoris That Thought It Was A Puppy« ein Stück mit dem Titel *Dream Engine*, das die Aufmerksamkeit des New Yorker Produzenten Joseph Papp erregte. Steinmann ging an die Ostküste zurück. Dort schrieb er Musicals wie *More Than You Deserve*, Lieder für seine eigenen wie auch die Alben anderer und führte Revuen wie *National Lampoon Road Show* auf. Er veröffentlichte 1981 eine Solo-LP *Bad For Good* und 1989 ein Album mit dem Titel *Pandoras Box*. Er schrieb und produzierte Bonnie Tylers Hit aus dem Jahre 1983 »Total Eclipse Of The Heart«, und seine langjährige Partnerschaft mit Meat Loaf, dem Star der *Rocky Horror Picture Show*, gipfelte 1993 in dessen Comebackalbum *Bat Out Of Hell II: Back Into Hell*.

Um den Kinofilm einem amerikanischen Publikum zugänglicher zu machen, wurde die Handlung aus Nordengland in den tiefen Süden, nach Louisiana verlegt. Arnolds schwermütige Melodien wurden durch kraftvollen, sinnesfrohen symphonischen Rock ersetzt.

»Der Roman blieb in seiner Grundstruktur unverändert«, sagte Lloyd Webber. »Auf dem Hintergrund von Rock'n'Roll-Musik findet die Handlung nun 1959 in Donaldsville, einer kleinen, von Zuckerplantagen lebenden Stadt, 80 km von New Orleans entfernt, statt«.

Er bot zunächst Brad Pitt und dann Johnny Depp die Rolle des fälschlicherweise für Christus gehaltenen Obdachlosen an. Er bezahlte die Gesangstunden für Kirsten Dunset, eine 12jährige Schauspielerin, die mit Pill und Tom Cruise in *Interview With The Vampire* (Interview mit einem Vampir) und Robin Williams in *Jumanji* gespielt hatte und hier die Rolle des jungen Mädchens übernehmen sollte.

Der Film, mit dessen Produktion im Frühjahr 1996 begonnen werden sollte, geriet in Schwierigkeiten. Lloyd Webber, der damit beschäftigt war, die Aufnahmen für *Evita* auf Zelluloid zu überwachen, erklärte sich mit dem endgültigen Drehbuch nicht einverstanden. Der Gedanke, daß das Buch ohne eine Theaterbearbeitung, also ohne das Medium, in dem er sich auskannte und mit dem er erfolgreich war, filmisch umgesetzt werden sollte, beunruhigte ihn sehr.

Nach einer weiteren Leseprobe in Sydmonton im Februar 1996 legte er den Film auf Eis und bat Hal Prince, den Regisseur von *Evita* und dem *Phantom der Oper*, *Whistle Down The Wind* doch in ein Bühnenmusical zu verwandeln. Dahinter steht die Absicht, die Show, vor der Broadwaypremiere 1997, schon im Herbst 1996 auf Tournee zu schicken. Sechs Monate später soll sie dann in London aufgeführt werden. »Wir hoffen noch immer, den Film zu machen«, sagte Lloyd Webber im Mai 1996. »Aber ich denke nicht, daß dies vor dem nächsten Jahr der Fall sein wird. Als Hal die frühen Aufnahmen von *Whistle Down The Wind* hörte, stellte er seinen Terminplan um und sagte, daß er es in Angriff nehmen wolle.«

Verzeichnis aller Musicals

JOSEPH AND THE AMAZING TECHNICOLOR DREAMCOAT (1968)

Musik: **Andrew Lloyd Webber**
Text: **Tim Rice**

Premiere an der Colet Court School, Hammersmith: 1. März 1968

West-End-Premiere im Albery Theatre: 6. Februar 1973
Joseph: **Gary Bond**; Pharao: **Gordon Waller**;
Erzähler: **Peter Reeves**; Regisseur: **Frank Dunlop**
Abgesetzt: 16. August 1973; 243 Aufführungen

Broadway-Premiere am Royale Theater: 27. Januar 1982
Joseph: **Bill Hutton**; Pharao: **Tom Carder**;
Erzähler: **Laurie Beechman**; Regisseur: **Tony Tanner**
Abgesetzt: 4. August 1983; 747 Aufführungen

West-End-Revival im Londoner Palladium: 12. Juni 1991
Joseph: **Jason Donovan**; Pharao: **David Easter**;
Erzähler: **Linzi Hateley**; Regisseur: **Steven Pimlott**
»Any Dream Will Do« (Jason Donovan) Nr. 1 UK-Charts
UK-Plattenaufnahme Nr. 1 UK-Charts
Abgesetzt: 15. Januar 1994

SONGS: *Jacob & Sons/Joseph's Coat; Joseph's Dreams; Poor, Poor Joseph; One More Angel In Heaven; Potiphar; Close Every Door; Go, Go, Go Joseph; Pharoah's Story; Poor, Poor Pharoah; Song of the King (Seven Fat Cows); Pharoah's Dreams Explained; Stone The Crows; Those Canaan Days; The Brothers Come To Egypt/Grovel, Grovel; Who's The Thief?; Benjamin Calypso; Joseph All The Time; Jacob In Egypt; Any Dream Will Do/Give Me My Coloured Coat*

DEUTSCHE SONGS: *Prologue; Wie vom Traum verführt; Jakob + Co.; Josephs Kleid; Josephs Träume; Armer Joseph; Ein Engel mehr schwebt am Himmel; Potiphar; Schließt jede Tür; Go, go, go Joseph; Die Pharao-Story; Armer Pharao; Der Song des »King«; Pharaos Traum gedeutet; Mich tritt ein Pferd; In Kanaan einst; Die Brüder kommen nach Ägypten; Einschleim, einschleim; Na, wer war's?; Benjamin-Calypso; Joseph jetzt wie einst; Jakob in Ägypten; Wie vom Traum verführt/Gib mir mein Träumekleid*

JESUS CHRIST SUPERSTAR (1970)

Musik: **Andrew Lloyd Webber**
Text: **Tim Rice**

Erstveröffentlichung der Plattenaufnahme im Oktober 1970
Nr. 1 UK-Charts
Nr. 1 US-Charts
Jesus: **Ian Gillan**; Maria Magdalena: **Yvonne Elliman**;
Judas: **Murray Head**; Herodes: **Mike d'Abo**;
Pilatus: **Barry Dennen**

Broadway-Premiere im Mark Hellinger Theater:
12. Oktober 1971
Jesus: **Jeff Fenholt**; Maria Magdalena: **Yvonne Elliman**;
Judas: **Ben Vereen**; Regisseur: **Tom O'Horgan**
»I Don't Know How To Love Him« (Yvonne Elliman & Helen
Reddy) Nr. 13 US-Charts
Abgesetzt: 1. Juli 1973; 711 Aufführungen

West-End-Premiere im Palace Theatre: 9. August 1972
Jesus: **Paul Nicholas**; Maria Magdalena: **Dana Gillespie**;
Judas: **Stephen Tate**; Herodes: **Paul Jabara**;
Pilatus: **John Parker**; Regisseur: **Jim Sharman**
Das Musical mit der viertlängsten Laufzeit auf einer Londo-
ner Bühne
»I Don't Know How To Love Him« (Yvonne Elliman & Helen
Reddy) Nr. 47 UK-Charts
Abgesetzt: 23. August 1980, 3.358 Aufführungen

1973 als Film veröffentlicht – Jesus Christ Superstar
Jesus: **Ted Neeley**; Maria Magdalena: **Yvonne Elliman**;
Judas: **Carl Anderson**; Herodes: **Joshua Mostel**;
Pilatus: **Barry Dennen**; Drehbuch: **Melvyn Bragg, Norman
Jewison**; Regisseur: **Norman Jewison**

SONGS: *Overture; Heaven On Their Minds; What's The
Buzz/Strange Thing Mystifying; Everything's Alright; This
Jesus Must Die; Hosanna; Simon Zealotes/Poor Jerusalem;
Pilate's Dream; The Temple; I Don't Know How to Love
Him; Damned For All Time/Blood Money; The Last Supper;
Gethsemane (I Only Want To Say); The Arrest; Peter's Deni-
al; Pilate And Christ; King Herod's Song; Judas' Death; Tri-
al Before Pilate; Superstar; Crucifixion; John 19:41*

JEEVES (1975)

Musik: **Andrew Lloyd Webber**
Text: **Alan Ayckbourn**

West-End-Premiere im Her Majesty's Theatre:
22. April 1975
Bertie Wooster: **David Hemmings**; Jeeves: **Michael
Aldridge**; Madeleine Bassett: **Gabrielle Drake**;
Regisseur: **Eric Thompson**
Das Lloyd-Webber-Musical mit der kürzesten Laufzeit
Abgesetzt: 24. Mai 1975; 38 Aufführungen

SONGS: *Overture; Code Of The Woosters; Travel Hopefully;
Female Of The Species; Today; When Love Arrives;
Entr'acte; Jeeves Is Past His Peak; Half A Moment;
S.P.O.D.E.; Eulalie; Summer Day; Banjo Boy*

EVITA (1976)

Musik: **Andrew Lloyd Webber**
Text: **Tim Rice**

Erstveröffentlichung der Plattenaufnahme: November 1976
Nr. 24 UK-Charts
Eva Perón: **Julie Covington**; Juan Perón: **Paul Jones**;
Che: **C. T. Wilkinson**; Magaldi: **Tony Christie**;
Freundin: **Barbara Dickson**; Dolan Getta & Sidekick:
Mike Smith & Mike d'Abo
»Don't Cry For Me Argentina« (Julie Covington) Nr. 1
UK-Charts
»Another Suitcase in Another Hall« (Barbara Dickson)
Nr. 18 UK-Charts

West-End-Premiere im Prince Edward Theatre:
21. Juni 1978
Eva: **Elaine Paige**; Perón: **Joss Ackland**; Che: **David Essex**;
Magaldi: **Mark Ryan**; Freundin: **Siobhan McCarthy**;
Regisseur: **Hal Prince**
»Oh What A Circus« (David Essex) Nr. 3 UK-Charts
Zwei Olivier Awards: Bestes Musical, Beste Aufführung
Abgesetzt: 18. Februar 1986; 3.176 Aufführungen

Broadway-Premiere am Broadway Theater, New York:
25. September 1979
Eva: **Patti LuPone**; Perón: **Bob Gunton**;
Che: **Mandy Patinkin**; Magaldi: **Mark Syers**;
Freundin: **Jane Ohringer**; Regisseur: **Hal Prince**
Sieben Tony Awards: Bestes Musical, Beste Schauspielerin,
Beste Musik, Bester Hauptdarsteller, Beste Beleuchtung,
Bestes Buch, Beste Regie
Abgesetzt: 25. Juni 1983; 1.567 Aufführungen

SONGS: *A Cinema In Buenos Aires, 26 July 1952; Requiem
For Evita/Oh What A Circus, On This Night Of A Thousand
Stars/Eva And Magaldi/Eva Beware of The City; Buenos Ai-
res, Goodnight And Thank You; The Lady's Got Potential;
Charity Concert/I'd Be Surprisingly Good For You; Another
Suitcase In Another Hall; Dangerous Jade; A New Argentina;
On The Balcony Of The Casa Rosada/Don't Cry For Me Argen-
tina; High Flying, Adored; Rainbow High, Rainbow Tour; The
Actress Hasn't Learned The Lines (You'd Like To Hear); And
The Money Kept Rolling In (And Out); Santa Evita; Waltz For
Eva And Che; She Is A Diamond; Dice Are Rolling/Eva's Son-
net; Eva's Final Broadcast; Montage; Lament*

CATS (1981)

Musik: **Andrew Lloyd Webber**
Text: **T. S. Eliot**

West-End-Premiere im New London Theatre: 11. Mai 1981
Mr. Mistoffelees: **Wayne Sleep**; Rum Tum Tugger: **Paul
Nicholas**; Bustopher Jones und Old Deuteronomy: **Brian
Blessed**; Grizabella: **Elaine Paige**; Jemima: **Sarah Bright-
man**; Rumpleteazer: **Bonnie Langford**; Demeter: **Sharon
Lee Hill**; Choreographie: **Gillian Lynne**;
Regisseur: **Trevor Nunn**
»Memory« (Elaine Paige) Nr. 6 UK-Charts
UK-Plattenaufnahme Nr. 6 UK-Charts
1981 Evening Standard Award: Bestes Musical

1981 Olivier Award: Bestes Musical
Das Musical mit der längsten Laufzeit auf einer Londoner Bühne
5.800 Aufführungen bis Juli 1995

Broadway-Premiere im Winter Garden Theater:
7. Oktober 1982
Mr. Mistoffelees: **Timothy Scott**; Rum Tum Tugger: **Terence V. Mann**; Old Deuteronomy: **Ken Page**; Grizabella: **Betty Buckley**; Bustopher Jones und Gus The Theatrical Cat and Growltiger: **Stephen Hanan**; Choreographie: **Gillian Lynne**; Regisseur: **Trevor Nunn**
Sieben Tony Awards: Bestes Musical, Beste Musik, Beste Hauptdarstellerin, Beste Kostüme, Beste Beleuchtung, Bestes Buch, Bester Regisseur
5.285 Aufführungen bis Juli 1995

SONGS: *Overture; Prologue; Jellicle Songs For Jellicle Cats; The Naming Of Cats; The Invitation To The Jellicle Ball; The Old Gumbie Cat; The Rum Tum Tugger; Grizabella; Bustopher Jones; Mungojerrie and Rumpleteazer; Old Deuteronomy; The Jellicle Ball; Memory; Moments Of Happiness; Gus The Theatre Cat; Growltiger's Last Stand; The Ballad Of Bill McCaw; Shimbleshanks; Macavity; Mr. Mistoffelees; The Journey To The Heaviside Layer; The Addressing Of Cats*

DEUTSCHE SONGS: *Jellicle-Songs für Jellicle Katz'; Das Benennen von Katzen; Die Einladung zum Jellicle-Ball; Die Gumbie-Katze; Der Rum Tum Tugger; Grizabella, die Glamour-Katz'; Bustopher Mürr; Mungojerrie und Rumpleteazer; Old Deuteronomy; Von der furchtbaren Schlacht zwischen den Pekies und Pollicles und das Marschlied der Pollicle-Hunde; Der Jellicle-Ball; Erinnerung; Momente des wahren Glücks; Gus, der Theater-Kater; Growltigers letzte Schlacht; Skimbleshanks; Macavity; Mr. Mistoffelees; Die Reise zum Heavyside Layer; Über das Ansprechen von Katzen*

SONG & DANCE (1982)

Tell Me On A Sunday
Musik: **Andrew Lloyd Webber**
Text: **Don Black**

Royalty Theatre January 1980 (Marti Webb)
UK-Fernsehausstrahlung 12. Februar 1980
»Tell Me On A Sunday« (Marti Webb) Nr. 67 UK-Charts
»Take That Look Off Your Face« (Marti Webb) Nr. 3 UK-Charts

Variations
Musik: **Andrew Lloyd Webber**

Song & Dance
West-End-Premiere im Palace Theatre: 7. April 1982
Marti Webb; Wayne Sleep;
Choreographie: **Anthony Van Laast;**
Regisseur: **John Caird**
Abgesetzt: 31. März 1984; 781 Aufführungen

Broadway-Premiere im Royal Theater: 18. September 1985
Emma: **Bernadette Peters;** Joe: **Christopher d'Amboise;**

Choreographie: **Peter Martins;**
Regisseur: **Richard Maltby junior**
Tony Award: Beste Schauspielerin
Abgesetzt: 8. November 1986, 474 Aufführungen

BBC-Fernsehfassung: 27. August 1984
Sängerin: **Sarah Brightman**

SONGS: (Tell Me On A Sunday): *Overture; Let Me Finish; It's Not The End Of The World; Letter Home To England; Sheldon Bloom; Capped Teeth And Caesar Salad; You Made Me Think You Were In Love; Second Letter Home; The Last Man In My Life; Come Back With The Same Look In Your Eyes; Take That Look Off Your Face; Tell Me On A Sunday; I Love New York; Married Man; I'm Very You, You're Very Me; Let's Talk About You; Let Me Finish; Nothing Like You've Ever Known*

STARLIGHT EXPRESS (1984)

Musik: **Andrew Lloyd Webber**
Text: **Richard Stilgoe**

West-End-Premiere im Apollo Victoria Theatre:
27. März 1984
Pearl: **Stephanie Lawrence**; Rusty: **Ray Shell**;
Dinah: **Frances Ruffelle**; Greaseball: **Jeff Shankley**;
Electra: **Jeffrey Daniel**; Poppa: **Lon Satton**;
Choreographie: **Arlene Phillips**; Regisseur: **Trevor Nunn**
UK-Plattenaufnahme Nr. 21 UK-Charts
Nach *Cats* das Musical mit der zweitlängsten Laufzeit
4.600 Aufführungen bis zum Juli 1995

Broadway-Premiere im Gershwin Theater: 15. März 1987
Pearl: **Reva Rice**; Rusty: **Greg Mowry**;
Dinah: **Jane Krakowski**; Greaseball: **Robert Torti**;
Electra: **Ken Ard**; Poppa: **Steve Fowler**;
Choreographie: **Arlene Phillips**; Regisseur: **Trevor Nunn**
Das erste $ 8 Mio. teure Broadway-Musical
Abgesetzt: 8. Januar 1989; 761 Aufführungen

SONGS: *Overture; Entry Of National Trains; Rolling Stock; Call Me Rusty; A Lotta Locomotion; He'll Whistle At Me; Freight; AC/DC; Pumping Iron; Coda of Freight; Crazy; Make Up My Heart; Poppa's Blues; The Race; There's Me; Belle The Sleeping Car; Laughing Stock; Starlight Express; The Rap; U.N.C.O.U.P.L.E.D.; Right Place, Right Time; I Am The Starlight; No Comeback; One Rock'n'Roll Too Many; Only He; Only You; Next Time You Fall In Love; Light At The End Of The Tunnel*

DEUTSCHE SONGS: *Ouvertüre; Rolling Stock; Liebesexpress; Rustys Demütigung; 'ne Lok mit Locomotion; Fracht; AC/DC; Pumping Iron; Fracht Reprise; Pearl, welche Ehre; Hilf mir versteh'n; Das 1. Rennen; Das war unfair; Dein Freund; Papas Blues; Das 2. Rennen; Bummellok; Starlight Express; Rap; G.E.K.U.P.P.E.L.T.; Girls' Rolling Stock; Mein Spiel; Das 3. Rennen; Nicht der rechte Zeitpunkt, nicht der rechte Ort; Starlight Sequenz; Rusty und Dustin; Dinahs Trennung; Das 4. Rennen; Ein Rock and Roll zuviel; Du allein; Ein Licht ganz am Ende des Tunnels*

THE PHANTOM OF THE OPERA (1986)

Musik: **Andrew Lloyd Webber**
Text: **Charles Hart**

West-End-Premiere in Her Majesty's Theatre:
9. Oktober 1986
Das Phantom: **Michael Crawford**;
Christine: **Sarah Brightman**; Raoul: **Steve Barton**;
Charlotta: **Rosemary Ashe**; Regisseur: **Hal Prince**
»The Music Of The Night« (Michael Crawford) – Nr. 7
UK-Charts
UK-Plattenaufnahme Nr. 1 UK-Charts
Evening Standard Award: Bestes Musical
Zwei Olivier Awards: Bestes Musical und Bester Schauspieler
3.600 Aufführungen bis Juli 1995

Broadway-Premiere im Majestic Theater: 26. Januar 1988
Das Phantom: **Michael Crawford**;
Christine: **Sarah Brightman**; Raoul: **Steve Barton**;
Charlotta: **Judy Kaye**; Regisseur: **Hal Prince**
Sieben Tony Awards: Bestes Musical, Bester Hauptdarsteller, Beste Hauptdarstellerin, Bestes Bühnenbild, Beste Beleuchtung, Beste Kostüme, Bester Regisseur
3.063 Aufführungen bis Juli 1995

SONGS: *Overture; Think Of Me; Little Lotte/The Mirror (Angel Of Music); The Phantom Of The Opera; The Music Of The Night; I Remember/Stranger Than You Dreamt It; Magical Lasso; Notes/Prima Donna; Poor Fool, He Makes Me Laugh; Why Have You Brought Me Here; Raoul, I've Been There; All I Ask Of You; Masquerade/Why So Silent; Notes/Twisted Every Way; Wishing You Were Somehow Here Again; Wandering Child/Bravo, Bravo; The Point Of No Return; Down Once More/ Track Down This Murderer*

DEUTSCHE SONGS: *Denk an mich; Engel der Lieder; Liebes Lottchen.../Der Spiegel; Das Phantom der Oper; Die Musik der Dunkelheit; Die Erinn'rung kommt zurück; Zauberlasso; Briefe; Primadonna; Eine Vorstellung der Oper »Il Muto«; Zum Lachen dieser Narr; Warum so weit hinauf?; Raoul, ich sah ihn; Mehr will ich nicht von Dir; Nun bist Du dem Untergang geweiht; Entr'acte; Maskenball; Was erschreckt Sie so?; Hier steh ich allein; Eine musikalische Probe für »Don Juan«; Könntest Du doch wieder bei mir sein; Hilfloses Kind .../Bravo Monsieur; Don Juan, der Sieger; Der letzte Schritt; Auf der Bühne; Nun hinab .../Spürt diesen Mörder auf; Das Versteck des Phantoms*

ASPECTS OF LOVE (1989)

Musik: **Andrew Lloyd Webber**
Text: **Don Black und Charles Hart**

West-End-Premiere im Prince of Wales Theatre:
17. April 1989
Rose: **Ann Crumb**; Alex: **Michael Ball**;
George: **Kevin Colson**; Regisseur: **Trevor Nunn**
»Love Changes Everything« (Michael Ball) Nr. 2 UK-Charts
UK-Plattenaufnahme Nr. 1 UK-Charts
Abgesetzt: 20. Juni 1995; 1.325 Aufführungen

Broadway-Premiere im Broadhurst Theater: 8. April 1990
Rose: **Ann Crumb**; Alex: **Michael Ball**;
George: **Kevin Colson**; Regisseur: **Trevor Nunn**
Abgesetzt: 2. März 1991; 377 Aufführungen

SONGS: *Love Changes Everything; Parlez-Vous Français?; Seeing Is Believing; A Memory Of A Happy Moment; Chanson d'Enfance; Everybody Loves A Hero; She'd Be Far Better Off With You; Stop. Wait. Please; Leading Lady; Other Pleasures; There Is More To Love; With Other Men; Mermaid Song; The First Man You Remember; Journey Of A Lifetime; Falling; Hand Me The Wine And The Dice; Anything But Lonely*

SUNSET BOULEVARD (1983)

Musik: **Andrew Lloyd Webber**
Text: **Don Black** und **Christopher Hampton**

West-End-Premiere im Adelphi Theatre: 12. Juli 1993
Norma Desmond: **Patti LuPone**; Joe Gillis: **Kevin Anderson**;
Max von Mayerling: **Daniel Benzali**;
Betty Schaefer: **Meredith Braun**; Regisseur: **Trevor Nunn**
830 Aufführungen bis Juli 1995

Los-Angeles-Premiere im Shubert Theater:
9. Dezember 1993
Norma Desmond: **Glenn Close**; Joe Gillis: **Alan Campbell**;
Max von Mayerling: **George Hearn**;
Betty Schaefer: **Judy Kuhn**; Regisseur: **Trevor Nunn**
Abgesetzt: 26. Juni 1994, 246 Aufführungen

Broadway-Premiere am Minskoff Theater:
17. November 1994
Norma Desmond: **Glenn Close**; Joe Gillis: **Alan Campbell**;
Max von Mayerling: **George Hearn**;
Betty Schaefer: **Alice Ripley**; Regisseur: **Trevor Nunn**
Sieben Tony Awards: Bestes Musical, Bester Hauptdarsteller, Beste Hauptdarstellerin, Bestes Buch, Beste Musik, Beste Beleuchtung, Bestes Bühnenbild
236 Aufführungen bis Juli 1995

SONGS: *Prologue; Overture/I Guess It Was 5 AM; Let's Have Lunch; Every Movie's A Circus; Car Chase; At The House On Sunset; Surrender; With One Look; Salome; The Greatest Star Of All; Girl Meets Boy; New Ways To Dream; Completion Of The Script; The Lady's Paying; New Year's Eve; The Perfect Year; This Time Next Year; Entr'acte; Sunset Boulevard; There's Been A Call/Journey To Paramount; As If We Never Said Goodbye; Eternal Youth Is Worth A Little Suffering; Who's Betty Schaefer? Betty's Office At Paramount; Too Much In Love To Care; The Phone Call; The Final Scene*

DEUTSCHE SONGS: *Ouvertüre; Es war etwa fünf Uhr früh; Dann bis bald; Auto-Verfolgungsjagd; Aufzugeben; Nur ein Blick; Salome; Kein Star wird jemals größer sein; Schwab's Drugstore; Sie trifft ihn; Träume aus Licht; Die Rechnung zahlt die Dame; Ein gutes Jahr; Nur noch ein Jahr; Die Villa am Sun Set; Sunset Boulevard; Als hätten wir uns nie Goodbye gesagt; Ein bißchen Leiden; Viel zu sehr; Finale*

Index

Abba 57, 63, 64, 120
Abbey Road Studios 98
Abbey Theatre 17
Ackland, Joss 42, 49
Adams, Richard 71
Adelphi Theatre 41, 115, 127, 132, 133
Airey, Don 53, 55
›Aladdin‹ 65
Albery Theatre 17, 19
Aldridge, Michael 36, 40
Aldwych Theatre 63, 114
All Saint's Church 9, 10
Anderson, Carl 25, 28, 31
Anderson, Kevin 127, 132-134
Andersson, Benny 63, 64, 120
Andrews, Eamon 72
Antonioni, Michelangelo 40
›Anything Goes‹ 73, 115, 132
Apollo Theatre 23, 84, 88-90, 92
Ard, Ken 84
Argent, Rod 53, 55, 63, 77, 106
Ashe, Rosemary 103, 109
Ashman, Howard 64
›Aspects of Love‹ 6, 73, 104, 114, 118-125, 130-133, 137
Astaire, Adele 41
Astaire, Fred 41
Atkinson Grimshaw, John 117
Atwell, Winifred 57
Awdry, Rev. Wilbert 84, 93, 114
Ayckbourn, Alan 36, 38, 39, 41, 105
Aznavour, Charles 61

Bacall, Lauren 34
Ball, Michael 118, 120, 121, 123-125, 128, 132
Barber, John 78
Barnardo, Dr Thomas 14
Barnes, Clive 31, 93, 110, 135
Barrow, Robin St Clare 12
Barrowman, John 135, 136
Barry, John 64, 67
Bart, Lionel 14
Barton, Steve 103, 107, 109, 110
Bassey, Shirley 67, 133
Batt, Mike 63, 104
Bax, Arnold 10
Bayford, Dudley 57
Beatles, The 14, 27
Beechman, Laurie 17, 19
Bee Gees, The 20, 28
Beethoven, Ludwig van 14
Bell, Brian 46
Bell, Madeline 28
Belle, Regina 65
Benzali, Daniel 127, 132
Berger, Michel 64
Bernheimer, Martin 100
Berry, Chuck 14
Biggins, Christopher 33
Bjornson, Maria 105, 106, 108, 121
Black & White Minstrels 8
Black, Don 61, 67-69, 81, 82, 93, 105, 118, 120, 127-129, 131, 132
Blackmore, Ritchie 55
Blackwell, Charles 13

›Blazing Saddles‹ 19
Blessed, Brian 71, 74, 75, 77
Bogart, Humphrey 34
Bolan, Marc 56
Bond, Gary 17-19, 72, 125
Brackett, Charles 129
Bragg, Melvyn 31, 54, 57
Braun, Meredith 127, 132
Brightman, Sarah 61, 71, 75, 76, 82, 90, 91, 93, 94, 96-100, 103, 104, 106, 107, 109, 110, 121, 125, 128, 129
Britten, Benjamin 10, 40, 55, 96, 101, 134
Broadhurst Theater 118, 124, 125
Broadway Theater 6, 42
Broccoli, Cubby 64
Bronson, Charles 134
Brooklyn Academy 19
Brooke, Rupert 13
Brooks, Mel 19
›Brookside‹ 23
Bruce, Lenny 29
Bryson, Peabo 65
Buckley, Betty 71, 78, 135, 136
Burbidge, Jenny 10
Burns, Keith 33
Burt, Claire 125
Burton, Humphrey 96

Caballe, Montserrat 64
›Cabaret‹ 47, 115
Caddick, David 55, 56
Caird, John 81
Callas, Maria 90
Campbell, Alan 127
Carder, Tom 17, 19
Carreras, José 98, 129
Carroll, David James 19
Carte, Richard D'Oyly 115
Cassidy, David 20
Cassidy, Patrick 20
›Cats‹ 22, 32, 58, 61, 64, 71-79, 82, 84, 86, 87, 90, 92-94, 96, 98, 104-108, 114, 115, 118, 120, 121, 123-125, 130, 132, 135-137
Central Hall 8, 18, 96
Chandler, Raymond 34
Chaney, Lon 103
›Chariots of Fire‹ 18
Charleson, Ian 18, 63
›Chess‹ 63, 64, 79, 108, 118, 121, 122
Christie, Tony 42, 46, 47
›Cinderella up the Beanstalk‹ 12
City of London School 25
Clapton, Eric 27
Clark, Petula 33
Clarke, Roy 40
Clash, The 56
Cleese, John 86
Close, Glenn 51, 127, 134-136, 138
Clyde, Gordon 40
Cocker, Joe 27
Cole, George 121
Colet Court School 17, 18, 21, 23, 31
Collins, Joan 134

Collins, Phil 56, 100
Colmore, Joan 12
Colson, Kevin 118, 122-124
Como, Perry 35
Connery, Sean 121
Conrad, Jess 20
Cook, Peter 23, 86
Coolidge, Rita 64
Coveney, Michael 83
Covington, Julie 42, 46, 47, 50, 69
Coward, Noel 38
Craven, Gemma 72
Crawford, Michael 68, 103, 104, 107, 109-111, 135
Cream 28
›Crossroads‹ 40, 109
Crumb, Ann 118, 120, 121, 123, 124

Dadd, Richard 117
Dagenham Girl Pipers 26
Daltrey, David 18
Daltrey, Roger 18
d'Abo, Mike 25, 28, 42, 46
d'Amboise, Christopher 81, 83
Daniel, Jeffrey 84, 91
Daniels, Paul 105
Dankworth, Johnny 55
Davis, Peter 100
Day, Darren 18, 23
Day, Doris 130
Decca Records 12, 18
Deep Purple 27
De Laclos, Choderlos 130
Delius, Frederick 10
DeMille, Cecil B. 31, 129, 130, 132
Dench, Judi 62, 75, 76, 79
Dennen, Barry 25, 28
De Sykes, Stephanie 46
Dickson, Barbara 42, 46, 47, 63
Dion, Celine 64
Doggett, Alan 15, 17, 25
Domingo, Placido 90, 94, 96, 98, 99
Dominion Theatre 33
Donovan, Jason 17, 22, 23, 133
Doyle, Mickey 109
Drake, Gabrielle 36, 40
Dunaway, Faye 136
Dunlop, Frank 17, 18, 84, 106

Easter, David 17, 23
Easterling, Angela 40
Eastwood, Clint 134
Edinburgh Festival 18, 84
Edmonds, Laura 79
Edward, Prinz 62, 63, 115, 116
Edwards, Gale 125
Eisner, Michael 134
Elgar, Edward 10, 13, 86, 101
Eliot, T. S. 58, 61, 62, 71, 72, 74, 105
Eliot, Valerie 72, 74
Elisabeth II. 6, 63, 91, 115, 120, 127
Elliman, Yvonne 25, 27, 28, 30, 33
Elliott, Desmond 13, 14, 26
Emerson, Lake and Palmer 56
EMI Records 14, 15, 17, 18, 27, 98
Entermedia Theater 19
Essex, David 42, 47, 49, 50, 63, 69, 107
Evans, Kathryn 125
Everly Brothers 12
›Evita‹ 6, 19, 22, 29, 42-51, 53, 58, 60, 63, 65, 68, 73, 77-79, 82, 86, 91, 92, 96, 104, 105, 107, 108, 112, 115, 118, 120, 121, 124, 125, 130, 131, 132, 137, 138

Faber, Tom 72
Farrar, John 65
Fellows, Susannah 121, 125
Fenholt, Jeff 25, 28-30
›Fiddler on the Roof‹ 31, 47, 90
Fildes, Sir Samuel 117
Finney, Albert 34, 35, 121, 131
Firth, David 109
›Five Guys Named Moe‹ 74
Fletcher, Graham 77
Flowers, Herbie 56
Forster, E. M. 118
Forsyth, Frederick 34, 35
Fosse, Bob 78
Foster, Julia 69
Foster, Susanna 104
Fowler, Steve 84
Frears, Stephen 34, 35, 100, 129, 131
Freeman, Ethan 109

Galton, Ray 19
Gambaccini, Paul 60, 61
Garland, Judy 47
Garnett, David 118, 120, 122, 124, 125
Garnett, Henrietta 124
Garnier, Charles 106
Geddes, Phil 96
Geffen, David 134
George Mitchell Choir 8
Gershwin, George 6
Gibb, Andy 20
›Gigi‹ 11, 104
Gilbert and Sullivan 44, 51, 58
Gill, Brendan 78
Gillan, Ian 25, 27, 28
Gillespie, Dana 25, 32
Gillis, Joe 127, 129, 135
Glitter, Gary 28
›Godspell‹ 28, 69
Good, Christopher 40
Goodman, Benny 55
Graham-Stewart, Andrew 91
Grant, Anthony 31
Griffith, D. W. 132
Guillaume, Robert 111
Gummer, John 101
›Gumshoe‹ 34, 35, 129, 131
Gunton, Bob 42, 50, 51
Gurdon, Madeleine 23, 116, 128
›Guys And Dolls‹ 93

›Hair‹ 27, 29, 32
Haley, Bill 12
Hamilton, Graham 40
Hammerstein, Oscar 51, 58, 63, 103, 105, 115
Hammett, Dashiel 34
Hampton, Christopher 127, 130, 131, 133
Hanan, Stephen 71, 78
Hannah, Daryl 134
Hannaman, Ross 10, 15, 37, 45
Hanson, Alexander 125
Harley, Steve 104, 107, 109, 136
Harrington Court 10, 11, 14, 71
Harris, Anita 77
Harrison, Rex 136
Hart, Charles 103, 105, 118, 120
Hart, Lorenz 51
Harvard University 71
Hateley, Linzi 17, 23
Head, Murray 25, 27, 63
Heal, Joan 19
Hearn, George 127
Heath, Edward 99, 100
Hemmings, David 36, 38-41, 46

Hendley, Fiona 33
Her Majesty's Theatre 36, 41, 67, 103, 108
Hersey, David 82, 86
Hill, Sharon Lee 63, 71, 75
Hiseman, Jon 53, 55, 63, 77
Holden, William 129, 134
Holland, Bernard 99
Holly, Buddy 14, 18
Holst, Gustav 10
Hood, Robin 25, 75
Hughes, Dickson 130
Hughes, Finola 72, 75
Hugill, Anthony 28
Hugill, Sarah 28, 29, 34, 76, 90, 91, 104, 128
Hull City FC 54
Hussey, Olivia 20
Hutton, Bill 17, 19, 138
Hyde, Maria 92
Hytner, Nicholas 121

Ingle, Red 57
›In The Heat Of The Night‹ 31
Irons, Jeremy 69

Jabara, Paul 139
Jackson, Michael 67
›Jailhouse Rock‹ 13
›Jeeves‹ 6, 36, 38-42, 44, 45, 50, 55, 58, 68, 79, 108, 112
›Jesus Christ Superstar‹ 6, 18, 25, 27-29, 31-36, 45-47, 53, 57, 58, 65, 75, 77, 79, 82, 91-92, 107, 110, 112, 114, 115, 118, 128, 129, 131, 137
Jewell, Derek 18
Jewell, Nicholas 18
Jewison, Norman 25, 31, 32
John, Elton 55, 57, 63, 65
Jones, Paul 20, 42, 46, 77
Jones, Tom 34, 67
Jordan, Earl 84
›Joseph and the Amazing Technicolor Dreamcoat‹ 6, 17-23, 26, 34, 53, 58, 65, 79, 82-84, 89, 92, 94, 112, 114, 115, 118, 138
Joyce, James 72

Karrie, Peter 109
Kaye, Judy 103, 141
Keaton, Buster 130
Keeler, Christine 76
Kendall, William 97
Kennedy, John F. 25, 118
Kenny, Sean 75
Kenwright, Bill 21
Kern, Jerome 6, 105
Kerr, Walter 78
Kerry, Norman 103
Kershaw, Eric 57
Keynes, John Maynard 118
Kimmelman, Michael 100
Kinks, The 14
Kissel, Howard 110, 124, 135
Krakowski, Jane 84
Kretzmer, Herbert 40
Kuhn, Judy 127

Lai, Francis 62
Lancing School 14
Land, David 26-28, 32, 63, 79, 112
Landen, Dinsdale 121
Langford, Bonnie 71, 72, 75
Lansbury, Angela 132
Lauper, Cyndi 64
Lawrence, Stephanie 84, 91, 92

Lear, Edward 72
Leeson, Kim 92
Lennon, John 15
Lerner, Alan Jay 104, 132
Leroux, Gaston 104
Lewis, Denice 23
Lewis, Jerry Lee 14
Lewis, Wyndham 72
Leyton Orient FC 54
›Les Liaisons Dangereuses‹ 120, 130
›Likes Of Us‹ 14, 15, 25, 36, 40
Lill, John 12
Lion King, The 65
Liszt, Franz 54
Little, Cleavdon 19
Lloyd Webber, Alastair 93, 128
Lloyd Webber, Celia 53, 55
Lloyd Webber, Imogen 56, 76, 91, 128
Lloyd Webber, Isabella 128
Lloyd Webber, Jean 8, 10-13, 71, 94, 99, 128, 135
Lloyd Webber, Julian 6, 8, 10-12, 17, 35, 53-57, 94, 128
Lloyd Webber, Nicholas 76, 87, 91, 124, 128
Lloyd Webber, Richard 128
Lloyd Webber, William 8, 10, 11, 13, 17, 18, 94
Lloyd Webber, William Charles 8
London College of Music 8, 10, 12, 14, 53, 57, 94
London Palladium 17, 21-23, 114
Lulu 67
LuPone, Patti 42, 50, 51, 127, 131-134, 136
Lynne, Gillian 71, 74-78, 87, 105, 107, 121

Maazel, Lorin 94, 96, 98, 99
McAllen, Kathleen Rowe 121
McCarthy, Siobhan 42, 121
McCartney, Paul 15, 18, 55, 114
McCullough, Henry 28
MacDermot, Galt 27
McGoohan, Patrick 35
McGovern, Maureen 20
McIntosh, Jane 42
›Mack and Mabel‹ 83
Mackintosh, Cameron 62, 69, 73, 74, 77, 79, 81, 83, 103-105, 114, 115, 128
McLachlan, Craig 23
MacLaine, Shirley 132
McNeill, Sylvie 32
Madonna 51, 100
Magdalen College, Oxford 12, 13
›Make Believe Love‹ 13
Maltby Jnr, Richard 81, 82
Manfred Mann 20, 28, 77
Mann, Terrence V. 71
Marsden, Betty 39
Markstein, George 35
Mark Hellinger Theatre 25, 29
Marshman Jnr, D. M. 129
Martin, Skip 55
Martin, Steve 83
Martins, Peter 81, 83
Mathis, Johnny 69
Mayberry, Dave 21
MCA Records 27, 114
Menken, Alan 64, 65
Menuhin, Yehudi 11
Mercury, Freddie 64
Millais, John Everett 116
Miles-Kingston, Paul 94, 96-100
Minnelli, Liza 132
Mirvish, Ed 114

›Les Misérables‹ 32, 73, 74, 86, 92, 107, 121, 125, 132
›Miss Saigon‹ 74, 86, 121, 132
Mixed Bag, The 18
Mole, John 53, 55, 63
Monro, Matt 61, 67, 69
Moore, Dudley 86
Moore, Gary 53, 55
Moore, Roger 121, 122, 123, 133, 136
Morris, Jonathan 23
Morrison, Diana 41, 121, 123, 125
Moran, Mike 64, 93
Mowry, Greg 84
Mozart, Wolfgang Amadeus 10
Mulcahy, Jacinta 121
Myers, Sefton 26, -28, 79, 112
›My Fair Lady‹ 11, 73, 93, 104, 132, 136

Napier, John 74, 76, 77, 86, 89, 90, 132, 133, 135
Neame, Ronald 34, 35
Neary, Martin 97
Nederlander, James 114, 115
Neeley, Ted 25, 26, 32
›Neighbours‹ 22, 23
New London Theatre 62, 71, 72, 75, 115
New Theatre 20
Nicholas, Paul 23, 25, 32, 33, 63, 71, 72, 75-77
Nilsson, Anna Q. 130
Noel Gay Theatrical Agency 12
›No Jeans For Venus‹ 12
Norris, Jeremy 128
Nunn, Trevor 61-63, 71-77, 84, 86-90, 92, 93, 104, 105, 108, 118, 120-123, 127, 132, 133, 136
›Nußknacker Suite‹ 13

O'Horgan, Tom 25, 29-31
Ohringer, Jane 42
›Oklahoma!‹ 73, 93
Old Vic Theatre 63, 114
›Oliver!‹ 14, 26, 32, 73
Oliver, Stephen 25, 63
Olson, Nancy 133
Olympic Studios 46
Orff, Carl 99
Osmond, Donny 23
Oxford University 12, 13, 71
Owen, Michael 89

Paganini, Niccolo 54, 55, 57, 81
Page, Ken 71, 78
Paige, Elaine 42, 44, 47, 48-50, 60, 62-64, 68, 71, 72, 74, 76, 77, 79, 121, 128, 133
Palace Theatre 25, 32, 33, 48, 81, 82, 107, 114, 115
Paramor, Norrie 14, 18
Parker, John 25
Parkinson, Michael 60
Paton, Maureen 22
Pavarotti, Luciano 98
Payne, Sarah 63
Perón, Eva 42, 44-51
Perón, Juan 42
Peter and Gordon 18
Peters, Bernadette 81, 83
Pettit and Westlake 14
›Phantom der Oper‹ 6, 74, 103-111, 114, 115, 117, 120, 121, 124, 125, 131-138
Philbin, Mary 103
Phillips, Arlene 75, 84, 87, 89

Phillips, Robin 125
Picasso, Pablo 117
Pimlott, Steven 17
Plamondon, Luc 64
›Play The Fool‹ 12
Plummer, Christopher 121
›Porgy and Bess‹ 44
Porter, Andrew 97
Praed, Michael 125
Presley, Elvis 12-14, 18, 34, 60
Previn, André 31
Prince Edward Theatre 42, 48, 49, 108, 120
Prince Of Wales Theatre 118, 123, 125
Prince, Harold 42, 47-51, 61, 67, 68, 73, 77, 103, 105, 110, 124, 130, 138
Principal, Victoria 20
Proby, P. J. 20
Profumo, John 76

Queen 64

Rachmaninow, Sergej 10, 54
Rains, Claude 104
Ravel, Maurice 99
Read, Mike 60
Reagan, Ronald 134
Really Useful Company 23, 73, 114-116, 136, 137
Reddy, Helen 33
Reed, Lou 56
Reeves, Peter 17, 18, 84
›Requiem‹ 94, 96, 97, 99-101, 106
Rice, Jane 61
Rice, Jo 60, 61
Rice, Reva 84
Rice, Tim 6, 10, 13-15, 17-23, 25-31, 33-36, 38, 39, 41, 42, 44-51, 57, 58, 60-65, 67, 69, 79, 82, 105, 108, 112, 118, 120, 121, 128, 130, 134
Rice-Davies, Mandy 76
Rich, Frank 78, 83, 93, 111, 124
Richard, Cliff 65, 109, 133
Richards, Angela 77
Roberts, Julia 132
Rodgers, Richard 6, 15, 51, 58, 68, 73, 78, 103, 105, 115
Rolling Stones, The 14
Ros, Edmundo 10
Rosenthal, Jack 67, 68
Ross, Kenneth 35
Rossetti, Dante Gabriel 116, 117
Roundhouse, The 18, 19, 68
Royal College Of Music 8, 10, 12, 14, 17, 53, 57, 94
Royale Theatre 17, 20, 67, 73, 81, 83
Ruffelle, Frances 84, 91
Runcie, Dr Robert 100, 101
Ryan, Mark 42

Sadler's Wells 21
Satton, Lon 84, 91, 92
Savident, John 63, 109
Scharf, Walter 68
Schoen, Bonnie 48
Schofield, Phillip 22, 23
Scott, Timothy 71, 78
Sedaka, Neil 36
Seymour, Carolyn 34
Sex Pistols, The 56, 57
Shakespeare, William 47
Shankley, Jeff 84, 91
Sharman, Jim 25, 31
Shell, Ray 84, 91

Shelley, Mary 104
Shelley, Percy Bysshe 13
Sheppard, David 28
Simpson, Alan 19
Sleep, Wayne 71, 75, 77, 78, 81-83, 98
Smillie, James 33
Smith, David Hamilton 46
Smith, Martin 109
Smith, Mike 42
Smith, Neville 34
Sondheim, Stephen 6, 60
›Song & Dance‹ 39, 57, 74, 78, 81, 83, 87, 92, 106, 114, 115, 131
Sorbonne 13, 14, 71
›Sound of Music‹ 115, 137
›South Pacific‹ 11, 137
Spedding, Chris 28
Spencer, Charles 134
Spielberg, Steven 132, 137
St Paul's Cathedral 17, 18, 25
Stapley, Richard 130
›Starlight Express‹ 6, 22, 32, 73, 84, 86-88, 90-93, 96, 101, 104, 105, 114, 118, 120, 121, 124, 125, 130, 132, 137
Steele, Tommy 69
Stevenson, Robert Louis 104
Stewart, Rod 134
Stigwood, Robert 19, 28, 29, 31, 69, 79, 99, 112
Stilgoe, Richard 74, 84, 86, 87, 91, 104, 105, 127
Stoker, Bram 104
Stoppard, Tom 79, 136, 137
Strachey, Lytton 118
Strahan, Nadia 77
Streep, Meryl 51, 132
Streisand, Barbra 51, 83, 132
Strohheim, Erich von 129, 130
Styne, Jule 67, 68
›Sunset Boulevard‹ 6, 11, 73, 114, 115, 117, 127-137
Sutch, Screaming Lord 32

Swanson, Gloria 129, 130, 132
Swash, Bob 69
Sydmonton Court 36, 60, 71, 79, 115, 128
Syers, Mark 42

Tandy, Alison 72
Tanner, Tony 17, 20
Tate, Stephen 25, 32
Taylor, Elizabeth 134
Teddy Bears, The 18
›Tell Me on a Sunday‹ 61, 67-69, 72, 81, 82, 104, 118, 120, 131
Thane, James 115
Thatcher, Margaret 101
›That's My Story‹ 14
Thomas, Leslie 14
Thompson, Barbara 53, 55, 63
Thompson, Eric 36, 40, 41
Tinker, Jack 90, 125
›Tommy‹ 27
Torti, Robert 84
›Travels With My Cello‹ 11
Trinidad Singers, The 27
Tschaikowsky 11, 71
Tschechow, Anton 47
Tucker, Tanya 40
Turner, John 40
Tzuke, Judie 26

Ulvaeus, Bjorn 63, 64, 120
›Utter Chaos‹ 12

Vadim, Roger 40
Van Laast, Anthony 81, 82
›Variations‹ 6, 39, 53, 55, 57, 60, 63, 81, 112
Vaughan-Williams, Ralph 10, 96, 101
Vee, Bobby 12
Vereen, Ben 25, 30
Vi, Tante 11, 12, 34
›Virgin Soldiers‹ 14
Voight, Jon 35

Vonnegut, Kurt 99

Wagner, Robin 30
Wakeman, Rick 56
Waller, Fats 78
Waller, Gordon 17, 19
Wallis, Bill 40
Walton, William 10
Warner, H. B. 130
Webb, Colin 60
Webb, Marti 61, 67-69, 77, 81, 82
Westminster School 12, 13
Westminster Theatre 20
Wetherby School 12, 13
Whitelaw, Billie 35, 131
Whiting, Leonard 20
Who, The 14, 18, 27
Wilder, Billy 129-131, 133, 135
Wilkinson, C. T. 42, 46, 47, 104, 107
Willetts, Dave 33, 109
Williams, Kit 106
Williamson, Malcolm 127, 135
Wilson and Rogers 57
Wilson, Harold 44
Winchester Cathedral Choir 94, 97-99
Winer, Linda 78
Winter Garden Theatre 71, 77
Wodehouse, P. G. 38, 39, 41
Wood, David 40
Wood, Roy 46
Woolf, Virginia 118
Wren, Sir Christopher 26
Wynette, Tammy 91

Young, Roy 34
Young Vic Theatre 18, 106

Zeffirelli, Franco 20
Zinnemann, Fred 35

Der Verlag dankt folgenden Organisationen für die freundliche Erlaubnis, die Fotos in diesem Buch abzubilden:

Clive Barda, Performing Arts Library: 5 (Mitte 4) 94-5, 96, 98, 106, 110, 118-9, 120, 121, 125; BBC Television/ Radio: 66-7, 69; Camera Press Ltd: 45 (Snowdon), 112-3 (E Roberts), 65 (oben) (Jerry Watson); Donald Cooper, Photostage: 2, 5 (oben, Mitte, unten 2 & 3) 19, 21 (oben), 33 (oben), 40 (oben), 41, 42-3, 48, 49 (oben), 50, 73, 74, 78, 82 (oben & unten), 83, 84-5, 87, 88, 89, 91, 92, 102-3, 109, 111, 122, 123, 126-7, 133, 134, 135 (oben), 136; Chris Donaghue, The Oxford Photo Library, 13; Express Newspapers: 28, 33 (unten), 54, 57; Ronald Grant Archive: 32, 34, 104; Hammersmith and Fulham Archives and Local History Collection, 18; Hulton Deutsch Collection: 8-9, 21 (unten), 39 (unten), 47, 49 (inset); Katz Pictures: 131 (Sasha Sasov), 6 (John Stoddart); The Kobal Collection: 26, 129; Mail Newspapers plc: 46 Daily Mail: 55; Mirror Syndication International: 27, 35 (unten), 58, 60, 75, 77, 79, 93, 97, 99, 107 (unten), 108, 116; Pictorial Press Ltd: 62; Range/Bettman/UPI: 29, 44, 51, 72, 117 (oben), 135 (unten); Rex Features Limited, London, 15, 16-7, 20, 24-5, 38, 39 (oben), 40 (unten), 59, 61, 80-1, 101, 144, 22 (Eddie Boldiszar), 117 (unten) (Peter Brooker), 36-7, 70-1 (Donald Cooper), 56, 68 (Dezo Hoffman), 63, 114 (Nils Jorgensen), 52-3, 64 (Steve Lyne), 11 (Ken McKay), 23 (Tim Rooke), 128 (The Sun), 30, 31 (Thompson), 65 (unten) (The Times), 115 (Today), 107 (oben), 124 (Richard Young); Scope Features: 76 (C. Craymer), 86 David Steen: Solo Syndication: 10 (Sketch 10.9.52), 35 (oben); John Topham: 90; David Ballantyne: Handzettel 18; Cover-Fotos (von links nach rechts) VORNE: 1, 2, 3, Donald Cooper, Photostage: 4 Rex Features Limited HINTEN: 1, 2, 3, 5, 6, 7 Donald Cooper, Photostage; 4, 8 Rex Features Limited